最蓮房と阿仏房

虚飾を剥ぎ真実に迫る

北林芳典

平安出版

最蓮房と阿仏房　虚飾を剝ぎ真実に迫る　目次

第三章　阿仏房の虚像と実像

【掲載写真・図】

ブックデザイン・吉永聖児

最蓮房と阿仏房

虚飾を剝ぎ真実に迫る

北林芳典

まえがき

第一章は、文永《ぶんえい》五（一二六八）年閏《うるう》正月に日本国に着いた蒙古牒状より筆を起こした。その年の十月、日蓮大聖人は十一通の御書を著《あら》わされ、執権・北条時宗《ほうじょうときむね》、侍所所司・平左衛門尉《へいのさえもんのじょう》などに国家の安寧を願うならば正法によらなければならないことを示され、諸寺などには公場対決を迫られた。しかしこの日蓮大聖人の諫《いさ》めが用いられることはなかった。それどころか逆に文永八年九月十二日夜中、日蓮大聖人を竜《たつ》の口《くち》に連行し斬首しようとした。日蓮大聖人が頸《くび》を刎《は》ねられる寸前、「月のごとく・ひかりたる物」*1が現われ、斬首は中止された。代わりに佐渡の守護代である依智《えち》の本間《ほんま》邸に日蓮大聖人は押送《おうそう》された。斬首がとりあえず中止されたとはいえ、日蓮大聖人に対する処分がどのようになるかについては、依智到着時においては定かではなかった。

日蓮大聖人は富木常忍《ときじょうにん》に対し九月十四日に「此の十二日酉《とり》の時・御勘気・武蔵守殿御あづかりにて十三日丑の時にかまくら《鎌倉》をいでて佐土の国へながされ候が、たうじはほんま《本間》のえち《依智》と申すところにえちの六郎左衛門尉殿の代官・右馬太郎と申す者あづかりて候が、いま四五日はあるべげに候」[*2]と述べられている。もし実際に起こった天変ならば、必ず触れられるであろう竜の口の「月天子」については一切、触れられていない。

また九月二十一日の四条金吾《しじょうきんご》宛の御書には処分が、「かまくらどのの仰せとて内内・佐渡の国へ・つかはすべき由承り候」[*3]と佐渡流罪に落着したことが記されている。その上で竜の口における「月天子」に触れられている。日蓮大聖人と四条金吾は当日、両者ともに竜の口にいたことにより真実の情報を共有している。それゆえに日蓮大聖人は四条金吾に対し「月天子」に言及した書状を書かれたと思える。

竜の口における「月のごとく・ひかりたる物」、依智における「明星の如くなる大星」[*4]について、一般に流れ星、火球あるいは超自然現象と解説する人も多い。果たして真実はそうであろうか。このことについては本文において合理的な説明をなした。読者の方々も、私の説に納得してもらえるものと思っている。

竜の口の法難と依智での滞留の後、日蓮大聖人は流刑の地である佐渡に着かれる。佐渡流罪時の日蓮大聖人のご様子について、根本的に間違った印象を持っている人が多い。絶海の孤島で、風に割れる波頭に向かい、「四箇の格言」を叫んでいる姿を喧伝する者も歴史上、多かった。そのような劇画的な印象で佐渡流罪時の日蓮大聖人のお姿を想像するならば、それは大いなる勘違いである。さらに、半ば拘禁状態であったと考えるのも過《あやま》ち。加えて重書を認《したた》められてばかりいたとするのも間違いである。

日蓮大聖人は数え五十歳の御時に佐渡流罪となった。佐渡着島は文永八年十月二十八日。塚《つか》原《はら》の堂に入られたのは同年十一月一日、新暦の十二月四日であった。佐渡の冬はすでに始まっていた。旅の疲れも取れぬまま、日蓮大聖人は塚原の堂に入られた。

その堂は、風のみならず雨雪も入ってしまう粗末な「一間四面」*5の小さなものであった。

常人ならば絶望の淵に沈むところであろうが、日蓮大聖人の佐渡における戦いの一歩はここから始まった。日蓮大聖人はこの苦境の中で、塚原の堂に入られた十一月には早くも「開目《かいもく》抄《しょう》」の構想を練られていた。

第二章では、最蓮房《さいれんぼう》とは日興《にっこう》上人の佐渡期における異名であるということについて書いた。最蓮房が京都の僧、流人、放火犯であるといった虚偽は、およそ七百年をかけて最蓮房にまとわりついてきた。それらの虚妄は最蓮房の真像を隠すのに充分なものであった。しかしながら最蓮房について予見を抱くことなく丹念な作業をしていけば、必ずや最蓮房についての真実が見えてくると確信していた。

「諸法実相抄《しょほうじっそうしょう》」の本文中にもともとありながらも、「錯簡《さっかん》」として「諸法実相抄」と分けられてしまった箇所についても筆を及ぼした。その目的は、最蓮房という人物の正体について、著者と読者との間で知識を共有したかったからである。「錯簡」とされた箇所を、腑分《ふわ》けをするが如く丁寧に読んでいけば、佐渡流罪中における日興上人の動向が浮かび上がってくる。

日興上人は日蓮大聖人が佐渡流罪中、一刻も傍から離れることがなかったという伝承がある。いわゆる「常随給仕」である。だが真の日興上人の動きは、佐渡と自らの布教地である駿《する》河《が》とを往還するものであった。

日興上人は、駿河と佐渡とを往還し日蓮大聖人のもとに、外典《げてん》の書、経巻、筆、墨、硯《すずり》、食料などを届けた。「最蓮房御返事《さいれんぼうごへんじ》」に「去る二月の始より御弟子となり帰伏仕り候」*6とあることから、佐渡の日蓮大聖人のもとに日興上人が最初の荷駄を届けたのは、文永九年二月の初旬であったと推される。この月、日蓮大聖人は「開目抄」を著わされている。日蓮大聖人のもとに日興上人がどのような物を届けるかについては、日蓮大聖人が依智で佐渡に流罪になることが確定した時点で、両者の間で綿密な打ち合わせがなされたと思われる。最蓮房が佐渡に着いた直後より、日蓮大聖人が御書《ごしょ》において引用される経《きょう》・論《ろん》・釈《しゃく》の数が極端に増えている。

第三章では阿仏房《あぶつぼう》の実像に迫った。結論から言えば、阿仏房は順徳《じゅんとく》上皇供奉《ぐぶ》の武士でもなければ、藤原家につながる名家でもない。さらに阿仏房は九十歳になんなんとする年寄りでもない。阿仏房はそこそこに裕福な百姓であり、没年は四十歳前後と考えられる。阿仏房は佐渡先住の「いびす」である。

さらに「阿仏房御書《あぶつぼうごしょ》」の御執筆年について考察を試みた。「阿仏房御書」を日蓮大聖人が認められたのは佐渡期なのか、それとも身延《みのぶ》期なのか。その御執筆年についての認識の違いは、極めて重大な帰結の差異となる。

日蓮大聖人が「出世の本懐」*7とされた「宝塔」(御本尊)をいつ顕《あら》わされ、いつ在家信者に授与されたのか。その御本尊を顕わす目的は、一切衆生の成仏である。その境界は衆生の信によって開かれる。

それらのことを実感を持って会得したのは、阿仏房である。阿仏房夫妻は御本尊に唱題をする中で大きく境界を開いた。「阿仏房御書」の御執筆年を知り、そこに書かれた「宝塔」すなわち御本尊について正しく理解する必要がある。

私は「阿仏房御書」の御執筆年は佐渡期の文永九年であると断定する者である。その立場より、「阿仏房御書」の御執筆を身延期とする論の不合理さを、可能な限りの論点より徹底して露《あら》わにし、同時に文永九年説の正しさを論証した。結果として、御本仏日蓮大聖人が、末法の民衆救済のために本門の本尊を、いつ、どのような状況で御図顕されたのかが、より鮮明となった。

また第三章の末尾では伊豆流罪において阿仏房と同じ役割をする船守弥三郎《ふなもりやさぶろう》について書いた。阿仏房と船守弥三郎を比較することにより、阿仏房が文永九年、流罪地の佐渡において最初に御本尊を頂いたこと、浄行《じょうぎょう》菩薩との讃辞を日蓮大聖人より賜《たまわ》ったこと、「北国の導師」*8に任じられたことが、決して不可解ではないことを示した。

なお、章あるいは節を超えて、同じ御書の同じ箇所を引用する場合があった。それは論証のためにその御書が不可欠、あるいは時代背景を記すにあたりその御書が最も適している、といった場合である。

平成二十九年十月吉日

著者記す

＊1『日蓮大聖人御書全集』「種種御振舞御書」九一四ページ
＊2『日蓮大聖人御書全集』「土木殿御返事」九五一ページ
＊3『日蓮大聖人御書全集』「四条金吾殿御消息」一一一三ページ

＊4『日蓮大聖人御書全集』「種種御振舞御書」九一五ページ
＊5『日蓮大聖人御書全集』「種種御振舞御書」九一六ページ
＊6『日蓮大聖人御書全集』「最蓮房御返事」一三四〇ページ
＊7『日蓮大聖人御書全集』「阿仏房御書」一三〇四ページ
＊8 同前

第一章

勧持品二十行の偈の身読

第一節 竜の口の法難と「光物」

大蒙古国よりの牒状

元久《げんきゅう》三（一二〇六）年、モンゴル民族を統一したチンギス・ハンは、大蒙古《もうこ》帝国初代皇帝となった。その子であるオゴタイは金《きん》を滅ぼすなどして勢力を拡大し、版図を東アジアから東ヨーロッパまで広げた。

蒙古は、朝鮮半島においては高麗《こうらい》を属国化しようと試み、第五代皇帝のフビライの代に至るまで数多くの侵攻を朝鮮半島に仕掛けた。蒙古が朝鮮半島のほぼ全域を影響下におくのは、最後の抵抗勢力である三別抄《さんべつしょう》（高麗王朝軍）を耽羅《たんら》島（済州島）で平定した文永《ぶんえい》八（一二七一）年のことである。

その五年前の文永三（一二六六）年、蒙古は日本を属国にすべく、潘阜《はんふ》を使いに立てて「蒙古牒状」を「日本国王」宛に出した。この「蒙古牒状」は文永五（一二六八）年閏《うるう》正月十八日、太宰府に到着し、京を経て、最終的には鎌倉幕府に届いた。

「蒙古牒状」は、高麗を東の領土であると宣言し、日本は高麗と交流があるにもかかわらず、現在の皇帝の代になってからは使いも来ていないと不満を述べ、臣下の礼を取るよう軍事力をちらつかせながら求めている。

「上天の眷命《けんめい》せる大蒙古国皇帝、書を日本国王に奉《たてまつ》る。朕惟《ちんおも》んみれば、古《いにしえ》より小国の君も、境土相接《あいせつ》すれば、尚努《なおつと》めて信《しん》を講じ睦《むつみ》を修む。〈中略〉高麗の君臣、感戴《かんたい》して来朝せり。義《ぎ》は君臣と雖《いえど》も、歓《かん》は父子の若《ごと》し。計《はか》るに王の君臣もまたすでに之《これ》を知る。高麗は朕の東藩《とうはん》なり。日本は高麗に密邇《みつじ》し国を開きて以来、また時に中国に通ずるも、朕が躬《み》に至りては、一乗の使の以て和好を通ずるなし。尚恐らくは王国の之を知ること未《いま》だ審《つまび》らかならざらん。故に特に使を遣《つか》はし、書を持たしめ朕が志を布告せしむ。冀《ねが》はくは、今より以往《いおう》、通問《つうもん》して好《よしみ》を結び、以て相親睦《あいしんぼく》せん。且《ま》た聖人《しょうにん》は四海を以て家となす。相通好せざるは豈《あに》一家の理《ことわり》ならんや。兵を用ふるに至りては、夫《そ》れ孰《いずれ》か好むところならん。王、それ之を図《はか》れ。不宣《ふせん》。至元《しげん》三年八月日」*1（著者による読み下し。傍線は著者、以下同）

この「蒙古牒状」が日本に来たことにより、幕府は否応なく存亡の危機に立たされることとなった。大蒙古国の膨張主義は、東アジアの日本を呑み込もうとした。国家の独立と安寧のためには、日蓮大聖人を国師とし、外寇《がいこう》に備えるべきであった。

「蒙古牒状」に対し、鎌倉幕府が取った対処の法は、弥縫策《びほうさく》に過ぎなかった。

これまで七代目の執権の地位にあった北条政村《まさむら》が連署《れんしょ》に下がり、連署の地位にあった時宗《ときむね》が第八代執権になった。この時、時宗は十八歳、政村は六十四歳であった。

この地位の交代は、政村によってなされたと思われる。執権職は鎌倉幕府にあって断るまでもなく、事実上、最高の地位である。その最高の地位にある者が次席の者に立場を譲り、自らは第二の地位に甘んじる。この地位の交代の有り様をみれば、政村がどれほど時宗に期待をしていたかがわかる。またこの地位の交代は、時宗の父である時頼《ときより》が遺臣に委《ゆだ》ねたのではないかとも思われる。もしそうであるならば政村は、類《たぐい》まれな忠臣であるとも言える。

なお政村が六十歳で連署から執権になった時、時宗は齢十四でありながら、政村がそれまで務めていた連署になった。十四歳での連署就任に鎌倉幕府の中にあっても、不安視する者がいたと伝えられる。

しかし時宗は文永元年から文永五年まで、恙《つつが》なく連署の職を全うした。そして「蒙古牒状」到来にあたり、時宗、政村は地位を相互に替え、難局に当たる。

幕府は蒙古側に返状を出すことはなかった。「大蒙古国」の要請を無視し、暗に戦《いくさ》も辞さないとの鎌倉幕府の意思を示したのである。

日蓮大聖人は鎌倉幕府のやり方では、窮地を脱することはできないと諭《さと》されている。日蓮大聖人が示される抜本的な解決策は次のようなものであった。

「去《い》ぬる文永五年後の正月十八日・西戎《さいじゅう》・大蒙古国より日本国ををそう《襲》べきよし牒状《ちょうじょう》をわたす、日蓮が去ぬる文応元年太歳庚申に勘《かんが》えたりし立正安国論今すこしもたが《違》わず符合《ふごう》しぬ、此の書は白楽天が楽府《がふ》にも越へ仏の未来記にもをとらず末代の不思議なに事かこれにすぎん、賢王・聖主の御世《みよ》ならば日本第一の権状《けんじょう》にもをこなわれ現身に大師号もあるべし定めて御たづね《尋》ありていくさ《軍事》の僉義《せんぎ》をもいゐあわせ調伏なんども申しつけられぬらんと・をもひしに其の義なかりしかば其の年の末十月に十一通の状をかきて・かたがたへをどろ《驚》かし申す」*2

日蓮大聖人の意思が政権中枢に及ばず、日本一国が混迷のただ中で呻吟《しんぎん》している様子を見、民のために根本的な解決策を述べられている。日蓮大聖人から見れば、正師を以って外寇の調略をなすことが唯一の方法である。日蓮大聖人はそのような思いから文永五年十月十一日、十一通の書状を書かれた。宛先は北条時宗、平左衛門尉頼綱《よりつな》、宿屋《やどや》左衛門尉光則《みつのり》、建長寺道《どう》隆《りゅう》、寿福寺、極楽寺良観《りょうかん》、大仏殿別当、長楽寺、多宝寺、浄光明寺、北条弥源太《やげんた》であった。ところが書状を受けた側の反応は、次のようなものであった。

「或は使を悪口し或はあざむき或はとりも入れず或は返事もなし或は返事をなせども上《かみ》へも申さずこれひとへにただ事にはあらず、設《たと》い日蓮が身の事なりとも国主となりまつり《政》事をなさん人人は取りつぎ申したらんには政道の法ぞかし、いわうや・この事は上《かみ》の御大事いで《出》き《来》らむのみならず各各の身にあたりて・をほいなるなげき出来すべき事ぞかし、而るを用うる事こそなくとも悪口まではあまりなり、此れひとへに日本国の上下万人・一人もなく法華経の強敵となりてとし《年》ひさ《久》しくなりぬれば大禍のつもり大鬼神の各各の身に入る」*3

十一通の御書のうち「北条時宗への御状」は、かねて北条時頼に「立正安国論《りっしょうあんこくろん》」を取り次いだ宿屋入道を介して時宗に「言上《ごんじょう》」しようとしたものであると思料される。

「謹んで言上せしめ候、抑《そもそ》も正月十八日・西戎《さいじゅう》大蒙古国の牒状到来すと、日蓮先年諸経の要文を集め之を勘えたること立正安国論の如く少しも違わず普合《ふごう》しぬ、日蓮は聖人の一分に当れり未萠《みぼう》を知るが故なり」*4

日蓮大聖人は、今の日本国の危機は、かねてより日蓮大聖人が「立正安国論」において予言したとおりであると文頭に述べられている。このように未来がわかる日蓮大聖人は、「聖人の一分」であるとも述べられている。蒙古に侵略されるという国家の危機にあたって、それを調伏することができるのは、日蓮大聖人ひとりであることを強調されている。

「速かに蒙古国の人を調伏して我が国を安泰《あんたい》ならしめ給え、彼を調伏せられん事日蓮に非ざれば叶う可からざるなり、諫臣《かんしん》国に在れば則ち其の国正しく争子《そうし》家に在れば則ち其の家直し、国家の安危は政道の直否に在り仏法の邪正は経文の明鏡に依る」*5

そして日蓮大聖人はこの書状の真の対告衆である北条時宗に対し、公場対決を行なうよう迫っている。

「日蓮は法華経の御使なり経に云く『則ち如来の使如来の所遣として如来の事を行ず』と、三世諸仏の事とは法華経なり、此の由《よし》方方へ之を驚かし奉る一所に集めて御評議有って御報に予《あず》かる可く候、所詮は万祈を抛《なげう》って諸宗を御前に召し合せ仏法の邪正を決し給え」*6

日蓮大聖人は、この引用文において「諸宗を御前に召し合せ」と記されている。この点からもこの書状が時宗宛のものであることが窺える。

「平左衛門尉頼綱への御状」においても、文頭に「立正安国論」をもって予言したとおりの世相になっていることを述べられている。

「蒙古国の牒状到来に就いて言上せしめ候い畢んぬ、抑《そもそも》先年日蓮立正安国論に之を勘えたるが如く少しも違わず普合せしむ、然る間重ねて訴状を以て愁欝《しゅううつ》を発《ひら》かんと欲す爰《ここ》を以て諫旗《かんき》を公前に飛ばし争戟《そうげき》を私後に立つ、併ながら貴殿は一天の屋梁《おくりょう》為り万民の手足為り争《いか》でか此の国滅亡の事を歎かざらんや慎まざらんや、早く須《すべから》く退治を加えて謗法の咎《とが》を制すべし」*7

日蓮大聖人は平左衛門尉に対し、「一天の屋梁為り万民の手足為り」と呼びかけている。平左衛門尉に対し、双肩に国家の存亡がかかっていることを自覚してほしいとの思いで書かれたものと思われる。国家の中枢にある者は、判断を下すにあたり、正法に帰し国のこと民のことを第一義に考えてもらいたいと書かれている。文は次のように続く。

「夫れ以《おもんみ》れば一乗妙法蓮華経は諸仏正覚の極理・諸天善神の威食なり之を信受するに於ては何ぞ七難来り三災興らんや、剰《あまつさ》え此の事を申す日蓮をば流罪せらる争《いか》でか日月星宿罰を加えざらんや*8」

国家並びに民を安んずるには、「一乗妙法蓮華経」こそ枢要であり、法華経の行者である日蓮大聖人を迫害すれば「日月星宿」が罰を加えると明言されている。

外寇と日蓮大聖人に対する迫害

日蓮大聖人は、「蒙古牒状」によって平静さを失い、狂っている鎌倉幕府の者たちについて記されている。

「蒙古国の牒状に正念をぬかれてくるう《狂》なり、例せば殷《いん》の紂王《ちゅうおう》・比干《ひかん》といゐし者いさめ《諌》をなせしかば用いずして胸をほり周の文・武王にほろぼされぬ、呉王は伍子胥《ごししょ》がいさめを用いず自害をせさせしかば越王勾践《えつおうこうせん》の手にかかる、これもかれ《彼》がごとくなるべきかと・いよいよ・ふびんにをぼへて名をもをしまず命をもすてて強盛に申しはりしかば風大なれば波大なり竜大なれば雨たけきやうに・いよいよ・あだをなし・ますますにくみて御評定に僉議《せんぎ》あり、頸《くび》をはぬべきか鎌倉ををわるべきか弟子檀那等をば所領あらん者は所領を召して頸を切れ或はろう《籠》にてせめ・あるいは遠流すべし等云云」*9

外寇の危機が迫る中、日蓮大聖人は邪法を捨てて正法によらなければ自界叛逆難《じかいほんぎゃくなん》・他国侵《たこくしん》逼難《ぴつなん》が起きると警告した。しかしながら、外寇に対処するため国内の世論をまとめようとする幕府にとって、日蓮大聖人の教えは極めて不都合なものであった。

鎌倉幕府において日蓮大聖人ら一門に対し、具体的な処罰をするために「御評定」が開かれたことが記されている。この評定において、日蓮大聖人の頸《くび》を刎《は》ねよ、鎌倉から追い出せといった意見が出た。日蓮大聖人の信者については、所領を召す、頸を切る、牢に入れて責める、遠流にするなどといったものであった。しかし結論を出すまでにはいかなかった。

ここで「頸を切れ」といった意見まで出たようだが、日蓮大聖人について問うことのできる罪は「貞永式目《じょうえいしきもく》」によれば「悪口《あっこう》の咎《とが》」であり、それは最高刑であっても流罪止まりである。

「一　惡口《あっこう》の咎《とが》の事《こと》

右闘殺《とうせつ》のもとは惡口より起《おこる》それ重《おもく》は流罪に處《しょ》せられ其輕《それかろく》は召《めし》こめらるへきなり問注《もんちゅう》

の時悪口《あっこう》を吐《はか》はすなはち論所《ろんしょ》を敵人《てきじん》に付《つけ》らるへし又論所の事その理《り》なくは他の所領を没《もっ》収《しゅ》せらるへし若《もし》所帯なくは流罪に処すへき也*10」

文永六年五月には問注所に富木常忍らが呼び出された。大弾圧の前の予兆であった。富木常忍らは問注にあたって、前もって日蓮大聖人より事細《ことこま》かに心得を教えてもらっている。

「今日の御出仕・公庭に望んでの後は設い知音為りと雖も傍輩に向つて雑言を止めらる可し両方召し合せの時・御奉行人・訴陳の状之を読むの 尅《きざみ》何事に付けても御奉行人の御尋ね無からんの外一言を出す可からざるか、設い敵人等悪口を吐くと雖も各各当身の事・一二度までは聞かざるが如くすべし、三度に及ぶの時・顔貌を変ぜず麤言《そげん》を出さず輭語《なんご》を以て申す可し各各は一処の同輩なり私に於ては全く遺恨《いこん》無きの由之を申さる可きか、又御供雑人等に能《よ》く能く禁止を加え喧嘩を出す可からざるか、是くの如き事書札に尽し難し心を以て御斟酌《しんしゃく》有る可きか、此等の 矯言《きょうげん》を出す事恐を存すと雖も仏経と行者と檀那と三事相応して一事を成さんが為に愚言を出す処なり、恐恐謹言。

五月九日　　　　日　蓮　花押

三人御中*11」

文永八年九月十日、平左衛門尉を中心とした者たちが、日蓮大聖人を公けの場に呼び出した。ここで平左衛門尉を中心とした調べがなされた。しかしながら、この場において日蓮大聖人がどのような主張や事実関係を述べたとしても、重罪に処するということは決まっていたと思われる。その裏には邪宗の僧らの策動があった。それらの者は、権力者あるいはその女房に日蓮大聖人についての讒言《ざんげん》をなした。これこそが日蓮大聖人を竜の口で斬首しようとする真因となる。

「さりし程に念仏者・持斎・真言師等・自身の智は及ばず訴状も叶わざれば上郎《じょうろう》・尼ごぜんたちに・とりつきて種種にかまへ《構》申す、故最明寺入道殿・極楽寺入道殿を無間地獄に堕ちたりと申し建長寺・寿福寺・極楽寺・長楽寺・大仏寺等をやき《焼》はらへと申し道隆上人・良観上人等を頸《くび》をはねよと申す、御評定になにとなくとも日蓮が罪禍まぬかれがたし、但し上件《かみくだん》の事・一定申すかと召し出《いだし》てたづねらるべしとて召し出だされぬ、奉行人の云く上《かみ》のをほせ・かくのごとしと申せしかば・上件の事・一言もたがはず申す、但し最明寺殿・極楽寺殿を地獄という事は・そらごとなり、此の法門は最明寺殿・極楽寺殿・御存生の時より申せし事なり。

詮ずるところ、上件《かみくだん》の事どもは此の国をもひて申す事なれば世を安穏にたもたんと・をぼさば彼の法師ばらを召し合せて・きこしめせ、さなくして彼等にかわりて理不尽に失《とが》に行わるるほどならば国に後悔あるべし、日蓮・御勘気をかほらば仏の御使を用いぬになるべし、梵天《ぼんてん》・帝釈《たいしゃく》・日月・四天の御とが《咎》めありて遠流・死罪の後・百日・一年・三年・七年が内に自界叛逆難とて此の御一門どしうち《同士打》はじまるべし、其の後は他国侵逼難とて四方より・ことには西方よりせめられさせ給うべし、其の時後悔あるべしと平左衛門尉に申し付けしかども太政入道のくる《狂》ひしやうに・すこしもはばかる事なく物にくるう」[*12]

日蓮大聖人は平左衛門尉を中心として開かれている公けの場において、正法に帰依しなければ自界叛逆難ならびに他国侵逼難が起こることを教えられた。ところがそれを聞いた平左衛門尉は「すこしもはばかる事なく物にくるう」といった有り様であった。

急襲された松葉ケ谷の草庵

日蓮大聖人は幕府に赴《おもむ》き一歩も引かぬ主張をなした。そのわずか二日後の九月十二日申《さる》の時（午後四時頃）、平左衛門尉を中心とする数百人の武装集団が日蓮大聖人の住まわれていた松葉《まつば》ケ谷《やつ》の草庵を急襲し捕縛した。

日蓮大聖人は九月十二日に書を認《したた》め「立正安国論」を平左衛門尉に送っている。その送状には、次のようなことが書かれている。

まず冒頭。

「一昨日見参《けんざん》に罷入《まかりいり》候の条悦び入り候、抑《そもそも》人の世に在る誰か後世を思わざらん仏の出世は専《もっぱ》ら衆生を救わんが為なり、爰《ここ》に日蓮比丘《びく》と成りしより旁《かたがた》法門を開き已に諸仏の本意を覚り早く出離《しゅつり》の大要を得たり、其の要は妙法蓮華経是なり、一乗の崇重・三国の繁昌の儀・眼前に流る誰か疑網を貽《のこ》さんや、而るに専ら正路に背いて偏《ひとえ》に邪途を行ず然る間・聖人国を捨て善神瞋《いかり》を成し七難並びに起つて四海閑《しず》かならず、方今世は悉く関東に帰し人は皆土風を貴ぶ、就中《なかんづく》日蓮生を此の土に得て豈《あに》吾が国を思わざらんや、仍《よ》つて立正安国論を造つて故最明寺入道殿の御時・宿屋の入道を以て見参に入れ畢《おわ》んぬ*13」

文末は次のようになっている。

「仍《よ》つて御存知の為に立正安国論一巻之を進覧す、勘え載する所の文は九牛の一毛なり未だ微志を尽さざるのみ、抑貴辺は当時天下の棟梁《とうりょう》なり何ぞ国中の良材を損ぜんや、早く賢慮《けんりょ》を回《めぐ》らして須《すべから》く異敵を退くべし世を安じ国を安ずるを忠と為し孝と為す、是れ偏に身の為に之を述べず君の為仏の為神の為一切衆生の為に言上せしむる所なり、恐恐謹言」*14

十日の幕府に赴いての日蓮大聖人の証言ならびに主張、そして十二日付の平左衛門尉宛の諫状、これらは日蓮大聖人捕縛の契機となったが、あくまで表層的なものにすぎなかった。この一連の法難の深層に流れるものは邪宗の僧の画策であり、それに煽《あお》られた権力者および権力者の女房たちの怨嗟《えんさ》であった。

外寇に対処するために出された「関東御教書」

幕府は執権・北条時宗（相模守）と連署・北条政村（左京権大夫）の連名で御教書を発し、「蒙古人が必ず襲来するとの話が聞こえてきているので、御家人を鎮西《ちんぜい》に向かわせよ」と命じた。

「蒙古人襲来すべきの由、其の聞こえ有るの間、御家人等を鎮西に差し遣わす所なり。早速自身肥後国の所領に下向し、守護人に相伴い、且つは異国の防御を致さしめ、且つは領内の悪党の者を鎮むべし。仰せに依て執達件の如し。

文永八年九月十三日

相模守（花押）

左京権大夫（花押）

小代右衛門尉子息等[*15]」

「蒙古人襲来すべきの由、其の聞こえ有るの間、御家人等を鎮西に下遣する所なり。早速器用の代官を薩摩国阿多北方に差遣わし、守護人に相伴い、且つは異国の防御を致さしめ、且つは領内の悪党の者を鎮むべし。仰せに依て執達件の如し。

文永八年九月十三日

相模守（花押）

左京権大夫（花押）

阿多北方地頭殿[*16]」

これらの「関東御教書《かんとうみぎょうしょ》」は、九月十三日付で発せられたものである。日蓮大聖人は九月十二日に平左衛門尉らに捕縛された。翌日の夜が明ける前までには、竜の口において日蓮大聖人を密殺する予定であった。そしてこの日に蒙古来襲に備えるための「関東御教書」が出されたのである。この「関東御教書」との関連で日蓮大聖人捕縛の本質を見るならば、挙国一致体制を作るための予防検束であったと窺われる。しかしながら執権・時宗らは、九月十二日の夜に、日蓮大聖人が密殺されることについては知らなかったと思われる。

九月十二日の捕縛の様子

では再び時を戻し、松葉ケ谷における日蓮大聖人の捕縛の様子を見ていきたい。
松葉ケ谷における捕縛には、平左衛門尉率いる数百名の武装した者たちが関わった。幕府が所在する鎌倉の市中を数百名の兵士が、日蓮大聖人ひとりを捕らえるために出動したのである。その時の様子は以下のようなものであった。

「平左衛門尉・大将として数百人の兵者《つわもの》にどうまろき《胴丸著》せてゑぼうし《烏帽子》かけして眼《まなこ》をいからし声をあらうす、大体・事の心を案ずるに太政入道の世をとりながら国をやぶらんとせしにに《似》たり、ただ事ともみへず、日蓮これを見てをもうやう日ごろ月ごろ・をもひまうけたりつる事はこれなり、さいわひなるかな法華経のために身をすてん事よ、くさきかうべ《臭頭》をはなたれば沙《いさご》に金《こがね》をかへ石に珠《たま》をあきなへ《貿》るがごとし、さて平左衛門尉が一の郎従・

少輔房《しょうぼう》と申す者はしりよりて日蓮が懐中せる法華経の第五の巻を取り出しておもて《面》を三度さいなみ《呵嘖》て・さんざんとうちちらす、又九巻の法華経を兵者《つわもの》ども打ちちらして・あるいは足にふみ・あるいは身にまとひ・あるいはいたじき《板敷》・たたみ《畳》等・家の二三間にちらさぬ所もなし、日蓮・大高声を放ちて申すあらをもしろや平左衛門尉が・ものにくるうを見よ、とのばら《殿原》但今日本国の柱をたをすと・よばはりしかば上下万人あわてて見えし、日蓮こそ御勘気をかほれば・をく《臆》して見ゆべかりしに・さはなくして・これはひが《僻》ことなりとや・をもひけん、兵者どものいろ《色》こそ・へんじて見へしか」[*17]

九月十二日に日蓮大聖人が松葉ケ谷において捕縛された様子は、「神国王御書《しんこくおうごしょ》」にも詳述されている。

「悦ばしいかな経文に任せて五五百歳・広宣流布をまつ・悲いかな闘諍《とうじょう》堅固の時に当って此の国修羅《しゅら》道となるべし、清盛入道と頼朝とは源平の両家・本より狗犬《くけん》と猿猴《えんこう》とのごとし、少《小》人・少福の頼朝をあだみしゆへに宿敵たる入道の一門ほろびし上・科《とが》なき主上の西海に沈み給いし事は不便《ふびん》の事なり、此れは教主釈尊・多宝・十方の仏の御使として世間には一分の失《とが》なき者を・一国の諸人にあだ《怨》ますするのみならず・両度の流罪に当てて日中に鎌倉の小路をわたす事・朝敵のごとし、其の外小菴《しょうあん》には釈尊を本尊とし一切経を安置したりし其の室を刎《は》ねこぼち《毀》て・仏像・経巻を諸人にふま《踏》するのみならず・糞泥《ふんでい》にふみ入れ・日蓮が懐中に法華経を入れまいらせて候いしを・とりいだして頭をさんざんに打ちさいなむ、此の事如何なる宿意もなし当座の科《とが》もなし、ただ法華経を弘通する計《ばか》りの大科なり」*18

日蓮大聖人は松葉ケ谷で平左衛門尉の率いる者たちに捕縛された後、「日中に鎌倉の小路」を引き回された。のち平左衛門尉などにより武蔵守である大仏宣時《おさらぎのぶとき》の屋敷に預けられた。ところが日蓮大聖人は「夜半」頃、宣時の屋敷より出され、刑場である竜の口に向かうこととなった。

「さては十二日の夜・武蔵守殿のあづかり《預》にて夜半に及び頸を切らんがために鎌倉をいでしに・わかみやこうぢ《若宮小路》にうちいでて四方に兵《つわもの》のうちつつみて・ありしかども、日蓮云く各各さわが《騒》せ給うなべち《別》の事はなし、八幡大菩薩に最後に申すべき事ありとて馬よりさしをりて高声に申すやう〈中略〉さて最後には日蓮・今夜・頸切られて霊山浄土へ・まいりてあらん時はまづ天照太神・正八幡こそ起請《きしょう》を用いぬかみにて候いけれとさしきりて教主釈尊に申し上げ候はんずるぞいた《痛》しと・おぼさば・いそぎいそぎ御計らいあるべしとて又馬にのりぬ」*19

日蓮大聖人は末法の法華経の行者として斬首されようとしている今、鶴岡八幡宮に祀《まつ》られている八幡大菩薩に対し、法華経の会座《えざ》で誓ったとおり、自らを守護すべきであると声高に述べられた。

だが日蓮大聖人は斬首されることが決まっていた。その竜の口に向かう途中、四条金吾とその兄弟四名をお供にすべく呼ばれた。首切り役人らが四条金吾兄弟の同道を許したということは、彼らが竜の口における斬首を合法的なものであると認識していた証《あかし》である。

竜の口の刑場と「光物」

日蓮大聖人が首切り役人らに連行され竜の口の刑場に着いたのは、「夜のあけぐれ」。日蓮大聖人を役人らがまさに斬首しようとしたその時、不思議な出来事が起きた。なお「左衛門尉」とは、四条金吾のこと。

「左衛門尉・兄弟四人・馬の口にとりつきて・こしごへ《腰越》たつ《竜》の口にゆきぬ、此《ここ》にてぞ有らんずらんと・をもうところに案にたがはず兵士《つわもの》どもうちまはり・さわぎしかば、左衛門尉申すやう只今なりとなく《泣》、日蓮申すやう不かくのとのばらかな・これほどの悦びをば・わらへかし、いかに・やくそく《約束》をば・たがへらるるぞと申せし時、江のしま《島》のかたより月のごとく・ひかりたる物まり《鞠》のやうにて辰巳《たつみ》のかたより戌亥《いぬい》のかたへ・ひかりわたる、十二日の夜のあけぐれ《味爽》人の面《おもて》も・みへざりしが物のひかり月よ《夜》のやうにて人人の面もみなみゆ、太刀取目くらみ・たふれ臥《ふ》し兵共《つわものども》おぢ怖れ・けうさめ《興醒》て一町計りははせのき、或は馬より・をりて・かしこまり或は馬の上にて・うずくまれる《蹲踞》もあり、日蓮申すやう・いかにとのばら・かかる大禍ある召人《めしうど》にはとをの《遠》くぞ近く打ちよれや打ちよれやと・たかだかと・よばわれども・いそぎよる人もなし、さてよ《夜》あけば・いかにいかに頸切《くびきる》べくはいそぎ切るべし夜明けなばみぐるし《見苦》かりなんと・すすめしかども・とかくのへんじ《返事》もなし。

はるか計りありて云くさがみ《相模》のえち《依智》と申すところへ入らせ給へと申す、此れは道知る者なし・さきうち《先打》すべしと申せどもうつ人もなかりしかば・さてやすらう《小憩》ほどに或兵士《もののふ》の云く・それこそその道にて候へと申せしかば道にまかせてゆく、午の時計りにえち《依智》と申すところへ・ゆきつきたりしかば本間《ほんま》六郎左衛門がいへに入りぬ[20]」

ここで誰もが注視するのは「月のごとく・ひかりたる物まり《鞠》のやう」という表記である。以降、「光物《ひかりもの》」と記す。

では「光物」とはどういうものであろうか。今日《こんにち》まで「光物」は超常現象、雷、隕石（火球を含む）などとされてきた。ところが「光物」は確固たる意思を持っており、竜の口の刑場において首切り役人らに斬首することを停止させ、しかもその後、相模の依智の本間邸に日蓮大聖人を移送することを命じている。よって「光物」は人間である。

以下に、この竜の口にまつわる出来事を簡潔にまとめた。

□十二日の松葉ケ谷の捕縛は、平左衛門尉を中心とした兵士たちによるものである。幕府の所在地である鎌倉の中を、数百名が武装して動いている。このような行動は、平左衛門尉ひとりでなせることではない。しかも夜陰に紛れて、宣時の館から日蓮大聖人を引き出し死罪に処することは、これまた個人的な判断でなせることではない。

□しかしながら現実には、日蓮大聖人は宣時の館より夜半に引き出され、斬首されるべく竜の口に向かっている。

誰が侍所の平左衛門尉に命じ、数百名の者を武装させ日蓮大聖人を捕らえ、宣時の館に連れて行かせ、夜半に引き出し、竜の口で斬首しようとしたのか。

「禅僧数百人・念仏者数千人・真言師百千人・或は奉行《ぶぎょう》につき或はきり人《権家》につき或はきり《権》女房《閨》につき或は後家尼御前《ごけあまごぜん》等について無尽《むじん》のざんげん《讒言》をなせし程に最後には天下第一の大事・日本国を失わんと咒そ《詛》する法師なり、故最明寺殿《さいみょうじどの》・極楽寺殿《ごくらくじどの》を無間地獄に堕《お》ちたりと申す法師なり御尋ねあるまでもなし但須臾《ただしゅゆ》に頸をめせ弟子等をば又頸を切り或は遠国につかはし或は籠《ろう》に入れよと尼ごぜんたち《御前達》・いからせ給いしかば・そのまま行われけり*21」

竜の口における日蓮大聖人の斬首は中止の命令が出て未遂に終わった。この斬首を実行させるべく裏で動いたのは、邪宗の者らである。それらの者たちが奉行や権力者、権力者の女房、そして「後家尼御前」すなわち北条時頼の妻にして執権・時宗の母などを煽《あお》り、実行に移させたが未遂に終わった。

竜の口の法難がいかにして行なわれたかということについて、この「報恩抄《ほうおんしょう》」に書かれたことと先に紹介した「種種御振舞御書《しゅじゅおふるまいごしょ》」に書かれたことは同じである。

□「光物」が現われたことにより、「太刀取目くらみ・たふれ臥《ふ》し兵共《つわものども》おぢ怖れ・けうさめ《興醒》

て一町計りはせのき、或は馬より・をりて・かしこまり或は馬の上にて・うずくまれるもあり」という状況となった。

「光物」とは、鎌倉幕府の上位に位置する権威ある者である。では権威ある者とは、誰人のことであろうか。平左衛門尉が日蓮大聖人の竜の口における斬首に深く関わっていることは、松葉ケ谷の捕縛の様子を見ても窺える。さらにその平左衛門尉が後ろ盾にしているのは時宗の母である。このように見ていく時、平左衛門尉の命じた斬首を急遽やめるように指示できるのは、執権・時宗しか考えられない。

日蓮大聖人を斬首しようとする謀略

そもそもこの謀殺の命令は、「報恩抄」「種種御振舞御書」によれば、時宗の母や権力者の女房たちが深く関与している。その点からしても謀殺を止められるのは、執権・時宗しかいない。

□「光物」とされる人物が指示したことにより、斬首の執行を中止し一同は依智《えち》の本間六郎左衛門尉重連《しげつら》邸に向かうこととなった。しかし役人たちは、依智に向かう道がわからない。このことから首切り役人たちは、佐渡の守護である宣時や守護代である本間の家臣ではないことがわかる。また日蓮大聖人を護送して竜の口まで来た者たちは、当初は、竜の口で斬首すれば鎌倉に戻る予定であったことが推量される。

□武蔵守の館から竜の口に行ったのであるから、斬首を実行しない今、改めて鎌倉に帰り武蔵守の館に入ればよいと考える人もいるだろう。だがそれをすれば鎌倉幕府、なかんずく時宗の失政が露《あら》わになる。それを糊塗《こと》するために竜の口から依智に向かったのである。依智には、佐渡の守護代・本間の館がある。日蓮大聖人が鎌倉で身柄を預けられていたのは、佐渡の守護である宣時。佐渡の守護代である本間の館に入れば、時宗の顔をつぶさず一貫性をもって日蓮大聖人の佐渡流罪に向けての移送がなされたかのように装うことができる。

日蓮大聖人は竜の口での出来事について、他の御書にも書かれている。

「鎌倉竜の口と申す処に九月十二日の丑の時に頸の座に引きすへられて候いき、いかがして候いけん月の如くにをはせし物・江の島より飛び出でて使の頭へかかり候いしかば、使おそれてきらず、とかうせし程に子細どもあまたありて其の夜の頸はのがれぬ[*22]」

竜の口での法難の際、「光物」が出たことにより斬首の刑を免れたことが端的に記されている。「月の如くにをはせし物・江の島より飛び出でて使の頭へかかり候いしかば、使おそれてきらず」とし、「光物」が「使」の頭にかかり「使」が恐れて日蓮大聖人を斬らなかったと述べられている。

これをもってしても「光物」が、隕石（火球）などではないことがわかる。隕石が頭にかかれば例外なく人は死ぬ。

また後に、日蓮大聖人はこの竜の口の出来事について、富木常忍に次のように述べている。

「去年《こぞ》九月十二日の夜中には虎口を脱れたるか『必ず心の固きに仮りて神の守り即ち強し』等とは是なり」*23

「虎口を脱れたるか」ということをもって、日蓮大聖人および四条金吾は窮地を脱したことを想起している。日蓮大聖人は佐渡守の屋敷に預りの身となっていたが、おそらくはその屋敷より引き出される時、あるいはその直後、「虎口を脱れ」るべき手段を考え、しかるべき人に急を知らせ窮地よりの脱出を図ったと思われる。したがって竜の口での出来事は「虎口を脱れたるか」と表現されるようなもので、決して奇瑞《きずい》ではない。

＊1『国史大辞典』第十二巻「蒙古襲来」（三八〇ページ：三八一ページ）図版1

＊2『日蓮大聖人御書全集』「種種御振舞御書」九〇九ページ

＊3 同前

＊4『日蓮大聖人御書全集』「北条時宗への御状」一六九ページ

＊5 同前

＊6『日蓮大聖人御書全集』「北条時宗への御状」一七〇ページ

＊7『日蓮大聖人御書全集』「平左衛門尉頼綱への御状」一七一ページ

＊8 同前

＊9『日蓮大聖人御書全集』「種種御振舞御書」九〇九ページ

＊10『中世法制史料集』第一巻「鎌倉幕府法」四一ページ

＊11『日蓮大聖人御書全集』「問注得意抄」一七八ページ

＊12『日蓮大聖人御書全集』「種種御振舞御書」九一一ページ

＊13『日蓮大聖人御書全集』「一昨日御書」一八三ページ

＊14 同前

＊15『鎌倉遺文　古文書編』第十四巻三〇〇ページ

＊16『鎌倉遺文　古文書編』第十四巻三〇一ページ

＊17『日蓮大聖人御書全集』「種種御振舞御書」九一一ページ

＊18『日蓮大聖人御書全集』「神国王御書」一五二五ページ

＊19『日蓮大聖人御書全集』「種種御振舞御書」九一二ページ

＊20『日蓮大聖人御書全集』「種種御振舞御書」九一三ページ

＊21『日蓮大聖人御書全集』「報恩抄」三二二ページ

＊22『日蓮大聖人御書全集』「妙法比丘尼御返事」一四一三ページ

＊23『日蓮大聖人御書全集』「真言諸宗違目」一四一ページ

第二節　右往左往する鎌倉幕府

依智での出来事

日蓮大聖人らが依智に着いたのは、「午の時計り」。移送してきた者たちに対し労《ねぎら》いとして酒が出された。

「午の時計りにえち《依智》と申すところへ・ゆきつきたりしかば本間《ほんま》六郎左衛門がいへに入りぬ、さけ《酒》とりよせて・もののふどもに・のま《飲》せてありしかば各かへるとて・かうべをうなたれ《低頭》手をあざ《叉》へて申すやう、このほどは・いかなる人にてや・をはすらん・我等がたのみて候・阿弥陀仏をそしらせ給うと・うけ給われば・にくみまいらせて候いつるに・まのあたりをがみ《親拝》まいらせ候いつる事どもを見て候へば・たうとさに・としごろ申しつる念仏はすて候いぬとて・ひうちぶくろ《火打袋》よりずず《数珠》とりいだして・すつる者あり、今は念仏申さじと・せいじやう《誓状》をたつる者もあり、六郎左衛門が郎従等・番をばうけとりぬ、さえもん《左衛門》のじよう《尉》も・かへりぬ」*1（傍線は著者、以下同）

ここでも興味深いことがある。鎌倉より依智まで日蓮大聖人を護送した者たちは、これまで阿弥陀仏を謗《そし》る日蓮大聖人を憎んできた。しかしながら日蓮大聖人の危機にあたっての振る舞いを身近に拝することによって、念仏を捨てると祈請する者もいた。また、念仏を捨てると誓った者らは、竜の口の「月のごとく・ひかりたる物」という奇瑞《きずい》について論及していない。本来ならば改宗の動機としていの一番に日蓮大聖人に伝えるべき事象である。ところが真実の改宗の動機は、日蓮大聖人の徳に接したことであった。

本間六郎左衛門尉の家来たちが日蓮大聖人の警護を鎌倉より来た役人たちより引き継いだ。四条金吾も帰った。

依智に現われた「明星天子」

「種種御振舞御書」といま呼ばれている御書は、別々に存在した四つの御書を一つのものとしてまとめたものである。いまの形を作ったのは、日蓮宗の在家の研究者である小川泰堂《おがわたいどう》であった。それ以前に身延山久遠寺第十一世の行学院日朝《にっちょう》が、もともと存在した「種種御振舞御書」の一部と「佐渡御勘気御書《さどごかんきごしょ》」を一つの流れとして『元祖化導記《がんそけどうき》』に紹介している。小川のなしたことと、行学院日朝がなしたことには異同がある。

いま「種種御振舞御書」と呼ばれている御書は、もとよりあった「種種御振舞御書」に「佐渡御勘気御書」「阿弥陀堂法印祈雨事《あみだどうほういんきうのこと》」「光日房御書《こうにちぼうごしょ》」の三つの御書を連結し、一つにまとめたものである。

もともと存在した「種種御振舞御書」は、冒頭の「去ぬる文永五年」という文章より始まり「まかりいでぬ」で終わっている。

「佐渡御勘気御書」は「追状に云く此の人」に始まり「したたかに申し付け候ぬ」で終わっている。

「阿弥陀堂法印祈雨事」は「さてかへりききしかば」に始まり「罰とはしらずや」で終わる。

「光日房御書」は「されば鹿は味ある故」に始まり「南無妙法蓮華経」で終わる。

注意深く四つの御書の接合部分などを見ていけば、二つの御書が一つの出来事について記している箇所がある。

では二つの御書が同じ出来事について記している箇所はどこであろうか。それはもともと存在した「種種御振舞御書」の終わり部分と「佐渡御勘気御書」の冒頭部分である。そこにはいずれも依智における九月十三日の夜のことが書かれている。

それではもともと存在した「種種御振舞御書」にはどのように記されているかを確認した

い。

「其の日の戌の時計りにかまくら《鎌倉》より上《かみ》の御使とてたてぶみ《立文》をもちて来《き》ぬ、頸切れという・かさね《重》たる御使かと・もののふどもは・をもひてありし程に六郎左衛門が代官右馬のじようと申す者・立ぶみもちて・はしり来りひざまづ《跪》ひて申す、今夜にて候べし・あらあさましやと存じて候いつるに・かかる御悦びの御ふみ来りて候、武蔵守殿は今日・卯の時にあたみ《熱海》の御ゆ《湯》へ御出で候へば・いそぎ・あやなき事もやと・まづこれへはしりまいりて候と申す、かまくらより御つかいは二《ふた》時にはしりて候、今夜の内にあたみの御ゆへ・はしりまいるべしとて・まかりいでぬ」*2

もともと存在した「種種御振舞御書」は、この箇所で終わっている。この箇所に続くのは「佐渡御勘気御書」である。この二つの御書の連結部分は、大変重要なことを指し示している。先のもともと存在した「種種御振舞御書」と今から示す「佐渡御勘気御書」は、同じ九月十三日の夜の出来事について書かれていながら表現が変わっている。

「追状に云く此の人はとが《失》なき人なり今しばらくありてゆるさ《赦》せ給うべし・あやまち《過》して

は後悔あるべしと云云。
其の夜は十三日・兵士《つわもの》ども数十人・坊の辺り並びに大庭になみゐ《並居》て候いき、九月十三日の夜なれば月・大に・はれてありしに夜中に大庭に立ち出でて月に向ひ奉りて・自我偈少少よみ奉り〈中略〉いかに月天いかに月天とせめしかば、其のしるしにや天《そら》より明星の如くなる大星下りて前の梅の木の枝に・かかりてありしかば・もののふども皆えん《縁》より・とびをり或は大庭にひれふし《平伏》或は家のうしろ《後》へにげ《逃》ぬ、やがて即ち天《そら》かきくもりて大風吹き来りて江《え》の島のなるとて空《そら》のひびく事・大なるつづみ《鼓》を打つがごとし」[*3]

この二つの御書を読めば、もともと存在した「種種御振舞御書」の「たてぶみ」「立ぶみ」「御悦びの御ふみ」と、「佐渡御勘気御書」の「追状」とが相当する。表現は変わっても、それらのものはいずれも執権・時宗の意向にもとづき発せられたものである。「かまくら《鎌倉》より上《かみ》の御使」と表現されているものは、「天《そら》より明星の如くなる大星下りて前の梅の木の枝に・かかりてありしかば」に該当する。

依智の「大明星天」は、竜の口に現われた「大月天」と本質的には同じである。依智にもたらされた「追状」には、「此の人はとが《失》なき人なり今しばらくありてゆる《赦》させ給うべし・あやま《過》ちしては後悔あるべし」と明記されている。

十三日夜に時宗邸で「大なるさわぎ」

「夜明《あく》れば十四日卯の時に十郎入道と申すもの来りて云く・昨日の夜の戌の時計りにかう《守》どの《殿》に大なるさわぎあり、陰陽師《おんようし》を召して御うらなひ候へば申せしは大に国みだれ候べし・此の御房御勘気のゆへなり、いそぎいそぎ召しかえさずんば世の中いかが候べかるらんと申せば、ゆりさせ給へ候と申す人もあり、又百日の内に軍《いくさ》あるべしと申しつれば・それを待つべしとも申す*4」

日蓮大聖人についての案件をどのように処置するかは、時宗にとっても最難事であったろう。十三日に時宗の館において大変な騒ぎがあった。陰陽師に占わせたところ、その者が言うには日蓮大聖人を「御勘気」にしたことによって、世の中は大いに乱れることとなる。したがって陰陽師は日蓮大聖人を速やかに呼び戻すべきだと言った。時宗の館にいた家来どもの中にも、許したほうがいい、あるいは百日の内に戦《いくさ》があると言っているのだから、処分はそれを待ってからでもいいではないか、と言う者もいた。

時宗の館で喧々諤々《けんけんがくがく》の論争があったようだが、文面を確認する限りにおいては日蓮大聖人を死罪にするということは誰も主張しなかったようだ。

だが日蓮大聖人を死罪に追い込みたい邪宗の者らは、手段を選ばぬ策動を続けた。

「依智《えち》にして二十余日・其の間鎌倉に或は火をつくる事・七八度・或は人をころす事ひまなし、讒言《ざんげん》の者共の云く日蓮が弟子共の火をつくるなりと、さもあるらんとて日蓮が弟子等を鎌倉に置くべからずとて二百六十余人しるさる《記》、皆遠島へ遣《つかわ》すべしろう《牢》にある弟子共をば頸をはねらるべしと聞ふ、さる程に火をつくる等は持斎念仏者が計事《はかりごと》なり其の余はしげければかかず」*5

富木と四条に宛てた書の異なり

九月十四日、日蓮大聖人は富木常忍に書を送られている。その書は次のようなものであるが、「光り物」という文言の記載はまったくない。また「竜の口」という地名も出てこない。日蓮大聖人は「かまくら《鎌倉》をいでて佐土の国へながされ候」と記され、佐渡に向かうにあたり当座、依智にいることを述べられている。この書面の内容からして「九月十四日」には、日蓮大聖人は佐渡に流罪となることを自覚されていた。また日蓮大聖人は富木常忍に対して意図的に

「斬首」「月天子」などに表徴《ひょうちょう》される一連の事件の本質を避けて、表立っての事実関係のみを伝えられている。

「此の十二日酉《とり》の時・御勘気・武蔵守殿御あづかりにて十三日丑の時にかまくら《鎌倉》をいでて佐土の国へながされ候が、たうじはほんまのえち《本間依智》と申すところにえちの六郎左衛門尉殿の代官・右馬太郎と申す者あづかりて候が、いま四五日はあるべげに候、御歎きはさる事に候へども・これには一定と本よりご《期》して候へば・なげかず候、いままで頸の切れぬこそ本《ほ》意《い》なく候へ、法華経の御ゆへに過去に頸を・うしないたらば・かかる少身のみにて候べきか、又数数見擯出《さくさくけんひんずい》ととかれて度度失《とが》にあたりて重罪をけしてこそ仏にもなり候はんずれば我と苦行をいたす事は心ゆへなり」*6

富木常忍に対する書と対極にあるのが九月二十一日に出された四条金吾宛の書である。この書は、次のように始まる。

「度度の御音信《おとずれ》申しつくしがたく候」*7

四条金吾は九月十三日から同月二十一日までの間に、複数回、日蓮大聖人に書状を出している。念を押すまでもないが四条金吾が日蓮大聖人に書状をもって知らせたのは、日蓮大聖人に関わる情報であったと思われる。日蓮大聖人は四条金吾に対し「三光天子」の働きにより必ず守護されるとの確信を披瀝《ひれき》されている。

「又かまくらどのの仰せとて内内・佐渡の国へ・つかはすべき由承り候、三光天子の中に月天子は光物《ひかりもの》とあらはれ竜口の頸《くび》をたすけ、明星天子は四五日已前に下りて日蓮に見参し給ふ、いま日天子ばかりのこり給ふ定めて守護あるべきかとたのもしたのもし、法師品に云く『則遣変化人為之作衛護《そくけんへんげにんいしさえご》』疑あるべからず、安楽行品に云く『刀杖不加』普門品に云く『刀尋段段壊《とうじんだんだんね》』此等の経文よも虚事にては候はじ、強盛の信力こそありがたく候へ、恐恐謹言」＊8

「かまくらどのの仰せ」であるとして、「内内」に佐渡流罪を日蓮大聖人に知らせたのは、本間の代官・右馬太郎であろう。「内内」に教える必要があったのは、日蓮大聖人の側に佐渡に向かうにあたり事前の準備があることを考えての上だと思われる。

さらにはこのことを四条金吾に教えることにより、竜の口の法難以来いろいろと案じている四条金吾に安堵してもらいたいと日蓮大聖人は思われたのであろう。

また四条金吾は竜の口に同行しているのであるから、日蓮大聖人が「三光天子の中に月天子は光物《ひかりもの》とあらはれ竜口の頸《くび》をたすけ、明星天子は四五日已前に下りて日蓮に見参し給ふ、いま日天子ばかりのこり給ふ定めて守護あるべきかとたのもしたのもし」と言われている真意がわかる。つまり四条金吾は「三光天子」の正体は執権・時宗であると理解できるのである。

ここで引用されている法師品の文は「御義口伝《おんぎくでん》」においても引かれている。そして、竜の口の「光物」の正体が何なのかについて明かされているのである。

「第十二若人欲加悪刀杖《にゃくにんよくかあくとうじょう》 及瓦石《ぎゅうがしゃく》則遣変化人《そくけんへんげにん》為之作衛護《いしさえご》の事

御義口伝に云く変化人とは竜口守護の八幡大菩薩なり、今日蓮等の類い南無妙法蓮華経と唱え奉る者を守護す可しと云う経文なり」*9

末法の法華経の行者を必ず守護すると、法華経の会座《えざ》において誓った者たちは、人に変化し現われ、必ず救護する。日蓮大聖人を救護したのは、「八幡大菩薩」と表現される執権・時宗に他ならない。

竜の口の月天子、依智の明星天子、先々、佐渡流罪を赦免するであろう日天子、これら「三光天子」が暗喩《あんゆ》するのは、執権・時宗である。時宗の失政をあからさまにせず日天子到来の時を待つ日蓮大聖人の深意が窺える。

日蓮大聖人は十月十日に依智を発ち、十一月一日に塚原《つかはら》の堂に入られた。

＊1『日蓮大聖人御書全集』「種種御振舞御書」九一四ﾍﾟｰｼﾞ
＊2 同前
＊3『日蓮大聖人御書全集』「種種御振舞御書」九一五ﾍﾟｰｼﾞ
＊4 同前
＊5 同前
＊6『日蓮大聖人御書全集』「土木殿御返事」九五一ﾍﾟｰｼﾞ
＊7『日蓮大聖人御書全集』「四条金吾殿御消息」一一一三ﾍﾟｰｼﾞ
＊8 同前
＊9『日蓮大聖人御書全集』「御義口伝」七三八ﾍﾟｰｼﾞ

第二章

最蓮房の虚像と実像

第一節 歳月とともに醸成された最蓮房の虚像

六老僧をはるかにしのぐ最蓮房への期待

日蓮大聖人は文永《ぶんえい》八（一二七一）年十一月一日、佐渡流罪の配所である塚原《つかはら》の堂に入られた。翌年の文永九年の二月、ある僧が日蓮大聖人に帰伏したとされる。その僧の名は最蓮房《さいれんぼう》という。

最蓮房は、四月には日蓮大聖人より直々に「妙法の本円戒」を受けている。

しかも日蓮大聖人より、この佐渡期に最蓮房に与えられた御書は破格のものであった。帰伏したとされる文永九年二月には「生死一大事血脈抄《しょうじいちだいじけつみゃくしょう》」と「草木成仏口決《そうもくじょうぶつくけつ》」、同年四月には「最蓮房御返事《さいれんぼうごへんじ》」、翌十年の一月には、日蓮大聖人が毎日、誦し仏天に祈請されてきた「祈禱《きとう》経《きょう》」の写し並びにその「送状」を、最蓮房は賜《たまわ》った。同年五月には「諸法実相抄《しょほうじっそうしょう》」も賜っている。それは日蓮大聖人に扈従《こじゅう》してきた六老僧をもはるかにしのぐ格別の扱いである。

しかもこの時、佐渡においては日興上人が日蓮大聖人に「常随給仕」していたと伝えられている。佐渡に来ない五老僧はいざ知らず、日興上人は格別の扱いを受ける最蓮房を間近にし、どのような心境にあったのだろうか。

日蓮大聖人は「諸法実相抄」において、最蓮房に対する期待感を述べられている。

「此文《ふみ》には日蓮が大事の法門ども・かきて候ぞ、よくよく見ほどか《解》せ給へ・意得させ給うべし、一閻浮提第一の御本尊を信じさせ給へ、あひかまへて・あひかまへて・信心つよく候て三仏の守護をかうむらせ給うべし、行学の二道をはげみ候べし、行学たへ《絶》なば仏法はあるべからず、我もいたし人をも教化候へ、行学は信心よりをこるべく候、力あらば一文一句なりともかた《談》らせ給うべし」*1

ところがここまで日蓮大聖人に嘱望された最蓮房が、佐後期においてなんらの事績もなく杳《よう》として消えてしまった。

それがために、最蓮房については歳月とともに様々な虚偽が作り出された。また最蓮房宛の偽書も多く作られた。このような事情から、今では最蓮房の存在すらも疑う者がいる。

ともあれ最蓮房が日蓮大聖人の期待を裏切り、日蓮大聖人の赦免後において姿を消してしまったのであれば、日蓮大聖人の一期《いちご》の布教において後継者の育成に大きな過《あやま》ちがあったということになる。

最蓮房は駿河の人で「本は天台宗」

最蓮房はどのような人物であったのか。まずは日蓮宗各門流に伝えられる最蓮房像を時代を追って見ていきたい。

以下、文書名を表記し、筆者について簡略な紹介をし、最蓮房について記述された箇所を示し、記述内容の評価を行ないたい。

□『元祖化導記《がんそけどうき》』

最蓮房の名が日蓮大聖人の伝記物に初めて登場するのは、室町時代中期に身延山久遠寺第十一世・行学院日朝《にっちょう》が著わした『元祖化導記』である。『元祖化導記』が書き始められたのは聖滅一九七年の文明《ぶんめい》十(一四七八)年九月二十三日で、同年十月十三日をもって擱筆《かくひつ》されている。最蓮房についての記述は、今の「最蓮房御返事」の末尾部分の引用に留まっている。

「十五、最蓮房ノ事　御書云、アマリニウレシク候ヘハ、契約一ツ申シ候ハン、貴邊《きへん》ノ御《ご》勘氣《かんき》疾々《とくとく》ユルサセ給テ都ヘ御上リ候ハハ、日蓮モ鎌倉殿ハユルサジトノ玉ヒ候トモ、諸天等ニ申シテ鎌倉へ還《かえり》テ、京都へモ音信《おとずれ》申ヘク候、云云」[*2]

このように行学院日朝は、「最蓮房御返事」を引いて最蓮房が京都の僧であることを示している。

□『御書鈔《ごしょしょう》』(『健鈔《ごんしょう》』)

行学院日朝が『元祖化導記』を著わした二、三十年後の室町時代中期、京都・弘経寺の日健《にちごん》らが御書の講義をした。

『御書鈔』は、この日健らの講義を立本寺の円乗房日泰《にったい》(後に尊像房日福《にちふく》と改名)が筆録したものである。講義者は日健以外に、立本寺の日締《にったい》、妙顧寺の日能《にちのう》、中山系と思われる日耀《にちよう》がいるが、この『御書鈔』全二十五巻のうち二十二巻が日健の講義によるものなので、『健鈔』と呼ばれている。講義が行なわれた時期について、巻中にその日付が部分的には残されている。それらを参考にすると『健鈔』が作られたのは、永正《えいしょう》年間(一五〇四年〜一五二一年、聖滅二二三年〜二四〇年)であると考えられる。

『御書鈔』で講義されている御書のうち、最蓮房宛の御書として扱っているのは以下の六編。

「祈禱鈔」(巻之十六)

「祈禱鈔奥」（巻之十七）
「当体義鈔《とうたいぎしょう》」（巻之十八）
「立正観鈔《りっしょうかんしょう》」（巻之二十五）
「最蓮坊《ママ》御返事　異本ニ立正観鈔送状」（巻之二十五）
「祈禱経送状」（巻之二十五）

これらの御書の講義のなかで日健が最蓮房の人物像に触れているのは、「祈禱鈔奥」「最蓮坊御返事　異本ニ立正観鈔送状」「祈禱経送状」である。このうち、著者が真正に最蓮房宛の御書と判断するものは「祈禱経送状」のみである。

日健が「最蓮坊御返事　異本ニ立正観鈔送状」として講義している書は、現在では「立正観抄送状」として扱われているもので、今の「最蓮房御返事」ではない。しかもこの「立正観抄送状」は偽書である。「立正観抄」並びに「立正観抄送状」が、偽書であることについては拙書『日蓮大聖人と最蓮房』（平安出版刊）において詳述しておいた。したがってここでは触れない。とはいえ「立正観抄送状」について解説をしている日健の示す最蓮房像は、日健が当時、懐いていたものである。

そこには次のような文が認められる。

「最蓮坊ト云ハ在所《ざいしょ》駿河也。本《もと》ハ天台宗ナルガ帰伏《きぶく》申玉ヘリ志ノ人也。此ノ人病者ナルカ佛法ヲ心ニ懸《かけ》テ高祖ヘ供養ヲ慇《ねんごろ》ニ申玉ヘリ」[*3]

日健は、最蓮房の「在所」について「駿河」とし、帰伏前は「天台宗」の僧であったとする。加えて最蓮房は「病者」であるとも述べている。

最蓮房賜書《ししょ》は、最蓮房が天台の教義に通暁していることを窺わせるものであるが、それをもってしても日健が最蓮房の帰伏前の宗派について「天台宗」と断ずることはむずかしい。「在所駿河也」「本ハ天台宗」と日健が具体的に示し得たのは、同人がそう示すことのできる情報を入手していたとも考えられる。

日健は「祈禱鈔奥」の講義においても、次のように最蓮房について述べている。ただし「祈禱鈔奥」は現在では最蓮房宛の御書としては扱われておらず、「祈禱鈔」の一部となっている。

「仰云《おおせにいわく》。何ニトシタル事ヤラン祈禱抄ヲ二段ニ分テ目録ニ載《の》セラレタリ。總《そう》シテ祈禱抄ト申ハ最蓮坊ノ御給リ也。此ノ人ハ富士ノ西ノ方ニ御座也」[*4]

ここで日健は最蓮房が布教していた地域について「駿河也」との表現からさらに踏み込み「富士ノ西ノ方ニ御座也」と断定している。

京都の僧から見れば最蓮房は他所の僧

では、日健はどのような経歴を持ち、主に修学布教をどこで行なった僧であろうか。『御書鈔』に収録されている「健鈔考」には、日健について次のように記されている。

「健師《ごんし》　本書の大部分を講談せられたる斯師《このし》の、郷貫閲歴《ごうかんえつりゃく》の更に知るべからざるは頗《すこぶ》る遺憾とする所なり。但だ『愚案記』及び住師の『本尊抄見聞記』の奥書並に本鈔等に據《よ》り、僅《わず》かに文明年間より永正年代に渉《わた》り、京都に在りたる學匠にして、彼の四宗見聞、法華講演抄の著者なる正行院源師及び本覺寺住師に從學したる師なるを知るべきのみ」＊5

「健鈔考」は、日健の詳しい経歴はわからないとしながらも、「文明年間より永正年代」に京都にいたと記している。「文明年間」の始まりは一四六九年、終わりは一四八七年。「永正年代」の始めは一五〇四年、終わりは一五二一年。

「健鈔考」には、さらに次のように記されている。

「健師の出世年代は今的確に知り難きも、如上《じょじょう》の記録に據《よ》るに、文明五年本尊抄の講談を住師に聴き、同年祖書録外を写本したる頃は研學に餘念無き壯年の英髦《えいもう》なりしなるべく、永正年代本鈔を講談せられたる頃は、弘經寺の主座として碩學《せきがく》の耆宿《きしゅく》なりしなるべし」*6

「文明五年」は一四七三年、聖滅一九二年。この時、日健は京都・本覚寺の日住《にちじゅう》より講義を聴いている。前の「文明年間より永正年代」に京都にいたとの記述と合わせると、約三十年から五十年の間、日健は京都を中心に活動していたことになる。京都での活動期は聖滅一八八年から同二四〇年。

その京都で活動した日健が最蓮房の布教していた地域について重要なことを述べている。つまり最蓮房は「在所駿河也」「富士ノ西ノ方ニ御座也」と明言していることである。

しかしながら前記したように行学院日朝は『元祖化導記』において「最蓮房御返事」の本文末を引用し、最蓮房が京都の僧であることを示している。

文永九年四月に一谷《いちのさわ》で認《したた》められた「最蓮房御返事」の冒頭部分と末尾には、あたかも最蓮房が京都から来た僧のように書かれている。

日蓮大聖人が最蓮房との書簡において、このような擬変《ぎへん》を書かなければならなかったのは、阿仏房が弾圧され、日蓮大聖人は塚原から一谷という新たな配所に移って間もなかったことによると思われる。なお日蓮大聖人が塚原より一谷に移られたのは三月のころと思われる。

また一谷においては、日蓮大聖人に対し悪感情を持っている者が「預りたる名主《みょうしゅ》」となった。そのため「預りたる名主」の下で日蓮大聖人に接する「宿の入道」すなわち一谷入道も、日蓮大聖人に対し思うほどの親切をすることができなかった。日蓮大聖人が一谷に移って間もないころは、日蓮大聖人の行動は大いに制約されたのである。

ゆえに日蓮大聖人は書状とはいえ最蓮房を流罪前からの直弟子であったとはされず、佐渡で帰伏した京都の僧であるかのような記述をされたと見るべきであろう。

そのため「最蓮房御返事」の文中に、最蓮房が京都から来た僧で二月のころに弟子になったかのような虚偽を書かれた。

最蓮房を京都の僧であるとする擬変は、一谷に移られたばかりの日蓮大聖人と最蓮房にとって、避けては通れない重要なことであった。この御書をもって日蓮大聖人が最蓮房に伝えたかったのは、法華経化城喩品《けじょうゆほん》第七の「在在諸仏土《ざいざいしょぶつど》　常与師倶生《じょうよしぐしょう》」であった。日蓮大聖人はこの御書において三世に及ぶ師弟の在り方を教示されている。その骨子を間違いなく伝達することから見れば、最蓮房をあたかも京都の僧であるかのように擬変することなどは枝葉に過ぎなかった。

後代の京都で活動した日健たちから見れば、最蓮房の京都での足跡はまったくないのであるから、最蓮房については他所において活動した僧であると理解していたと見られる。京都の僧たちは、最蓮房について「在所駿河也」「富士ノ西ノ方ニ御座也」とし、そのように講義していた。

延暦寺と園城寺を焼いた放火犯・最蓮房

ところが『健鈔』の後の時代において、最蓮房についての根拠のない伝承が作られ、像をさらに歪める。

□『本化別頭仏祖統紀《ほんげべつずぶっそとうき》』(通称『別頭統紀』)

聖滅四四九年の享保《きょうほう》十五(一七三〇)年、六牙院日潮《にっちょう》が著わした。なお、日潮は同書を著わした六年後、身延山久遠寺第三十六世となった。同書には、「甲州下山本國寺開山日榮上人傳」として最蓮房について次のように記している。

「師諱《いみな》ハ日榮（或曰ク日浄ト）、字《あざな》ハ最蓮、洛陽之人、天台宗之英《えい》也。時ノ不遇ニ遭《あい》テ佐州ニ謫《なが》セ被《ら》ル。文永九年壬申《みずのえさる》之春、我ガ高祖ニ相見《しょうけん》ス。夙縁《しゅくえん》殊《こと》ニ厚ク更ニ剃度ノ式ヲ設ケ弟子之禮《れい》ヲ執《と》ル。高祖、師ノ爲ニ嚴《おごそか》ニ本門戒壇ヲ一谷法華堂ニ構フ。四月八日寅之上刻、本門戒ノ受職灌頂《じゅしきかんじょう》ヲ説キ得戒式了ス。榮立テ而《しか》モ九拜シ生生値遇《ちぐう》之大願ヲ發《おこ》ス。高祖告テ曰ク。本門受職之人、爭《いかで》カ現身ニ妙覺位ナラザランヤ。現身妙覺位ナラバ後身豈《あ》ニ等覺ノ因分ナランヤ。吾ト之子ト世世番番、所謂《いわゆる》常與師倶生ナル者也。乃テ名ニ日榮ヲ賜フ。榮大ニ喜ビ榮フル也。性ニ疾病《しっぺい》多ク、高祖之ヲ憐ンデ前《さき》ニ著ス所ノ後五百歳末法相應祈禱經及ヒ祈禱告文ヲ併《あわせ》テ、而モ之ヲ授ク。榮ハ涙ヲ流シテ之ヲ稟《う》ケ之ヲ謝ス。十一年甲戌《きのえいぬ》之春、高祖鎌倉ニ歸ル。榮ハ別ヲ惜テ泣ク。高祖曰ク子モ也《ま》タ好シク在スベシ。吾、大梵帝釋ヲシテ子ノ歸舳《きしゅう》ノ日ヲ有ラシメン。必ズ神ヲ慘《そこなわ》シムルコト莫《な》カラシメン。翌年乙亥《きのとい》、榮果シテ赦ヲ得テ骨肉舊友《きゅうゆう》ヲ見《まみ》エズ。直ニ身延ニ至リ定省奉侍ス。晩ニ茅《かや》ヲ山麓ニ結テ（其地ヲ下山ト曰フ）終ワランヤ。延慶元年戊申《つちのえさる》四月十八日（或曰ク二日ト）化ス。或ハ云ク、志茂山本國寺開山ハ西林房日芳ナリト。其日芳何人ナルコトヲ未タ詳ニセズナリ。恐ハ謬《あやまり》ナランヤ」*7

聖滅四五〇年頃にもなると、最蓮房についての潤色が一挙に進む。これまで定かでなかった最蓮房についての「諱《いみな》」は「日榮（或ハ日浄）」とされ、出身も京都の人であることが強調され始める。日蓮大聖人赦免の翌年にあたる文永十二（一二七五）年には最蓮房も赦免となり、身延に至り日蓮大聖人に仕え、その後、甲斐国下山《しもやま》に庵《いおり》を結んだなどとされる。

□『御書略註《ごしょりやくちゅう》』（『祖書証義論《そしょしょうぎろん》』）

聖滅四九五年の安永《あんえい》五（一七七六）年、玉沢・妙法華寺の第三十三世である境持院日通《にっつう》が著わした。この書によって描き出される最蓮房像もまたあまりにひどい。

「此ノ最蓮房ハ山門ニ於テ道念堅固ナル聖人ナレドモ、文永元年ノ三月山門《さんもん》ヲ自焼《じしょう》シ、同五月三井寺ヲ焼拂《やきはらい》シ其ノ科《とが》ニテ佐渡ガ嶋ヘ流サル、元ヨリ吾祖ト知音ナル故ニ吾祖ノ許《もと》ニ來テ法門ヲ尋ネラル」*8

最蓮房は連続放火犯にされた。最蓮房が付け火をしたのは自らが属する「山門《さんもん》」（延暦寺）と、対立する寺門《じもん》派の根拠地である「三井寺《みいでら》」（園城寺《おんじょうじ》）で、その罪のゆえに佐渡流罪となったとする。おまけにこの放火犯が日蓮大聖人と旧知の間柄であったというのである。しかも最蓮房を評価し「道念堅固なる聖人」であるとする。

このように日蓮大聖人滅後およそ五百年も経って作出された大嘘を真に受け、近年に至ってもこの虚言を伝播している者がいる。

そもそも山門派と寺門派の対立は、十世紀後半になって叡山第三代座主の慈覚《じかく》と同第五代・智証《ちしょう》のそれぞれの弟子たちの不和から始まった。比叡山延暦寺別院であった園城寺は智証の弟子たちの戦略的拠点となっていた。園城寺を拠点とする者たちは寺門派と呼称され、山門派と武力的に対立した。両派は以後、三百年近くにわたって武力による争いを繰り返し、自焼したり互いの寺に火を放ちあい争ったのである。

日蓮大聖人が佐渡流罪となる七年前の文永元年には、両者の激しい争いが勃発した。

以下、文永元年の山門派と寺門派の争いについて『続史愚抄《ぞくしぐしょう》』の記述をもとに紹介する。

一月二日　天王寺の別当職が寺門派側につけられたことに山門派が怒る。

三月二十三日　延暦寺の根本中堂以外の主要な建物が焼亡する。山門派衆徒はこれに先立って、天王寺別当職は叡山由来の職であるから山門派に戻すように、また先の大納言を流罪にせよと訴えていたが、天皇の判断が遅いので怒って自ら叡山に火を放った。

三月二十四日　叡山の火事により賀茂の上皇たちが避難した。
三月二十五日　山門派衆徒が大挙して神輿を動かし、皇居や御所を襲撃し放火する。
三月二十七日　天王寺別当職を寺門派につけることが停止され、室町の前大納言が流罪となる。
三月二十九日　寺門派の仙朝が金堂において授戒を行ったので、これを流罪にせよと山門派が訴える。
四月　山門派と寺門派の合戦が行なわれ、種々の祭りが延期となる。
五月二日　山門派僧兵が園城寺を襲う。戒壇建立の計略を砕くためという。
五月三日　山門派の勝利。寺門派衆徒は逃散。
五月四日　六波羅の武士が鎮圧に動いて騒乱。

文永元年初めから五月までの状況ですら、これだけの騒ぎである。ちなみにこの年の山門派と寺門派それぞれの焼失した建物について、『続史愚抄』には以下のように記されている。

三月二十三日
「今夜延暦寺講堂、常行堂、妙見堂、鐘楼、法華堂、四王院、延命院、戒壇院、八部院、

巳下等を焼亡す。(中堂、文殊樓等は火を免かる)」*9

五月二日

「山衆徒、寺門に發し向かう。辰より午まで合戰。山門戰勝。園城寺金堂巳下塔堂房舎一宇も殘らず之を焼き拂う。頃日《けいじつ》、城郭を搆え戒壇を建てる故と云う」*10

最蓮房が山門派と寺門派の両方の建物を焼いた放火犯だとするならば、それは文永元年になされた犯行と見る以外にはない。しかしここまで見てきたように、文永元年の山門派と寺門派の争いに伴う放火は、個人がなせる規模ではない。騒乱によって一切が灰燼《かいじん》に帰し、天皇たちでさえ屈服し避難するほどのものであった。

『続史愚抄』は、これらの騒動を示すだけではなかった。同抄は、流人の名前も記録している。これをつぶさに見ても最蓮房の名前は現われてはこない。

ともあれ、このような僧にあるまじき行体《ぎょうたい》の者に、日蓮大聖人が再会してたちまちにして「妙法の本円戒」を授けられるはずはない。

日蓮大聖人は、山門派と寺門派の争いについて、「報恩抄」で次のような評価をされている。

「智証の門家・園城寺《おんじょうじ》と慈覚の門家・叡山と修羅と悪竜《あくりゅう》と合戦ひまなし園城寺をやき叡

山をやく、智証大師の本尊の慈氏菩薩もやけぬ慈覚大師の本尊・大講堂もやけぬ現身に無間地獄をかん《感》ぜり、但中堂計りのこれり」*11

山門派と寺門派の争いは、末法なればこその争いであった。

いずれにしても、聖滅四九五年に著わされた境持院日通の『御書略註』により、最蓮房は放火犯であるとの虚像が定着する。同書は近年においても最蓮房について記すにあたっての種本《たねほん》とされている。

最蓮房は「洛ノ人」あるいは「駿人」そして「台家一時ノ俊」

□『高祖年譜攷異《こうそねんぷこうい》』

安永《あんえい》八（一七七九）年、水戸檀林（水戸光圀《みつくに》が開いた僧徒の学問所）の能化であった建立日《にっ》諦《たい》と玄得日者《にちぎ》が著わした。この書においては、最蓮房について「洛ノ人」「駿人」と、両論を併記している。しかし最蓮房が京都より佐渡に配流されたとの見方は、他の書と変わらない。

「○日淨　或ハ榮ト作ル。字《あざな》ハ最蓮、洛ノ人、健鈔（廿五ノ四十九）ニハ駿人ト曰《い》フ。

台家一時ノ俊也。故有リテ佐ニ配サル。壬申《みずのえさる》ノ春、大士ニ見《まみえ》テ門人ト爲ル。建治元年赦ニ逢ヒ、甲ニ如《ゆ》キ、大士ニ事《つかう》コト本文ノ如シ。延慶元年四月十八日化ス、往年、健、竟公ト佐ニ航ジ、最蓮ノ遺跡ヲ問フ。之ヲ知ル者無シ。或ハ曰ク、中興村ニ本間山西蓮寺有リ（親鸞宗、而モ大士ノ本尊ヲ蔵ス）。此レ其ノ舊跡《きゅうせき》ト也。然《しか》ルニ此レ天文中ニ始テ之ヲ建ツト。豈《あ》ニ其レ然《しから》ンヤ」*12

引用文中の西蓮寺は佐渡に現存する。念仏寺であるのに日蓮大聖人の真筆曼荼羅を二百五十年前には格護《かくご》していたことが確認されている。最蓮房の「最蓮」と念仏寺の「西蓮」の音は一緒。それゆえに西蓮寺は、最蓮房が居住していた寺と短絡的に結びつけられたと思われる。『高祖年譜攷異』は、西蓮寺が建立されたのが室町期の天文年間であるとして、最蓮房開基説は事実に反するものであるという。

□『祖書録外考文《そしょろくげこうぶん》』

天保《てんぽう》五（一八三四）年、浅草・本覚寺住職の日耀《にちよう》が著わした。

「日淨字ハ最蓮。洛陽ノ人。台家ノ俊也。故有テ佐ニ配セラル。文永九年、祖ノ門ニ入ル。建治元年赦有リ。甲州ニ如《ゆ》キ吾祖ニ事《つか》フ。延慶元年四月十八日化ス」*13

□『本化聖典大辞林《ほんげせいてんだいじりん》』

大正九（一九二〇）年、師子王文庫《ししおうぶんこ》編集部代表の田中智学《たなかちがく》は自らが編纂した『本化聖典大辞林』において最蓮房について以下のように述べている。

「現存御書の全體に亙《わた》りて、天台の法門名目に附随せしめて、當家の法門を傳授したまへるを見るに、天台僧たりしことを斷ずるに十分なり」*14

さらに田中は最蓮房について次のように結論している。

「生國は知り難きも、佐渡以前の前住居の京都なりしは、上の『最蓮房御返事』に、『都ヨリ数々ノ物慥《タシカ》ニ給《タ》ビ候畢《そうらいおわんぬ》』とも、『京都へ音信可申候』とも、『古京へ帰シ奉ルべク候』ともあるに明なるべく、『健鈔』が駿州の人といへるは、或は『諸法實相鈔』の一本（霊艮閣の縮冊之に従ふ）に『其ノ國ノ佛法ハ、貴邊《きへん》ニマカセ奉リ候』『松野殿ニモ見參候ハヾ、クワシクカタラセ給へ』とあるに依れるに非るか。されども此の『實相鈔』の一節は『遺文録』の如く削除を可とす」[*15]

田中は最蓮房が佐渡に流罪される前にいたところは京都であるとし、その根拠は「最蓮房御返事」によるとする。『健鈔』が最蓮房について「駿州の人」としているのは、「諸法実相抄」の記述に起因するのではないかとしている。しかしながら田中は紹介する文を含む「諸法実相抄」の一節は、小川泰堂の『遺文録』のように削除するのが正しい判断であるとする。

昭和に入ってもまかりとおる虚飾の最蓮房像

最蓮房についての虚偽は、立正大学の学者たちにより踏み固められていく。

□『日蓮聖人遺文全集講義』(第十二巻)

昭和十(一九三五)年、立正大学初代学長の清水龍山《しみずりゅうざん》と中谷良英《なかたにりょうえい》が著わした。

同書に触れられている最蓮房像をたどって行きたい。

「本鈔授與《じゅよ》の對告衆最蓮房は、諱《いみな》は日榮、又は日淨といふ。最蓮房御返事に

『都よりの種々の物慥に給び候ひ畢んぬ』（縮八三六）
『京郡へ音信可申候』（八四一）
『古京へ歸し奉るべく候』（同）
とあるに依るに、其京都の人であり、又其天台宗の學僧であつたことは、其賜書を通じて、天台の法門名目に附順して、開迹顯本の我教義觀道を教示し給ふに明である」*16

以上、清水と中谷が列記した最蓮房の人となりは、「最蓮房御返事」に認められたものである。この直前、日蓮大聖人は塚原の配所から一谷の配所に移されている。最蓮房が京都に由縁がある僧であるかのように確かにこの御書には書かれている。その擬変はこの手紙がもし第三者の眼に触れた場合に両者を護るために取られたものである。しかし、歳月を経る中で、書き手である日蓮大聖人の意図を超えた第三者による脚色がなされ、偽書も作られ、とんでもない最蓮房像ができてしまった。

次に引用する文においても、最蓮房は放火犯にされたままである。そのような悪人でありながら、日蓮大聖人より「妙法の本圓戒」を授けられたとしている。

「佐渡に流された理由は詳《つまびらか》ではないが、『祖書證義論』に依れば、『文永元年三月、山門自ら焼き、同五月三井寺焼く、其科《とが》にて佐渡に流さる云云』とある。文永九年二月聖門に投じ、（本化聖典大辭林は生死血脈鈔によりて、二月以前既に宗祖に歸投《きとう》したる歟《か》の説を出せり）道念堅固の故を以て、同年『最蓮房鈔』八四〇に謂ゆる

『卯月八日夜半寅ノ時に妙法の本圓戒を以て受職灌頂セ令メ奉ル者也』

即ち本門の大戒を授けられてゐるによつて知られる」[*17]

日蓮大聖人より「妙法の本圓戒」を賜《たまわ》り、大きな期待を寄せられたのに最蓮房は病弱であるため、日蓮大聖人の期待に応えることができなかったとする。

「然るに資性《しせい》病弱で、積極的に折伏弘通に堪へなかつたことは、『祈禱經送状』九一五に『御山籠の御志の事、凡そ末法折伏ノ行ニ背クト雖モ、病者にて御座候上、乃至假使《たとへ》山谷に籠居候とも、御病も平愈して便宜もよく候はゞ、身命ヲ捨テ弘通セ令メ給フ可シ』と宣べるに窺へる。且つ持戒堅固で、十七歳より禁婬斷肉であつたことも『同送状』に見えてゐる」[*18]

ただし〝病弱で日蓮大聖人の期待に応えることができなかった〟というのは錯誤に基づく事

実誤認である。最蓮房は元気であり、「資性病弱」とするのは読解力がないからである。

清水と中谷は、田中智学の『本化聖典大辞林』を基に最蓮房の履歴について記している。だが、以下の最蓮房の履歴は、まったくの誤りである。

「文永十一年聖祖御歸鎌の際は、未だ赦《ゆる》されず獨《ひと》り留まつて居られたから書を賜ひ、『餘りにうれしく（師弟の契約の）候へば契約一つ申し候はん、貴邊の御勘氣疾《と》く〳〵許《ゆ》りさせ給ひて都へ御上り候はゞ、日蓮も鎌倉殿はゆるさじとのたまひ候とも、諸天等に申して鎌倉に歸り、京都へ音信《おとずれ》申ス可ク侯、又日蓮先キ立チてゆり侯て鎌倉へ歸り侯はゞ、貴邊をも天に申して古京へ歸シ奉ル可ク侯』（八四一）と御慰《なぐさ》め遊ばされた。果して翌年赦免京都に歸り、幾ばくもなく祖師を慕うて身延に來つて奉侍し、晩年山麓の下山に住して、今の下山本國寺を開き、延慶元年四月十八日入寂せられた。師に賜はつた御書を列擧すれば、

生死一大事血脈鈔七四二、草木成佛口訣七四五、最蓮房御返事八三六、得受職人功徳法門八四二、祈禱鈔八九四、祈禱經送状九一四、内證佛法血脈九一七、諸法實相鈔九五八、當體義鈔九八八、同送状一〇〇〇、立正觀鈔一〇六四、同送状一〇八四、十八圓滿

鈔二〇〇二

等である。尚師の墓は下山の本國寺に在る。(本化辞典一五五四)」*19

最蓮房が京都の僧であるとするのも間違い。いったん京都に帰り、身延に日蓮大聖人を訪ねたとするも虚妄。最蓮房の墓が「下山の本國寺」にあるとするのも荒唐無稽。

□『日蓮上人遺文大講座』(第九巻　佐渡期御書)

昭和十一(一九三六)年、仏教思想家の小林一郎《こばやしいちろう》が著わした。以下は「生死一大事血脈抄講義」の一部である。

「此の最蓮房といふ人は、日蓮上人が塚原に居られた頃にお弟子になつた人と思はれるのであります。此の人の事蹟はよく判らないのでありますが、今まで傳へられる所に依ると、元來天台宗の僧で京都で生れた人らしいのです。ところがどういふ事情があつたか判りませぬけれども、何かの事情で佐渡に流されて居《お》つたのであります。チョウド其の頃に日蓮上人も佐渡に流されたので、圖《はか》らずも佐渡でお出會ひ申した譯《わけ》であります。元來が天台宗の坊さんであつて、天台の教學の研究も一通り出來て居つた人のやうでありますが、日蓮上人のお説を伺ふに及んで非常に感激してお弟子になつた。それで最初は折々教へを受けるといふ程度であつたが、日蓮上人の佐渡にお着きになつた次の年、文永九年の二月、卽ち此の御書に日附のある頃から正式に上人のお弟子になつたやうであります。それで正式にお弟子になるに就いては、『生死《しょうじ》一大事《だいじ》』、卽ち人間の生死《しょうじ》といふことに就いてどういふ風に心懸けたら宜いか、これが一番大事な問題であるから、此の事をお尋ね申したので、之に對して日蓮上人が返事として此の御書をお遣はしになつたと考へられるのであります。

その後日蓮上人が赦されて鎌倉に歸り、それから身延へ入られて後も、此の最蓮房との間にはお手紙の往復がありまして、最蓮房からの質問にお答になつたこともあります。それ等に依つて見ましても、なか〳〵此の最蓮房といふ人は研究の深い人であつて、日蓮上人も此の人に對しては随分力を入れて、大事な事をお教へになつて居るやうに見えるのであります。此の人は晩年に至つてやはり赦されて歸りまして、甲州の下山《しもやま》といふ所で死んだと傳へられて居ります。年齢は日蓮上人よりも一つ位上であつたといふことでありますが、その他の詳しい事情に就いてはよく判らないのであります」[*20]（傍線は著者）

最蓮房が赦免になったのは「晩年」で、「年齢は日蓮聖人よりも一つ位上」。また新たな虚偽がまとわりついてきた。

□『日蓮聖人御遺文講義』（第八巻）

昭和三十三（一九五八）年、立正大学教授の石川海典《いしかわかいてん》が著わした。以下は「得受職人功徳法門鈔講義」の一部。

「本鈔の對告衆は、鈔末には明記されてないが、前に引いた本文の一節によつて御直弟の最蓮房日淨であることが推察される。

最蓮房日淨（一説に日榮といふ）は比叡山の學僧であつたが、故あつて佐渡に流され、文永九年二月の初めより聖人の門下に投じ、其の二月十一日には『生死一大事血脈鈔』を賜《たま》はる。入門の初に生死の大事を決せんと企圖《きと》したことは、たまく以て其の人となりの非凡なることを語るものである。年の四月八日受職灌頂を受け、同十五日に此の鈔を賜はる。而《しか》も病弱にして弘通傳道の意に任せないことを嘆いてゐたやうである。本巻に収むる本鈔を初め諸法實相鈔、當體義鈔、當體義鈔送状等の外、祈禱鈔、立正觀鈔等は皆最蓮房に賜はれる御書である。聖人より後《おく》れて赦免せられ、身延山に至りて側近に奉事し、晩年山麓下山に住し、今の長榮山本國寺を開いたと傳へられる。延慶元年四月十八日寂す。猶《なお》師の事跡については本講義第十一巻弟子篇を参照せられたい。
本鈔の眞蹟は現存しない。又曾て眞蹟所在の地も明瞭を缺《か》くやうである」[*21]

□『日蓮聖人遺文辞典』（歴史編）
昭和六十（一九八五）年、立正大学日蓮教学研究所が編纂した。

「さいれんぼう　【最蓮房】（――一三〇八）
日蓮より最蓮房におくった諸書、『別頭統紀』『高祖年譜攷異』等によれば最蓮房は京都の人、比叡山の学僧で、文永元年（一二六四）山門諸堂炎上の件に連坐して佐渡に流された。文永八年一一月、日蓮が佐渡に配流されるやその学徳に傾倒し翌年二月弟子となり四月九日、受職灌頂を受け日浄（日栄とも）と名づけられた。文永一一年、日蓮ゆるされて鎌倉に帰るや、翌建治元年、最蓮房もゆるされて京都に帰ったが、のち甲州下山に来り住した。そのあとが今の本国寺であるという」[*22]

最蓮房の虚像は、七百年の歳月をかけ作り上げられてきたものである。最蓮房は、叡山山門と三井寺を焼いた火付けの罪で佐渡に流罪になったとされ、日蓮大聖人とはかねてよりの顔見知りであったとする。そして赦免になると一度、京都に帰り、身延に立ち寄り、甲州に一宇を開き没したとする。

＊1『日蓮大聖人御書全集』「諸法実相抄」一三六一㌻
＊2『日蓮聖人伝記集』五〇㌻
＊3『御書鈔下』一五八九㌻
＊4『御書鈔下』一〇七〇㌻
＊5『御書鈔下』巻末「健鈔考」一㌻
＊6『御書鈔下』巻末「健鈔考」四㌻
＊7 原漢文。『本化別頭仏祖統紀』二六五㌻
＊8『日蓮宗宗学全書第十八巻　史伝旧記部（一）』「御書略註」二〇二㌻
＊9 原漢文。『續國史体系第一巻』「続史愚抄巻一」二八㌻
＊10 原漢文。『續國史体系第一巻』「続史愚抄巻一」二九㌻
＊11『日蓮大聖人御書全集』「報恩抄」三一〇㌻
＊12 原漢文。『日蓮上人伝記集』「高祖年譜攷異會本」四二一㌻
＊13 原漢文。『録外考文』三一七㌻
＊14『本化聖典大辞林』一五五五㌻

＊15『本化聖典大辞林』一五五六ページ

＊16『日蓮聖人遺文全集講義』第十二巻　二ページ

＊17 同前

＊18 同前

＊19 同前

＊20『日蓮上人遺文大講座第九巻　佐渡期御書』六八ページ

＊21『日蓮聖人御遺文講義第八巻』八四ページ

＊22『日蓮聖人遺文辞典　歴史篇』三九八ページ

第二節 誤った伝承に基づき「諸法実相抄」の一部を削除

「諸法実相抄」の本文と「錯簡」とされる箇所の符合

「諸法実相抄《しょほうじっそうしょう》」を採録する者たちが、取り返しのつかない過《あやま》ちを犯す。虚像にそぐわない文を「錯簡《さっかん》」であるとし、「諸法実相抄」より削除してしまったのである。

その「諸法実相抄」本文の削除された箇所を、以下に太ゴシック体で示した。なお文脈をつかむため、その前後の文も掲載した。このような表記を行なうのは、太ゴシック体で示したこれまで削除されてきた箇所が、「諸法実相抄」の本文の流れの中に違和感なく収まっていることを確認するためである。

「現在の大難を思いつづくるにもなみだ、未来の成仏を思うて喜ぶにもなみだせきあへず、鳥と虫とはなけ《鳴》どもなみだをちず、日蓮は・なかねども・なみだひまなし、此のなみだ世間の事には非ず但偏《ひとえ》に法華経の故なり、若しからば甘露のなみだとも云つべし、涅槃経には父母・兄弟・妻子・眷属にはか《別》れて流すところの涙は四大海の水よりもをしといへども、仏法のためには一滴をも・こぼさずと見えたり、法華経の行者となる事は過去の宿習なり、同じ草木なれども仏とつくらるるは宿縁なるべし、仏なりとも権仏となるは又宿業なるべし。

米穀《べいこく》も又又かくの如し、同じ米穀なれども謗法《ほうぼう》の者をやしな《養》うは仏種をたつ《断》命をついで弥弥強盛《いよいよごうじょう》の敵人となる、又命をたすけて終に法華経を引き入るべき故か、又法華の行者をやしなうは慈悲《じひ》の中の大慈悲の米穀なるべし、一切衆生を利益するなればなり、故に仏《ぶっ》舎利《しゃり》変《へん》じて米と成るとは是なるべし、かかる今時分人をこれまでつか《遣》はし給う事うれしさ申すばかりなし、釈迦仏・地涌の菩薩・御身に入りかはらせ給うか。

其の国の仏法は貴辺《きへん》にまかせたてまつり候ぞ、仏種は縁《えん》に従《よ》つて起る是の故に一乗を説くなるべし、又治部房《じぶぼう》・下野房等《しもつけぼうら》来り候はば・いそぎいそぎつかはすべく候、松野殿にも見参候はば・くはしくかたらせ給へ。

此文《ふみ》には日蓮が大事の法門ども・かきて候ぞ、よくよく見ほど《解》かせ給へ・意得させ給うべし、一閻浮提第一の御本尊を信じさせ給へ、あひかまへて・あひかまへて・信心つよく候て三仏の守護をかうむらせ給うべし、行学の二道をはげみ候べし、行学たへ《絶》なば仏法はあるべからず、我もいたし人をも教化候へ、行学は信心よりをこるべく候、力あらば一文一句なりともかた《談》らせ給うべし、南無妙法蓮華経南無妙法蓮華経、恐恐謹言。

五月十七日　　　　日　蓮　花押」

これらの文を読めば、削除された太ゴシック体の部分と、元来「諸法実相抄」の本文とされてきた明朝体の部分のつながりに、まったく違和感のないことがわかる。

以下に「諸法実相抄」の「追申」を紹介する。この「追申」についても「諸法実相抄」の「追申」ではないとする論がある。

「追申《ついしん》候、日蓮が相承の法門等・前前かき進《まい》らせ候き、ことに此の文《ふみ》には大事の事どもしる《記》してまい《進》らせ候ぞ不思議なる契約なるか、六万恒沙の上首・上行等の四菩薩の変化か、さだめてゆへあらん、総じて日蓮が身に当ての法門わたしまいらせ候ぞ、日蓮もしや六万恒沙の地涌の菩薩の眷属にもやあるらん、南無妙法蓮華経と唱へて日本国の男女を・みちびかんとおもへばなり、経に云く一名上行乃至唱導之師とは説かれ候はぬか、まことに宿縁のをふところ予が弟子となり給う、此の文あひかまへて秘し給へ、日蓮が己証《こしょう》の法門等かきつけて候ぞ、とどめ畢《おわ》んぬ」

各写本や刊本などにおける「錯簡」と「追申」

残念ながら「諸法実相抄」の真蹟《しんせき》は現存していない。そうなると当然のことながら、「諸法実相抄」の写本などをあたり、同抄がどのように扱われてきたかを丁寧に見ることが不可欠となる。そのなかでもとりわけ同抄後半部分の「錯簡」とされる箇所並びに同抄の「追申」が、歴史的にどのように評価されてきたのかについて詳しく見ていく必要がある。そのような手法を取ることにより、「諸法実相抄」そのもの、あるいは対告衆についての真実に迫ることができる。

以下、写本や刊本などについて総覧し、検証していきたい。

□行学院日朝『録外《ろくげ》合本』

現存する最古の写本は、身延山久遠寺第十一世・行学院日朝のもので、久遠寺に所在する。日朝の生没は応永《おうえい》二十九(一四二二)年~明応《めいおう》九(一五〇〇)年の室町期。この日朝の写本には、後に「錯簡」扱いされ削除されることとなる箇所が「諸法実相抄」の本文の一部として収まっている。「追申」はこの写本の冒頭部分にある。「追申」を書状の文頭に置くか、文末に置くかは、筆者の好みや状況による。

この日朝本については、後に詳述する。

□『他受用《たじゅう》御書《ごしょ》』

「諸法実相抄」が版木に彫られ他の御書とともども印刷されて世に出たのは、『他受用御書』刊行の時であった。『他受用御書』が発刊されたのは江戸時代の慶安《けいあん》二（一六四九）年のことである。編纂者について立正大学教授の鈴木《すずき》一成《いちじょう》は、この御書の「奥付」に「慶安二己丑天五月日　宗全開板」とあることから「宗全なる者によりて刊行された」としている。[*1]

「錯簡」かどうか問題となる箇所は、『他受用御書』収録の「諸法実相抄」には存在しない。おそらくは『他受用御書』が編纂出版される段階で、件《くだん》の箇所は「錯簡」扱いされ削除された可能性が大である。なお削除された箇所は、『他受用御書』の中には、いかなる他称をもっても採録されていない。

「追申」は、「諸法実相抄」本文の末尾に続けて載せられている。

「追書云〇惣シテ日蓮カ身ニ當テノ法門ヲワタシマイラセ候日蓮モシ六萬恒沙ノ地涌菩薩ノ眷属ニモヤアルラン南無妙法蓮華經ト唱テ日本國ノ男女ヲミチビカント思ヘハ也經云一名上行乃至唱導之師トハ説レ候ハヌ歟マコトニ宿縁ノヲフ所予カ弟子トナリ玉フ也此ノ文

相構テ秘シ給日蓮カ己證ノ法門等書付テ候ゾ[*2]」

表題は「追書」となっており、それは後に「追申」として伝えられる文の後半部分である。

□刊本『録外御書』

江戸時代の寛文《かんぶん》九（一六六九）年に法華宗門書堂より刊行。この刊本『録外御書』には「諸法実相抄」の「追申」のみが採録されている。ただし「追申」は「最蓮房御返事」と題されている。その内容は次のとおり。

「追申候日蓮カ相承ノ法門等前ニカキ進《まい》ラセ候キコトニ此ノ文ニハ大事ノ事トモシルシテマイラセ候ソ不思議ナル契約ナルカ六萬恒沙《まんごうしゃ》ノ上首上行菩薩ノ四菩薩ノ變化《へんげ》歟《か》サタメテ故アラン惣《そう》シテ日蓮カ身ニ當テノ法門ワタシマイラセ候ソ日蓮モシ六萬恒沙地涌ノ菩薩ノ眷属ニモヤアルラン南無妙法蓮華経ト唱ヘテ日本國ノ男女ヲミチヒカント思ヘハナリ経云一名上行乃至唱導之師トハ説カレ候ハヌカマコトニ宿縁ノヲフトコロ予カ弟子トナリ給此文アヒカマヘテ秘シ給ヘ日蓮カ己證ノ法門等カキツケテ候ソトトメ畢[*3]」

□『高祖遺文録』（全三十巻）

文化《ぶんか》十一（一八一四）年に尾張の玄修院日明《にちみょう》が編纂した『新撰校正祖書《しんせんこうせいそしょ》』を慶応《けいおう》元（一八六五）年、相模の小川泰堂が校訂した。これを明治十三（一八八〇）年に身延山久遠寺蔵版として木版刷りにて刊行。全三十巻が完成したのは翌明治十四（一八八一）年。

この『高祖遺文録』の第十四巻に「諸法実相抄」が収録されている。収録されている「諸法実相抄」は、『他受用御書』に収録されていた「諸法実相抄」の本文部分である。その本文部分の末に、刊本『録外御書』に「最蓮房御返事」と題して採録されていたものを底本とした「追申」を掲載している。この『高祖遺文録』の「諸法実相抄」本文にも「錯簡」とされる箇所は入っていない。

次に刊本『録外御書』と『高祖遺文録』に収録された「追申」部分を検証すると、若干の異同がある。『高祖遺文録』には読点がつけられており、刊本『録外御書』の「最蓮房御返事」において「経云一名上行乃至唱導之師トハ説カレ候ハヌカ」とされていた箇所が、この『高祖遺文録』においては、「経ニ云ク一名上行乃至唱導之師トハ説カレ候」とされている。

「追申《ツキシン》候。日蓮ガ相承ノ法門等。前ニカキ《書》進ラセ候キ。コトニ此文《コノフミ》ニハ大事ノ事ドモ。シ《記》ルシテマイ《進》ラセ候ゾ。不思議ナル契約《ケイヤク》ナルカ。六萬恒沙ノ上首。上行菩薩ノ四菩薩ノ變化歟《か》。サダメテ故アラン。総シテ日蓮ガ身ニ當テノ法門。ワタシ進《まいら》セ候ゾ。日蓮モシ六萬恒沙。地涌ノ菩薩ノ眷屬ニモヤアルラン。南無妙法蓮華経ト唱ヘテ。日本國ノ男女ヲ。導《ミチヒカ》ント思ヘバ也。経ニ云ク一名上行《イチミヤウジヤウギヤウ》乃至唱導之師《シヤウトウシ》トハ説カレ候。マコトニ宿縁ノヲフ《逐》トコロ。予ガ弟子トナリ給フ。此文《コノフミ》アヒカマヘテ祕シ給ヘ。日蓮ガ己證《コシヤウ》ノ法門等。カキツケ《書付》テ候ゾ。トドメ畢ヌ」[*4]

なお小川泰堂は、この「追申」の扱いについて以下のように見解を述べている。

「泰堂云此追申書ハ録外二十三巻十六紙ニ載テ或ハ十八圓滿鈔ノ副《そえ》トモイヘリ今ハ佗受用書ニ依テ此章ニ附錄ス」[*5]

□霊艮閣《りょうごんかく》版『日蓮聖人御遺文』

明治三十七（一九〇四）年、霊艮閣より出版。底本は『高祖遺文録』である。しかしながら同『遺文録』に遺漏があるため、池上・林昌寺主の加藤文雅《かとうぶんが》が発願し、東京・円真寺住職の稲田海素《いなだかいそ》に真蹟校合などを委嘱した。この『日蓮聖人御遺文』には『高祖遺文録』に収録されていない御書も採録されている。「諸法実相抄」は「錯簡」と見做《みな》され削除された箇所が、日朝の写本と同じように本文中に戻され収録されている。「追申」は『高祖遺文録』同様に、「諸法実相抄」の本文末に据えられた。

（なお、本書は昭和四十二年七月十五日に重版されたが、その時の出版元は山喜房佛書林。奥付は「霊艮閣版　日蓮聖人御遺文　縮刷御遺文」となっている。現在は絶版）

□『日蓮大聖人御書新集』

昭和四（一九二九）年二月十六日、日蓮聖人御書新集刊行会刊。日蓮正宗の佐藤慈豊《さとうじほう》編。

「諸法実相抄」は収録されていない。その理由は「諸法実相抄」が偽書だからであるとする。

□『昭和新修　日蓮聖人遺文全集』

昭和九（一九三四）年四月、平楽寺書店刊行。

「諸法実相抄」の「錯簡」とされる部分を削り取り掲載している。「追申」は、「諸法実相抄」の本文の後ろに掲載されている。この本の「序」を稲田海素が書いている。加えて「例言」は、編者であった立正大学教授の浅井要麟《あさいようりん》が書いている。

□『日蓮大聖人御書全集』

昭和二十七(一九五二)年四月二十八日、創価学会刊。

「諸法実相抄」は収録されている。

「錯簡」とされる部分は、「高橋殿御返事《たかはしどのごへんじ》」と題され別の御書とされている。ただし同『全集』目録の「高橋殿御返事」の「別名」欄には、「諸法実相抄より分文」と記されている。*6

□『昭和定本　日蓮聖人遺文』(全四巻)
昭和二十七(一九五二)年十月十日(「諸法実相抄」収録の第一巻発行日)、日蓮宗総本山身延山久遠寺刊。

「錯簡」とされる部分を除いた「諸法実相抄」が掲載されている。この『昭和定本』掲載の「諸法実相抄」の底本は『他受用御書』『高祖遺文録』『日蓮聖人御遺文』である。そして「追申」については「諸法実相抄」の本文末に位置させている。

この「追申」は『刊本・録外』の流れを汲む。『刊本・録外』に「最蓮房御返事」として収録されていたものを、『高祖遺文録』が「諸法実相抄」の「追申」として採録し、それを『日蓮聖人御遺文』が同様に「追申」として載せた。さらにそれを踏襲して、『昭和定本』も「追申」として扱っている。

「錯簡」として削除された問題の箇所は、『昭和定本』のどこにも見当たらない。ただし『昭和定本』の「諸法実相抄」の「脚注」には「し＋（米穀も又々かくの如し……くはしくかたらせ給へ）２４６字＋(縮)ー(受)」と記されている。[*7]

すなわち脚注の意味するところは、『日蓮聖人御遺文』においては「仏なりとも権仏となるも又宿業なるべし」の後に、「米穀も又々かくの如し……くはしくかたらせ給へ」が入っていることを示している。そして『他受用御書』には、「錯簡」と見做される箇所が本文中にないことも示している。

□『昭和新定　日蓮大聖人御書』（全三巻）

昭和四十六（一九七一）年四月二十八日（「諸法実相抄」収録の第二巻発行日）、富士学林発行。

「錯簡」とされる部分を除いた「諸法実相抄」が掲載されている。脚注には「②し＋〃米……かたらせ給へ〃高橋殿御返事（985頁）246字(縮)」と記されている。[*8]

「追申」は本文の末につけられている。御執筆年は「文永十年五月十七日」とされている。

「錯簡」とされてきた箇所は「高橋殿御返事」と題され、「諸法実相抄」とは違う御書として扱われている。脚注には「縮963（従諸法實相鈔抄出）」と記され、御執筆年は「諸法実相抄」同様に「文永十年五月十七日」とされている。[*9]

＊1『日蓮聖人遺文の文献学的研究』一二〇ページ

＊2『他受用御書』巻二　十六

＊3『録外御書』録外二十三　十六

＊4『高祖遺文録』第十四巻五九丁

＊5『高祖遺文録』第十四巻六〇丁

＊6『日蓮大聖人御書全集』目録二四ページ

＊7『昭和定本日蓮聖人遺文』第一巻　七二八ページ

＊8『昭和新定日蓮大聖人御書』第二巻　九八三ページ

＊9『昭和新定日蓮大聖人御書』第二巻　九八五ページ

第三節 最蓮房こと日興上人の佐渡期の戦い

日精が言い始めた日興上人の「常随給仕」

日興《にっこう》上人が佐渡流罪中の日蓮大聖人に「常随給仕」し片時《かたとき》も傍を離れなかった——。このことは、富士門流においては長年にわたる不可侵の伝承であった。

□「三師御伝土代《さんしごでんどだい》」

富士・大石寺第四世・日道《にちどう》（弘安《こうあん》六〈一二八三〉年〜興国《こうこく》二〈一三四一〉年、聖滅二年〜六〇年）、あるいは第六世・日時《にちじ》（不明〜応永《おうえい》十三〈一四〇六〉年、聖滅一二五年）が著わしたとされる。*1 しかしながら、最蓮房についての記載はない。

日蓮大聖人が佐渡流罪中の日興上人の動向について、以下のように記されている。

「文永八年（かのとのひつじ）九月十二日大聖人御勘気の時佐渡の嶋へ御供あり御年二十六歳なり、御名ハ伯耆房、配所四ケ年給仕あつて同十一年（きのへいぬ）二月十四日赦免有ッて三月十六日鎌倉え聖人御供して入リ給フ」[*2]

「配所四ケ年給仕」という表記は、流罪中の日蓮大聖人の傍に日興上人が常にいたとの誤解を与えるものであった。この文言より、同門流においては日蓮大聖人のもとを日興上人が片時も離れられることはなかったとして、後年、「常随給仕」との表記が使われるようになる。

ただし「富士《ふじ》一跡門徒存知《いっせきもんとぞんち》の事《こと》」には、直弟子である日目《にちもく》、日華《にっけ》、日秀《にっしゅう》、日禅《にちぜん》、日仙《にっせん》については「聖人に常随給仕す」と記されている。この表現から日蓮大聖人の傍において、件《くだん》の五名はお仕えした経験があることがわかる。

□「祖師伝《そしでん》」

聖滅二七九年の永禄《えいろく》三(一五六〇)年十一月に京都・要法寺の日辰《にっしん》が著わした。この「祖師伝」には、佐渡流罪について以下の記述があるのみ。

「次に佐渡大海に付き給ふ十月廿八日に付き給ひて塚原の三昧堂に御はすなり、御才《ママ》五十才の時なり、文永十一年甲戌二月十四日に御赦免ノ状を給はりて同三月八日に島に付く、同十三日国を御立あり廿六日に鎌倉に御付あり」[*3]

この「祖師伝」には日興上人の伝記として「駿州富士山重須本門寺釈の日興伝」がある。しかしながら意外なことに佐渡流罪時にあってしかるべき日興上人についての具体的な記載はない。

□「富士門家中見聞《ふじもんけちゅうけんもん》上」

寛文二（一六六二）年、聖滅三八一年に、富士・大石寺の第十七世である日精《にっせい》が著わした。竜の口の法難に日興上人が「一人随身し給へり」と記しているが、これはまったく裏づけのない自讃に過ぎない。日精はその「一人随身し給へり」と記述をした後に、佐渡流罪に日興上人が「常随給仕」したと記している。

「同年九月十二日竜口の御難に値ひ給ふ、此ノ時弟子衆右往左往になりて一人も随順せず唯伯耆公一人随身し給へり、然れども仏神加護により其ノ夜の難をまぬがれ給ふ翌日依智に移りて且ラく爰に御逗留《とうりゅう》あり終に是より佐渡国に赴き給ふ、御伴には伯耆公なり、茲に因ッて彼国の信者阿仏中興等次第に志し深くなり後には如寂房日満を興師の弟子とし給へり（佐渡路次幷《ならび》に着船以後方々信物の請取等日記日興御自筆今重須に在るなり是レ其

ノ証なり）、配所四箇年常随給仕なり」*4（傍線は著者）

引用文中、まず注目されるのは、「佐渡路次幷に着船以後方々信物の請取等日記日興御自筆今重須に在るなり是レ其ノ証なり」との文である。

日蓮大聖人の佐渡流罪中、日興上人が多くの経《きょう》・論《ろん》・釈《しゃく》、文書、筆、紙、そして食糧などの物資輸送の中核にあり、陰に陽に日蓮大聖人をお支え申しあげていたことが窺える。佐渡流罪期において、すべてに優先して日興上人が果たさなければならないことがあった。それは日蓮大聖人より命じられた先の品々の手配、それらの品々を日蓮大聖人のもとに一刻も早く無事に届けるための補給手段の確保であった。そのような観点から見れば、日精が重須《おもす》に件の文書ありとする記載に興味を引かれざるを得ない。

しかしながら日精が「配所四箇年常随給仕なり」と記していることは潤色そのものであり、事実を誤認させるものである。確かに「三師御伝土代」にも、「配所四ケ年給仕」と記されている。「給仕」すなわち〝仕え給う〟という言葉がどの程度の行動を意味するものであるかについて、その判断は難しいものがある。とはいえ「給仕」という言葉が、日蓮大聖人の傍を日興上人がまったく離れなかったことを意味するものではないことも確かである。

日精の「配所四箇年常随給仕なり」の表記は、「三師御伝土代」の「配所四ケ年給仕」を日精なりに解釈し、「常随」の文字を足して「常随給仕」としたものと思われる。
　この日精の記述が、日興上人が流罪中の日蓮大聖人のもとに絶えずいて仕えていたとの誤った伝承を、富士門流に定着させたのである。この謬論《びゅうろん》が後年に至って日興上人が佐渡流罪中に、どのようにして日蓮大聖人を護ったかという真相から目を背《そむ》けさせることとなる。

＊1『富士宗学要集』第五巻　一四ページ
＊2『富士宗学要集』第五巻　七ページ
＊3『富士宗学要集』第五巻　一八ページ
＊4『富士宗学要集』第五巻　一四八ページ

第四節「諸法実相抄」は日興上人が賜った御書

「諸法実相抄より分文」とされた箇所に伏在する真実

日蓮正宗大石寺第五十九世の堀日亨《ほりにちこう》は、大正十二（一九二三）年に発行された『大日蓮』掲載の「聖訓一百題」において、次のように述べている。

「本尊抄は文永十年卯月二十五日の御作で、此の実相抄は、それから間もなき五月十七日である。賜はりは、吾開山日興上人であるが、普通の版本はこの末文の辺が入れ違ひになつてる。それに又最蓮房宛の、追申が後に付いて二重の錯誤を生じてるが、このことは他日に委しくする考へであるから、こゝには略する」*1

このように堀は「諸法実相抄」の対告衆が日興上人であると断言している。その上で、堀は同抄の「普通の版本はこの末文の辺が入れ違ひになつてる」との見解を示している。さらに「最蓮房宛の、追申が後に付いて二重の錯誤を生じてる」としている。

そして堀は後日、自らの考えを明らかにするとしていた。しかしながら、いくら探してもその後、堀がこのことについての事実関係を解明した、あるいは確たる見解を開陳した文は見出《いだ》せなかった。

昭和二十七（一九五二）年発行の『日蓮大聖人御書全集』（創価学会刊）は、堀が「編者」となり発刊に至った。しかし「諸法実相抄」の対告衆は「最蓮房日浄」となっている。

堀は同抄の対告衆について、「聖訓一百題」で「開山日興上人」であるとしていたが、『日蓮大聖人御書全集』においては「最蓮房」という表記にとどめている。

なお同抄において問題とされてきた「錯簡」部分については「高橋殿御返事」として、「諸法実相抄」とは縁もゆかりもない別の御書として扱われている。

どうして「高橋殿」宛の御書として扱われたのか、その理由はまったく定かではない。堀もこの処理については一抹の残心を抱いていたようで、『日蓮大聖人御書全集』の始めに記された「目録」において「高橋殿御返事」の「別名」欄に「諸法実相抄より分文」と記している。

このことは前記した。

堀は『富士日興上人詳伝』において、以下のように記している。

「大聖人、佐渡御流罪《ごるざい》の時は、途中の奏送者、僧俗少なからざるがごとしといえども、多くはともに渡海を得ず寺泊《てらどまり》より涙をのみて後送せらる。その後は、塚原に、一《いち》の谷《さわ》に、随時慰問の特志者多々なりしも、長時の奉仕をなすあたわず。この間にありて、日興一人、よく万難《ばんなん》を忍んで常随給仕《じょうずいきゅうじ》たり。塚原問答の後においては、浄土門の印性房を民部日向とともに酷責《こくせき》したることありし等、中古伝一同にこれを記す。また最後赦免の時に、筑後日朗を一の谷に迎えたること、またこれに同じ。けれども、なお検討の要あり」[*2]

堀は日蓮大聖人の佐渡流罪中の状況について、「日興一人、よく万難を忍んで常随給仕たり」と認識していた。そして日向《にこう》や日朗《にちろう》の事跡については「検討の要あり」としている。現在では、この日向や日朗の佐渡における事績を信ずる者は少ない。

他方、佐渡流罪中の日蓮大聖人の傍に「日興一人」との認識も御書に照らして誤りである。佐渡における状況を日蓮大聖人は、次のように綴っている。

「是へ流されしには一人も訪《と》う人もあらじとこそ・おぼせしかども同行七八人よりは少からず」[*3]

この文から窺えるのは、七、八人を上回る僧が日蓮大聖人のお供をしていたということである。したがって日興上人一人だけが、日蓮大聖人に随い二年半にも及ぶ流罪のお供をしていたとする認識は誤りである。この責は堀一人に帰するものではなく、大石寺教学の我田引水を源とするものである。

昭和二十七(一九五二)年四月、『日蓮大聖人御書全集』が創価学会より発刊された。同年十月、日蓮宗総本山身延山久遠寺が『昭和定本 日蓮聖人遺文』全四巻のうち第一巻を出版した。

久遠寺版も「諸法実相抄」の「錯簡」とされる箇所の一切を削除した。堀が『昭和定本』の編纂者たちと違ったのは、「目録」の「別名」欄に「諸法実相抄より分文」と但し書きを付記し、その削除した文を「高橋殿御返事」と名づけ『日蓮大聖人御書全集』に収録したことである。

しかしそれは、所詮は無理な便法であった。

『日蓮大聖人御書全集』の「目録」に記されている「諸法実相抄」の「録内外丁数」の欄には「他受」の文字が見える。「他受」は同『全集』の「目録の読み方」によれば刊本『他受用御書』のことである。しかし『他受用御書』の「諸法実相抄」には、もとより錯簡とされていた箇所は存在しない。存在しない箇所を「諸法実相抄より分文」することなどはできない。するとこの『全集』に掲載されている「諸法実相抄」の底本は、稲田海素が採録した『日蓮聖人御遺文』の「諸法実相抄」であると考えるのが正しい。なお堀と稲田との間には親交があった。堀が「諸法実相抄」より「分文」した文章の対告衆として便宜的にあてはめた「高橋殿」は、「高橋六郎入道」のことと思われる。しかしながら同人は御書から窺う限りにおいては病弱であり、同文中に認められるような「其の国の仏法は貴辺にまかせたてまつり候ぞ」などと、日蓮大聖人が期待できうる人物ではない。以下、三つの御書から四つの文を引用する。まず「高橋入道殿御返事」（建治《けんじ》元年七月十二日）より二箇所を引用する。

「そのゆへはするが《駿河》の国は守殿《こうどの》の御領ことにふじ《富士》なんどは後家尼ごぜんの内の人人多し、故最明寺殿・極楽寺殿の御かたきといきどを《憤》らせ給うなればきき《聞》つけられば各各の御なげ《嘆》きなるべしとおもひ《思》し心計りなり、いまにいた《至》るまでも不便にをもひまいらせ候へば御返事までも申さず候いき、この御房たちのゆきずり《通行》にも・あなかしこあなかしこ・ふじかじま《富士賀島》のへん《辺》へ立ちよるべからずと申せども・いかが候らんとをぼつかなし」*4（傍線は著者、以下同）

高橋殿の住んでいる駿河の国は執権・北条時宗《ときむね》の直轄領であり、富士などは後家尼《ごけあま》（時宗の母）の身内の人びとが多いから、日蓮大聖人が姿を現わせば時頼《ときより》（最明寺殿）や重時《しげとき》（極楽寺殿）などの敵が来たとして騒ぎになる。そのため不憫《ふびん》に思っても「御返事」も出さなかった。

また弟子などもその方面には近づかないように言ってきた。しかしながら、どうしていらっしゃるだろうかと心配していたと日蓮大聖人は述べられている。

「但し皆人はにくみ候にすこしも御信用のありし上《うえ》・此れまでも御たづねの候は只今生《こんじょう》計りの御事にはよも候はじ定めて過去のゆへか、御所労の大事にならせ給いて候なる事あさましく候[*5]」

高橋殿の住まうあたりでは日蓮大聖人を憎む人も多いのに、高橋殿が日蓮大聖人を御信用されるだけでなく、身延まで来られたことは今生で積み上げられた善根のみならず過去世からの宿習によるものであろうか。このように日蓮大聖人は文に認《したた》められた上で、高橋殿の病気について、大変に心配されている。

「高橋殿御返事」(建治元年七月二十六日)にも、日蓮大聖人が高橋殿の病気について心配されている様子が書かれている。

「なによりも入道殿の御所労なげき入つて候、しばらく《少時》いきさせ給いて法華経を謗ずる世の中御覧あれと候へ[*6]」

日蓮大聖人がこのような病状を呈している高橋殿に、一国の布教の中心者として期待されることはありえない。それよりも日蓮大聖人が高橋殿に対し願っていることは病気の快癒である。日蓮大聖人は床に臥《ふ》せっている高橋殿に対し、病魔に負けずもっと生き抜いてほしいと思われていただろう。

しかしながら高橋殿は亡くなった。

高橋殿の妻である持妙尼《じみょうあま》宛の「減劫御書《げんこうごしょ》」に日蓮大聖人は自らの思いを認められている。

「此の大進阿闍梨《あじゃり》を故六郎入道殿の御はか《墓》へつかわし候、むかし・この法門を聞いて候人人には関東の内ならば我とゆきて其のはか《墓》に自我偈よみ候はんと存じて候、しかれども当時のありさまは日蓮かしこ《彼処》へゆく《往》ならば其の日に一国にきこへ・又かまくら《鎌倉》までもさわぎ《騒》候はんか、心ざしある人なりともゆき《往》たらんところの人人め《目》ををそれ《恐》ぬべし、いままでとぶらい《訪》候はねば聖霊《しょうりょう》いかにこひしく《恋》をはすらんと・をもへば・あるやうもありなん、そのほど・まづ弟子をつかわして御はか《墓》に自我偈を・よませまいらせしなり、其の由御心へ候へ、恐恐*7」

日蓮大聖人は高橋殿の墓の前で自らが読経したい思いを伝えられ、それがままならない今、弟子の大進阿闍梨を遣わす旨を述べられている。

このような事情からして、堀が「錯簡」として「諸法実相抄」より削除した箇所を「高橋殿御返事」としたことは、不適切と評さざるをえない。すなわち高橋殿は、日蓮大聖人が駿河一国の布教を任せられるような体調ではなかった。

昭和四十三（一九六八）年発行の『仏教哲学大辞典』（創価学会教学部編）第四巻には、「諸法実相抄」より「分文」したとする「高橋殿御返事」について、次のように解説し、「諸法実相抄」より「錯簡」部分を取ることが正しい判断であるとしている。

「②断簡の分（一四六七ジペー）は、はじめ最蓮房への諸法実相抄の本文とされていたが、諸法実相抄（一三六一ジペー）『又宿業なるべし』等の前文と『米穀《べいこく》も又又かくの如し』等の高橋殿御返事（一四六七ジペー）の文とが文脈も語意も連接しないので、これを切り離して、高橋入道への御消息の断片として扱うようになった」＊8

ところが昭和五十七（一九八二）年発行の『日蓮大聖人御書講義』（創価学会刊）第三十三巻には、「高橋殿御返事」について次のような解説がされている。

「本抄は断簡であるため、いつ、だれに宛《あ》てられた御書であるか不明である。もとは諸法実相抄の一部とされていたが、内容から考えて分文された。米穀について述べられているので『米穀御書』の別名がある。末尾に『松野殿にも見参候はば・くはしくかたらせ給へ』とあることから、駿河《するが》国富士方面の人と推測され『其の国の仏法は貴辺《きへん》にまか任せたてまつり候ぞ』とのお言葉から、信心の上でも社会的にも力ある人であったと考えられ、高橋六郎入道への御消息であろうと推定されているところから本抄の題号がある。ただ高橋入道の病状、信心等から無理があり、再考の余地がある」*9

この『講義』執筆者の文意を窺えば、昭和二十七（一九五二）年四月の『日蓮大聖人御書全集』発刊に際し、「諸法実相抄」の「錯簡」とされる部分を「分文」した上で「高橋殿御返事」との題号をつけ一つの消息文として扱った堀の判断について、不適切との思いを抱いていることがわかる。

*1『日亨上人講述　追考　聖訓一百題』改訂再版　七五ページ
*2『富士日興上人詳伝』二九ページ
*3『日蓮大聖人御書全集』「呵責謗法滅罪抄」一一三二ページ
*4『日蓮大聖人御書全集』「高橋入道殿御返事」一四六一ページ
*5『日蓮大聖人御書全集』「高橋入道殿御返事」一四六二ページ
*6『日蓮大聖人御書全集』「高橋殿御返事」一四五七ページ
*7『日蓮大聖人御書全集』「減劫御書」一四六七ページ
*8『仏教哲学大辞典』第四巻　四七六ページ
*9『日蓮大聖人御書講義』第三十三巻　三四八ページ

第五節　根拠なき対告衆の変更

「高橋殿御返事」を「南条時光」宛に変更

□『平成新編　日蓮大聖人御書』
平成六（一九九四）年七月十六日、日蓮正宗総本山大石寺刊。

「錯簡」とされる部分を削除した「諸法実相抄」が「文永10・5・17」の御書として掲載されている。「追申」は本文の後ろにつけられている。削除した箇所は「米穀御書」と題され「弘安1・6」に「南条時光」宛に出された書状として収録されている。そして「異称」として「高橋殿御返事」とされている。ただし「諸法実相抄」から分けられた「米穀御書」がなぜ「弘安元年六月」の御執筆とされたのか、またなぜ南条時光宛にされたのかについての脚注はない。

□『平成校定　日蓮大聖人御書』（全三巻）
平成十四（二〇〇二）年四月二十八日（「諸法実相抄」収録の第一巻発行日）、日蓮正宗総本山大石寺刊。

「錯簡」とされる箇所を削除した「諸法実相抄」が掲載されている。「追申」は本文の後ろに位置する。御執筆年は『昭和新定』『平成新編』同様、「文永一〇・五・一七」。

削除された箇所は『平成新編』同様、「米穀御書」と名づけられ「弘安一　六」に「南条時光」に与えられた御書として第二巻に収録されている。「異称」の欄も「高橋殿御返事」となっている。「脚注」には、「従諸法実相抄抄出」と記されている。

この『平成校定　日蓮大聖人御書』の「凡例」には「本書は、昭和四十一年大石寺発行の『昭和新定日蓮大聖人御書』（以下『新定御書』という）を底本とし、御真蹟、古写本・伝承本等と対照して編纂した」と明記されている。ところが『昭和新定』では「高橋殿御返事」と題し御執筆年も文永十年五月十七日とされた。その変更についての注記は見当たらない。

以上のように「諸法実相抄」の「錯簡」とされる箇所や「追申」の扱いは、時代あるいは編者によって翩翩《へんぺん》とし定まりがない。とりわけ「錯簡」とされた部分については、「諸法実相抄」偽書説の根拠とされたり、「高橋殿御返事」あるいは「米穀御書」とされたり、「南条時光」宛の書状であるとされたりしてきた。また佐渡流罪中の文永期の書状とされたり、あるいはまた弘安期に身延より出された書状とされたりもしてきた。

第六節　間違った解釈をする学者たち

「錯簡」とし真実の究明を回避

最蓮房は京都から佐渡に流罪されてきた。このような誤った伝承を根拠に、先に示した太ゴシック体の箇所を「錯簡」であると判断し、「諸法実相抄」より削除することが至当であると推断した学者は少なくない。その代表的な学者として、立正大学教授・浅井要麟を挙げることができる。浅井は『昭和新修　日蓮聖人遺文全集』別巻において「聖人關係の人人略傳」と題して「門下の部」を記している。この「門下の部」に書かれた「最蓮房」は以下のとおり。

「最蓮房の出生行狀等については、多くの疑問もあり異説もある。且《か》つ最蓮房へ寄せられた聖人の御遺文についても若干の疑義はあるが、今は古來の所傳に從つて、その一班《ママ》を記述することゝする。

最蓮房は佐渡に於て初めて聖人に歸依した學僧である。その生地について、駿州松野あたりの人であらうといひ、また佐渡から歸つて後は松野方面に居たものらしいといふ一説もあるが、それは恐らく『諸法實相鈔』の中に『其の國の佛法は貴邊にまかせ奉り候』といひ、『松野殿にも見參候はゞ、くわしくかたらせ給へ』とある一節が竄入《ざんにゅう》してゐて、それを最蓮房へ宛られた御消息の一節と解したからの錯誤であらう。『諸法實相鈔』の前記の一節は錯簡であつて、元來『諸法實相鈔』の文ではない。従つて現行の『諸法實相鈔』にはこの一節は削除されてゐるのである」[*1]（傍線は著者、以下同）

浅井は同書において、「諸法実相抄」の「錯簡」とされている箇所について、さらに次のようにも記している。

「文永十年五月一《いち》の谷《さわ》に在つて、最蓮房の爲めに書かれた御書といはれてゐる。方便品の諸法實相の文を擧げて、壽量品の事の一念三千の法門を説き、更に末法の導師たる聖人御自身の内證を開示して、弟子や信者へ信行上の指導を垂れられてゐる。

この書の後段に數行の錯簡が竄入してゐる。即ち縮刷遺文九六三頁六行目の『米穀も又々かくの如し』以下『くはしく語らせ給へ』に至る文がそれである。その錯簡に『人をこれまでつかはし給ふ事』と云ひ、『その國の佛法は貴邊にまかせたてまつり候ぞ』とあるので、最蓮房は聖人より先きに御赦免になって島を去ったといふ説を生じ、『松野殿にも見參候はゞくわしくかたらせ給へ』とある所から、最蓮房は駿州松野あたりの出生であつて、佐渡から歸つて後は、一旦駿河にゐたであらうといふ想像まで行はるゝに至つた。しかしその一節の文が錯簡である以上、それ等の問題や想定はみな解消すべきものである。またこの一節を主なる材料として『實相鈔』の僞書説を主張する人もある。實相鈔の眞僞に關しては他の論證史證に依つて更に考究を要すべきものであらうが、錯簡の一節を論據《ろんきょ》とすることは、前述の理由に依り意義をなさない」[*2]

浅井は「諸法実相抄」の件《くだん》の箇所について、「錯簡」であると断定している。したがってその「錯簡」であるとされる箇所を論拠として、「諸法実相抄」の価値を計り真偽を判ずることはまったく意味のないことであると、浅井は考える。

身延山短期大学学長、立正大学名誉教授の宮崎英修《みやざきえいしゅう》は、平成五（一九九三）年三月、立正大学日蓮教学研究所刊行の『日蓮教学研究所紀要』創刊二〇周年記念号に「最蓮房伝考検」と題する論文を寄せている。その一部を紹介する。宮崎の主張は浅井のそれとは異なる。宮崎は「十八円満抄」の「追伸」が「諸法実相抄」の「追伸」として改置されたことにより、「諸法実相抄」が最蓮房宛のものとされる錯誤が生じたと見る。

「本抄は最蓮房に宛てたものといわれるが、最後の追伸は、元来十八円満抄の追伸であったものを諸法実相抄につけたものである。小川泰堂は高祖遺文録外巻廿九に収録する十八円満抄の奥に『又世版には副書あり、今は十四巻諸法実相抄に改置す』といっている。何故に改置したのか根拠はわからぬが、諸法実相抄も最蓮房に宛てたものと考えられていたので同類の書として改置されたものであろうか。また諸法実相抄は録外の初期の目録である行学日朝の録外目録、一如日重の本満寺録外にものせられず他受用御書にはじめて収録されたものである」*3

このように宮崎は「諸法実相抄」がそもそも最蓮房に与えられたものであるかどうかについて懐疑的である。小川泰堂が、それまで「十八円満抄」の「追伸」とされていたものを「諸法実相抄」に改置したことにより、「諸法実相抄」は最蓮房宛の書状とされた。しかも宮崎の弁によれば、「十八円満抄」の「追伸」を「諸法実相抄」につけ変えた理由を小川は明確にしていない。そして宮崎はこの「諸法実相抄」が行学院日朝の『録外目録』『本満寺録外』にも掲載されていなかったとし、宮崎はそのような経過からして「諸法実相抄」それ自体に信を置いていないとする。宮崎の論文を読めば「諸法実相抄」について偽書の疑いを持っていることがわかる。

宮崎は「諸法実相抄」の対告衆が最蓮房ではないのではないかとの不審の思いを、前の引用文に続き縷々《るる》、述べている。

さらに加えて宮崎は、浅井が「錯簡」であるとする文章について、以下のような見解を示す。

「浅井要麟教授は昭和新修遺文別巻に『この書の後段に数行の錯簡が混入している』とてこれを錯簡と考え、ここに松野氏と関連する事のある所より『最蓮房は駿州松野あたりの出生であって佐渡から帰って後は一旦駿河にいたであろうという想像まで行はるるに至った。しかしその一節が錯簡である以上、それらの問題や想定は解消すべきものである』と論ぜられるが、諸法実相抄が最蓮房にあてられたものとすれば文永十年五月現在に佐渡の宗祖が、同じく佐渡に居住する最蓮房にいわれるはずはないから別巻の解説は妥当といえる。しかし実相抄は果して最蓮房にあてられたものであろうか。すでに十八円満抄の追伸が実相抄の追伸として添加されたことは明白である。そのため本書は最蓮房宛のものとして確実性をまし、その結果、前述の一節は錯簡と考えられ削除の憂き目を見ることになった。もっとも縮冊遺文は稲田海素師によって旧態に復せしめられたが、実相抄を最蓮房あてとすればこの一節は錯簡と見るより外に妥当な解決はない。よって昭和定本遺文は高祖遺文録に準拠してこの文を削除したのである。

ただし実相抄は最蓮房でなく他の人に与えられたものであるならば、この一文は削除する必要はないわけである。いまこの糺明は他日を期することとして措くが、したがって本抄には最蓮房に関する事跡は特にとりあげるものはない」[*4]

宮崎は「十八円満抄の追伸が実相抄の追伸として添加されたことは明白である」と述べている。この誤った改置により、元来、「諸法実相抄」の本文中にあるべき文が削除されることとなったと、宮崎は主張するのである。宮崎は「追伸」によって「諸法実相抄」が最蓮房宛であるとされたことが、過《あやま》ちの根源であると見ている。

「諸法実相抄」は最蓮房宛でないとする宮崎の立場からすれば、「諸法実相抄」に論拠して最蓮房の実像に迫ろうとする行為自体が無意味であるということになるのである。

＊1 『昭和新修日蓮聖人遺文全集別巻』五三ページ

＊2 『昭和新修日蓮聖人遺文全集別巻』二二〇ページ

＊3 『日蓮教学研究所紀要』創刊二〇周年記念号「最蓮房伝考検」二二九ページ

＊4 同前

第七節　現存する「諸法実相抄」の最古の写本

「諸法実相抄」の改変と改置

先述したように「諸法実相抄」の真蹟《しんせき》は存在しない。写本《しゃほん》があるのみである。現存する最古の写本は、文明《ぶんめい》十二（一四八〇）年、聖滅一九九年の身延山久遠寺第十一世の行学院日朝（一四二二〜一五〇〇）のものである。

この日朝写本の実物を近年において見て、内容を公表した者が二名いる。興風談所の池田令道《いけだれいどう》と東京大学大学院人文社会系研究科アジア文化研究専攻インド文学インド哲学仏教学専門分野（博士課程）のジッリォ・エマヌエーレ・ダヴィデである。

池田は、平成二十一（二〇〇九）年十二月一日発行の『興風』（第二十一号）に「身延文庫蔵　日朝本録内・録外御書の考察」と題した論文を発表した。池田の論文の中で有益であったのは、「諸法実相抄」の日朝写本の中にありながら今日まで「錯簡」扱いされてきた箇所の写真を公表したことである。[*1]「錯簡」とされている箇所は、文の流れに不自然さはなく、しかもカメラで撮られた「錯簡」とされる部分と元来の本文とされる部分との接続も自然である。

「諸法実相抄」の日朝写本（『興風』21号より転載）

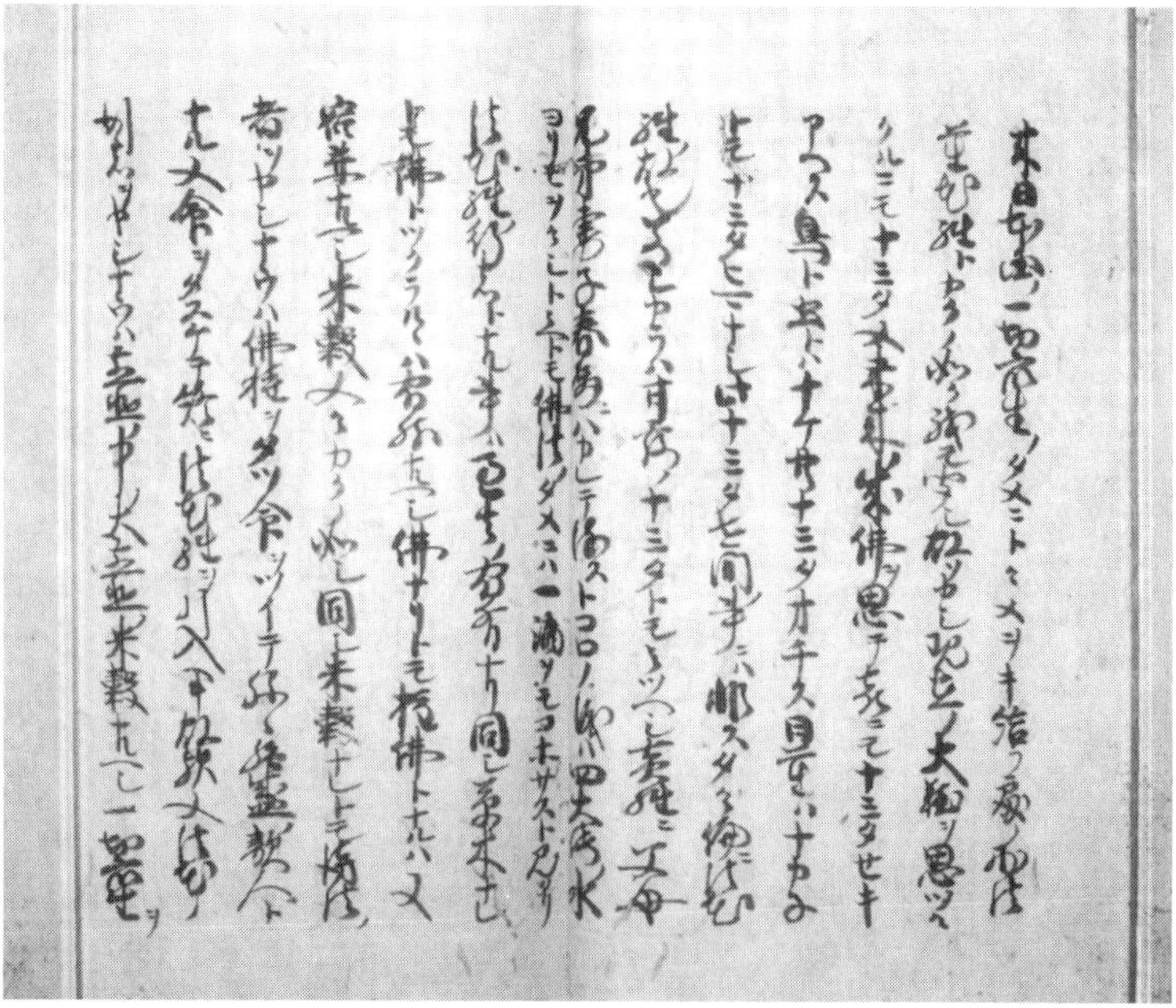

↑

この行の途中から「米穀又々カクノ如シ」と記されている

「錯簡」とされる文は、あるページの後ろから四行目の途中より始まっている。池田は、「錯簡」とされる部分を取り除いたこれまでのやり方を批判し、その上で「諸法実相抄」が偽書である可能性が高いことを述べている。

「読み手の都合によって文章を恣意的に操作し、一部分を削除するようなことは当然許されない。矛盾は矛盾として、この一文を踏まえた上で、むしろ『諸法実相抄』全体の文献的価値を問うべきなのである。既に『諸法実相抄』には、本覚法門を強調する教義的内容に疑義があり真偽の程が問われているが、日朝本の当該文は系年と対告衆の矛盾をも含めて、偽撰説の有力な根拠となり得るものである」*2

「偽撰説の有力な根拠となり得るもの」と池田が言う他者によって「錯簡」とされてきた部分は、日蓮大聖人の佐渡での有り様、日蓮大聖人と日興上人の師弟の関係性、そして日興上人が教勢を拡大してきた駿河の状況が認識できたならば、「錯簡」ではなく真正のものとして理解できる。もちろんその前提となるのは、最蓮房が日興上人であるということである。

「追伸」は元より「諸法実相抄」のもの

東京大学のジッリォ・エマヌエーレ・ダヴィデは、平成二十四年十二月二十日発行の『印度學仏教學研究』第六十一巻第一号において『諸法実相抄』の研究――書誌学的な観点から――」と題する論文を掲載し、「錯簡」とされた箇所、「追伸」について検証している。ダヴィデもまた日朝本の「諸法実相抄」には「錯簡」扱いされてきた文章があること、「追伸」が本文の冒頭に所在することを確認している。その上で宮崎英修、浅井要麟の論の立て方を批判している。

「浅井要麟氏は『この書の後段に数行の錯簡が竄入している。〈中略〉』と、『縮』（霊艮閣版『日蓮聖人御遺文』縮刷遺文――著者註）しか取り上げていない。浅井氏は話題の数行を元々含んでいる一四八〇年の『朝外』（行学院日朝編『録外合本』――著者註）を見ていないのが明らかであろう。宮崎英修氏もこの点に関しては浅井氏の考察をただ繰り返している」[*3]

ダヴィデは、浅井、宮崎ともに「諸法実相抄」の「錯簡」問題に触れるにあたり霊艮閣版『日蓮聖人御遺文』（縮刷御遺文）しか取り上げていないとする。その上で、「諸法実相抄」の「錯簡」問題について触れるのであるならば、現存する最古の写本である日朝本を直接、確認することが不可欠であると言う。

さらにダヴィデは、『高祖遺文録』に収録された「諸法実相抄」の「追伸」の箇所について、次のように宮崎が述べていることをもって、宮崎が日朝写本にあたらず「諸法実相抄」について論じていると断定している。

「一四八〇年の『朝外』において『実相抄』の追伸だったものが何故か一六六九年（『刊外』〈刊本『録外御書』——著者註〉の刊年）の時に『最蓮房御返事』という別題で個別に伝えられるようになり、後に『十八円満抄』という別の遺文の追書と意識もされてしまい、一八八〇年の編纂『高祖遺文録』（以下『高』）にはまた『実相抄』の追書に戻された。

淺井氏はこの追伸に関して『〈實相鈔〉の副書としては、本文の末尾の文と重複して首肯し難いものである』と書いているが、重複しているところを明らかにしない以上、その主張は『実相抄』の追伸が一六四九年の『受』（『他受用御書』——著者註）と後の編纂のように本文に続いて出てくるのを前提にしている。しかし、最も古い資料である一四八〇年の『朝外』では、本文の前に出ている。

宮崎氏もこの点に関して、一八八〇年の『高』を取り上げて、『最後の追伸は、元来〈十八円満鈔〉の追伸であったものを〈諸法実相鈔〉につけたものである』と、『実相抄』

の追伸は一四八〇年の『朝外』に見られるように元来『実相抄』のものであったという事実を見逃している。宮崎氏も江戸期以前の資料を見ていないのも明らかであろう」[*4]

つまりダヴィデの言わんとすることは、「十八円満抄」の「追伸」とされる文は、元来は「諸法実相抄」の「追伸」であった。それは現存する最古の写本である日朝写本を見れば「諸法実相抄」の冒頭に「追伸」があることにより確認される。

しかるに宮崎は「一八八〇年」の『高祖遺文録』を取り上げ、それより四〇〇年遡《さかのぼ》った「一四八〇年」の日朝写本を見ていない。日朝写本を一目でも見た者であるならば、「追伸」の所在と内容を確認できる。その労を惜しんでいる点において浅井と宮崎は同類であると、ダヴィデは言っているのである。

日朝が「諸法実相抄」を書写した後、いつごろ誰が「諸法実相抄」から「十八円満抄」に、「追伸」を改置したかはわからない。しかしながら、現にもっとも古い日朝写本の冒頭に「追伸」はある。そうなれば「十八円満抄」の「追伸」は、もともと「諸法実相抄」の冒頭に位置していた「追伸」を箔《はく》づけのため流用したと考えられる。「十八円満抄」は私の考えるところ偽書である。偽書と決するに至る細密な検討は拙書『日蓮大聖人と最蓮房』に掲載している。「諸法実相抄」の「追伸」は、真書であるがゆえに偽書に添加すれば、偽書を真書と錯誤させる力があるということとなる。

なお「追伸」を冒頭に位置させるのか、文末にするのかは、筆者の好みやその時の状況によることは先にも記した。たとえば真蹟の存在する「法華行者逢難事《ほっけぎょうじゃほうなんじ》」（中山法華経寺蔵）においては、「追伸」は本文とは別の一紙に書かれている。「追伸」の文は長くなり、すでに書かれた「追伸」の上部あるいは行間にまで筆が及んでいる。[*5] この状態を見れば、「追伸」は本文を書いた後に、別紙に書かれたことは間違いない。

日朝写本の「諸法実相抄」が「追伸」を冒頭に位置させていることは、底本となった写本がもともとそうなっていたか、あるいは日朝が冒頭に位置させたかのいずれかである。

ともあれ「諸法実相抄」の日朝写本において「追伸」が冒頭にあるということは、「法華行者逢難事」のような書き方が、「諸法実相抄」の冒頭部分になされていたことを推測させる。

慶応《けいおう》元（一八六五）年に『高祖遺文録』を小川泰堂が校訂した。そこに収録された「諸法実相抄」には次のような但し書きがある。

「泰堂云此追申書ハ録外二十三巻十六紙ニ載テ或ハ十八圓滿鈔ノ副トモイヘリ今ハ佗受用書ニ依テ此章ニ附録ス」[*6]

さらに『高祖遺文録』巻廿九の「十八円満抄」には、次のように注記している。

「又世版ニハ副書アリ今ハ十四巻諸法實相書に改置ス」[*7]

小川は「諸法実相抄」の「追申」として「十八円満抄」の「副書」とされて伝わってきたものを「改置」したとしている。

またこの「追申」部分は、江戸時代の寛文《かんぶん》九（一六六九）年の刊本『録外御書』においては、「最蓮房御返事」として独立した御書として扱われている。

「追申」とされる箇所はこのような経過を経てきた。そして現状において「諸法実相抄」の「追伸」としてその文は扱われている。そのため「諸法実相抄」は偽書であるとの疑難を生んでいる。しかしながら「追伸」が日朝本において冒頭に位置しているということは、その後の時代の刊本などにおいて「諸法実相抄」の「追伸」の扱いに異なりがあったとしても、それは決して「諸法実相抄」が偽書であるという論拠とはなりえない。

加えてダヴィデは、本文中の「錯簡」とされる箇所について、池田令道が指摘していることにも言及している。

「最近、池田令道氏は、江戸期に『受』を刊行した人たちはなんらかの理由によってこの数行に違和感を持ったため省略したと推測し、これは逆に『実相抄』の文献的価値を疑わせると指摘するが、筆者は江戸期になって宗門はこの数行に違和感を抱いたとしても、なぜその二百年前の日朝は同じ違和感を抱くことなく『実相抄』の中身を恣意に操作しなかったのかという問題も孕んでくると考える」[*8]

ダヴィデによれば「錯簡」とされる文が本文中にあることについて、行学院日朝がなんらの違和感を抱いていないことに注目する。そしてなぜ江戸期になって件《くだん》の箇所について、「錯簡」と言い始めたのかと疑っている。

私は「諸法実相抄」より「錯簡」であるとして削除された箇所は、「錯簡」どころか本文の流れに沿って違和感なく存在していると見る。したがって本文より削り取った行為は過《あやま》ちである。

＊1『興風』二十一号　三三六ページ

＊2『興風』二十一号　三三七ページ

＊3『印度學佛教學研究』第六十一巻　第一号　一四〇ページ

＊4『印度學佛教學研究』第六十一巻　第一号　一四一ページ

＊5『日蓮聖人真蹟集成』第二巻　一九〇ページ

＊6『高祖遺文録』第十四巻　五十九丁

＊7『高祖遺文録』第二十九巻　二十九丁

＊8『印度學仏教學研究』第六十一巻　第一号　一四〇ページ

第八節「錯簡」として削除された箇所の分析

佐渡の日蓮大聖人を支えたのは駿河の日興上人たち

今日《こんにち》まで伝えられてきた最蓮房像は、歴史の積み重ねの中で誤って作られてきた虚像である。もし虚像にそぐわないことを根拠に「諸法実相抄」より削除された文があるならば、その箇所にこそ最蓮房の実像に迫る記述があるのではないかと考えられる。したがって、「諸法実相抄」本文中の元の場所に「錯簡」とされて排除された文を戻し、真摯《しんし》に眼《まなこ》を凝《こ》らすならば真の最蓮房像が浮かび上がるはずである。

それでは、太ゴシック体で表記した、これまで「錯簡」として「諸法実相抄」より削除されてきた箇所から、どのようなことがわかるか逐条的に考えていきたい。

「米穀《べいこく》も又又かくの如し、同じ米穀なれども謗法《ほうぼう》の者をやしなう《養》は仏種をたつ《断》命をついで弥弥強盛《いよいよごうじょう》の敵人となる、又命をたすけて終に法華経を引き入るべき故か、又法華の行者をやしなうは慈悲《じひ》の中の大慈悲の米穀なるべし、一切衆生を利益するなればなり、故に仏《ぶつ》

舎利《しゃり》変《へん》じて米と成るとは是なるべし」

非情の米穀も、誰に食べられるかということは因縁による。因縁は果《か》と報《ほう》を見ることによりおのずからわかる。果報に伴って、力《りき》と作《さ》がある。もとより相《そう》、性《しょう》、体《たい》があるのは当然のことであるから、非情の米穀にしても十如是がある。

この「錯簡」扱いされている箇所の前には「同じ草木なれども仏とつくらるるは宿縁なるべし」とあり、非情の草木に宿縁があることが記されている。しかも非情たる草木においても、その「宿縁」のゆえに仏と造られるものもあることが示されている。

「錯簡」扱いされている箇所の直前の文章と、「錯簡」扱いされている文章そのものとは密接な関係にある。しかもそこに示されている法義は非情に生命があり、十如是があり、十界、ひいては百界、一念三千があることを教示している。前後の文章はともに、非情に生命があることにより、非情であっても仏になることが記されている。このような法門は、「観心本尊抄」「草木成仏口決」において明かされた法門である。「錯簡」扱いし、「諸法実相抄」より削除しているが、「観心本尊抄」を認《したた》められた直後に書かれた「諸法実相抄」の中にあってしかるべきで、いささかの不自然さも感じない。

「諸法実相抄」より「錯簡」として削除された文は、以下のように続く。

「かかる今時分人をこれまでつかは《遣》し給う事うれしさ申すばかりなし、釈迦仏・地涌の菩薩・御身に入りかはらせ給うか」

「かかる今時分」の解釈に二様あると思われる。

旧暦の五月は米が不足する時である。わずかに残っていた米も種米に使い、残し置いた米からご供養をするということは、並大抵のことではない。当時の社会情勢は、さまざまな不安要素をはらんでいた。いずれにしても、佐渡流罪中の日蓮大聖人のもとにご供養として貴重な米が届けられたことに対する御礼が記されていることは、間違いない。

「人をこれまでつかは《遣》し給う事うれしさ申すばかりなし、釈迦仏・地涌の菩薩・御身に入りかはらせ給うか」

この文の解釈にはいろいろある。「諸法実相抄」の一部とみるならば、まぎれもなく駿河から遠方の佐渡まで人を手配したことに対する御礼である。

興風談所の「御書システム」は、「諸法実相抄」より「錯簡」として削除され「高橋殿御返事」と題された御書について、御執筆年を弘安元年とした上で、「高橋殿」宛ではなく、南条時光宛ではないかとの見解を示している。

高橋、南条のいずれであったとしても、弘安元年であれば米は富士川沿いを遡上し身延に至っただけである。それであるのに、「これまでつかはし給う事うれしさ申すばかりなし、釈迦仏・地涌の菩薩・御身に入りかはらせ給うか」云々といったお褒めの言葉は過分すぎて、距離感とそぐわない。

するとどうしても、この御書は佐渡期のものとしか考えられない。

やはり「錯簡」として削除された箇所は、「諸法実相抄」の一部とみるべきであろう。この箇所のあと、文は以下のように続く。

「其の国の仏法は貴辺《きへん》にまかせたてまつり候ぞ、仏種は縁《えん》に従《よ》つて起る是の故に一乗を説くなるべし、又治部房《じぶぼう》・下野房《しもつけぼう》等来り候はば・いそぎいそぎつかはすべく候、松野殿にも見参候はば・くはしくかたらせ給へ」

この書状を頂いた者が、「其の国」の布教の中心者であることに疑いを差し挟む余地はない。

では、「其の国」とはどこか。これもまた、「治部房」「下野房」「松野殿」の法縁を辿れば明らかとなる。
「治部房」については、日興上人の「白蓮弟子分与申御筆御本尊目録事」（通称「弟子分帖」）に、その名前が出てくる。したがって「治部房」が日興上人の法類《ほうるい》にあたることは確か。そこには次のように記されている。

「駿河國四十九院住治部房者蓮花闍梨弟子也。仍《よって》日興申二与之一。但聖人御滅後背了」*1

日興上人は駿河の国の富士川西岸に所在したとされる四十九院の住僧であった。「蓮花闍梨」とは六老僧の一人となる日持《にちじ》のことである。「弟子分帖」には日持について「日興最初弟子也」と記されている。日持もまた四十九院の住僧であった。したがって「治部房」は日興上人の孫弟子にあたる。ただし日蓮大聖人が亡くなられた後、「天台沙門」と名乗り背《そむ》いた。
「下野房」の名もまた日興上人の「弟子分帖」に登場する。

「富士下方市庭寺下野公日秀者日興弟子也」*2

「下野房」と記されていることでもわかるように、「下野房」は日秀《にっしゅう》のことである。日秀は駿河の国に所在した滝泉寺の住僧であった。日興上人の縁により日蓮大聖人に帰伏するが、滝泉寺の院主代・行智《ぎょうち》の画策により弾圧される。このとき日秀とともに弾圧された者のなかに日弁《にちべん》がいる。その弾圧に抗して日秀、日弁が連名して幕府に対し、行智の非を鳴らした「滝《りゅう》泉寺《せんじ》申《もうし》状《じょう》」が現存する。*3 同書状は、富木《とき》常《じょう》忍《にん》が下書きしたものに日蓮大聖人自らが手を加えられている。*4 その書式の在り様からしてこれが草案であることは疑いない。ただ日秀・日弁名で清書されたものが、幕府に提出されたかどうかは定かでない。

のち日秀は日興上人の弟子である「本六」の一人となった。

「治部房・下野房等来り候はば・いそぎいそぎつかはすべく候」という表現からして、この書状をもらった者のところに「治部房・下野房等」が来た場合、急いで佐渡の自分の所へ来させなさいと日蓮大聖人が指示されている。このことから「諸法実相抄」の対告衆は、治部房・下野房に日蓮大聖人のいらっしゃる佐渡に行くよう指示のできる立場にあることがわかる。さらにこの表現からして佐渡流罪時、佐渡と駿河との間に頻繁に人の行き来があったことも窺える。

「下野房」は日秀のことであるが、これまで日秀の帰伏については文永十二(建治元)年とされてきた。*5 しかしこの文永十年五月の「諸法実相抄」の「錯簡」部分からして日秀の帰伏はより早く、しかも日蓮大聖人の信頼を受け佐渡と駿河を往還するまでになっていたことがわかる。

引用文末に、「松野殿にも見参候はば・くはしくかたらせ給へ」と記されている。この文により「米穀」をご供養した者が、「松野殿」ではないかとも推測される。そして日蓮大聖人は最蓮房に対し、佐渡を離れ駿河に向かう時に「松野殿」に対しなんらかの言付をされたとも思われる。

「松野殿」とは、松野二郎三郎、あるいは松野六郎左衛門入道のいずれかと思われる。

「弟子分帖」によれば、松野二郎三郎は、日興上人の弟子である「蓮華阿闍梨」の弟子。

「松野次郎三郎者蓮花阿闍梨弟子也。仍所㆓申与㆒如㆑件」*6

「松野二郎三郎」の師である「蓮華阿闍梨」とは先述したように「日興最初弟子」で、後の六老僧の一人、日持である。日持は松野一族の出身。

「松野甲斐公日持者日興最初弟子也。而経㆓年序㆒後給㆓阿闍梨号㆒被㆑召㆓具六人之内㆒、蓮花阿闍梨是也。聖人御滅後背㆓白蓮㆒五人一同天台門徒也トナノレリ」*7

また、同様に「弟子分帖」によれば、松野六郎左衛門入道の妻は、日興上人の弟子で、日蓮大聖人御入滅後に背いた。

「松野左衛門次郎後家尼者日興弟子也。仍所㆓申与㆒如㆑件。但聖人御滅後背了」[*8]

なお富士川下流西岸には、現在でも「北松野」「南松野」の地名があり、「松野殿」有縁の地であることが確認される。

「治部房」「下野房」「松野殿」がいずれも駿河の者であり、しかも日興上人の弟子にあたる。「錯簡」として削除された箇所は「諸法実相抄」の文の流れの中にあってこそ自然。この箇所に登場する人びとは、こぞって日興上人有縁の人びとである。鑑《かんが》みるに「諸法実相抄」において日蓮大聖人より「其の国の仏法は貴辺にまかせたてまつり候ぞ」と言われた者は日興上人である。

よって最蓮房とは、日興上人の佐渡期の異名であることが確定した。

日興上人は佐渡において日蓮大聖人に「常随給仕」していたということで、佐渡を一歩も離れていないとこれまで日興門流の一部で喧伝されてきた。しかし「諸法実相抄」に基づけば、文永十年五月、日興上人は駿河にいたということになる。

駿河国における日興上人の弟子

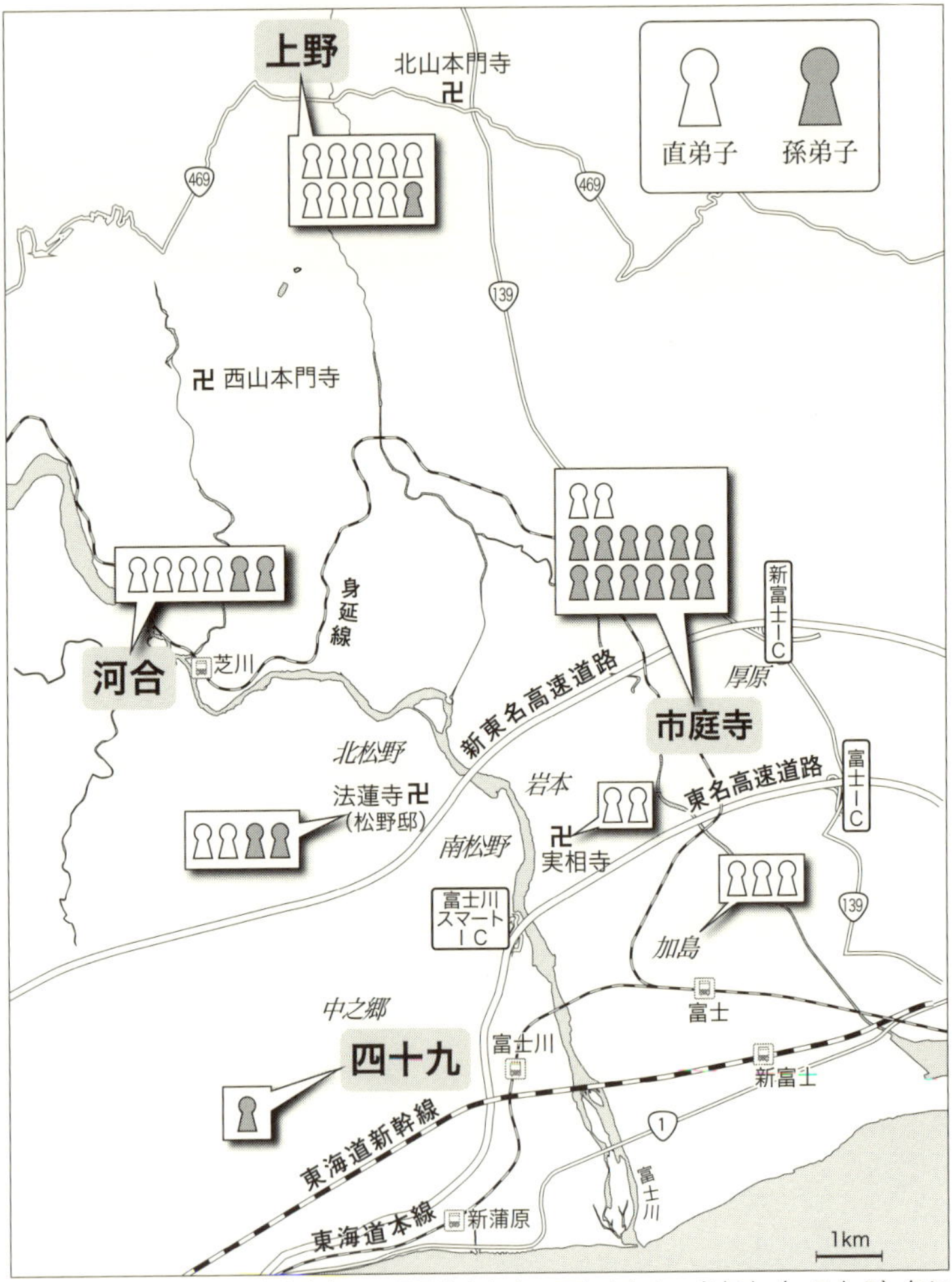

駿河国の教法流布は、日興上人によってなされた。永仁六（一二九八）年に日興上人によって作成された「弟子分帖」に基づき、日興上人の直弟子、孫弟子の所在を図式化した。ただし、この所在は絶対的なものではなく、弟子たちの事情により所属寺院などを移動した。

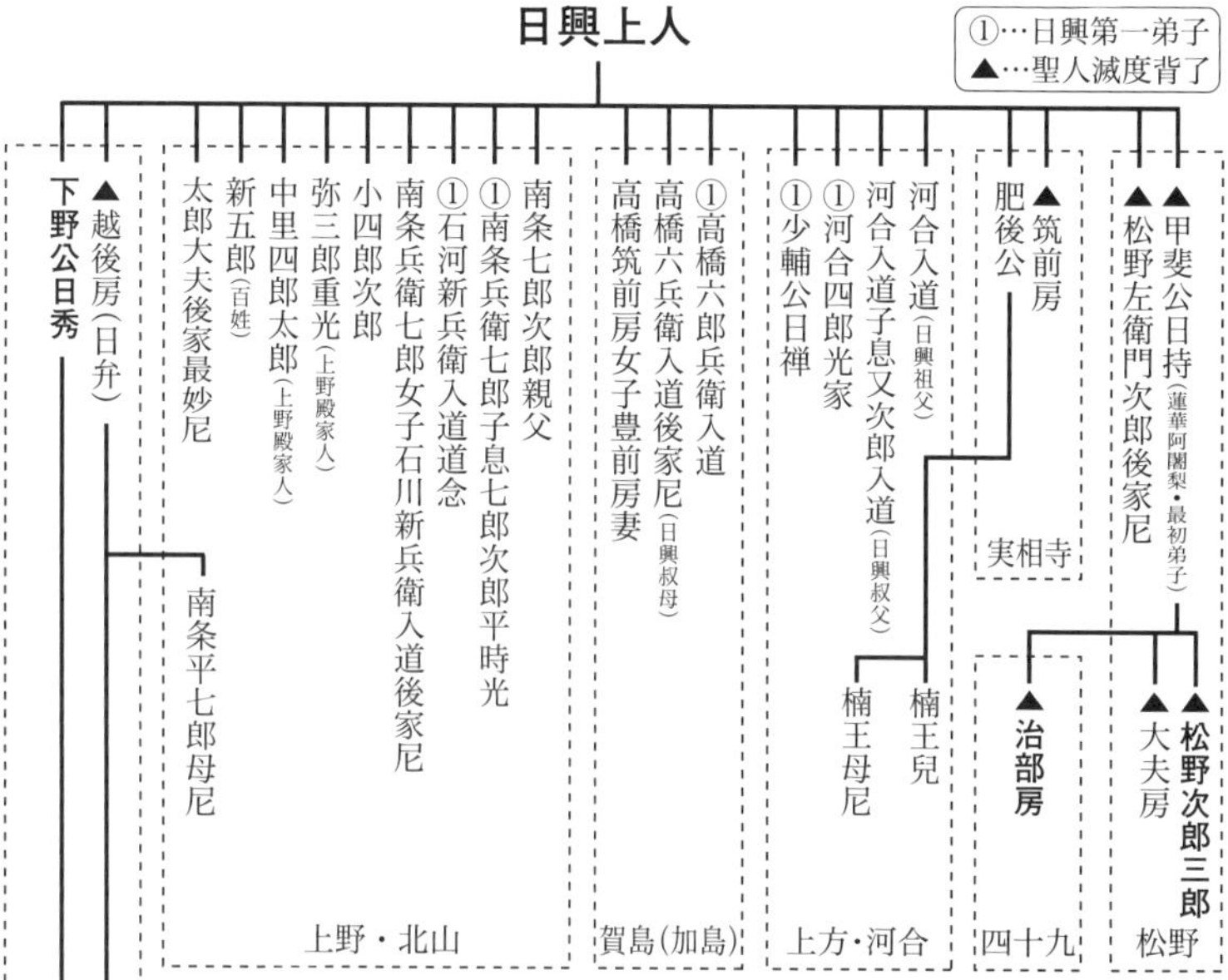

「諸法実相抄」より分文された箇所には、**「其の国の仏法は貴辺にまかせたてまつり候ぞ**(中略)**、又治部房・下野房等来り候はば・いそぎいそぎつかはすべく候、松野殿にも見参候はば・くはしくかたらせ給へ」**とある。

治部房は日興上人の最初の弟子である日持の弟子で、日興上人の孫弟子。下野房（日秀）は滝泉寺における日興上人の直弟子である。この二人に指示が出せるのは日興上人である。また松野家は日持の出生した一族であり、日興上人の孫弟子であるから、**「松野殿」**に**「見参」**し、**「くわしくかた」**ることができるのもまた日興上人である。

そして、この御書における**「其の国」**とは駿河国である。誰が事実上、この国の**「仏法」**を**「まかせ」**られていたか。『弟子分帖』を見れば、それが日興上人であることは明白である。

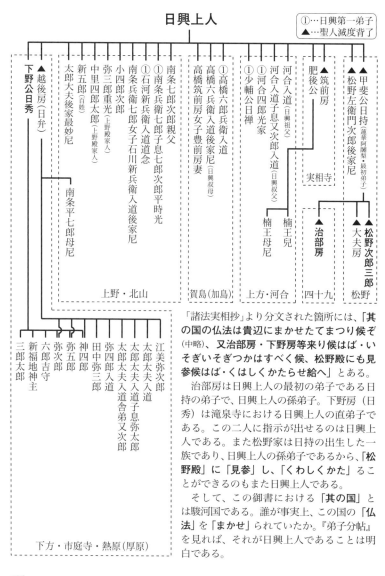

日蓮大聖人を護るためになされたこと

このことに私はそう驚かない。というのも、この事実が私の「四十九院申状」に対する長年の疑問を氷解させるものであったからだ。

「駿河《するが》の国蒲原《くにかんばら》の庄《しょう》・四十九院の供僧《くそう》等謹んで申す。
寺務《じむ》・二位律師《りっし》厳誉《ごんよ》の為に日興並に日持・承賢・賢秀等・所学の法華宗を以て外道《げどう》大邪教と称し往古の住坊並に田畠を奪《うば》い取《と》り寺内を追い出さしむる謂《いわ》れ無き子細の事」*9

長年、私はこの弘安《こうあん》元（一二七八）年三月に公所に出されたとされる「四十九院申状」を見て不可解な思いにとらわれてきた。

日興上人が天台宗の四十九院に住しながら日蓮大聖人の弟子として僧道をまっとうするということは、かなりの困難があったはずである。当然のことながら、四十九院の院主らは日蓮大聖人に反対する立場にあったのだから、折あらば日蓮大聖人の弟子として活発な布教活動をする日興上人のみならず、その日興上人の導きによって日蓮大聖人に帰伏した者を四十九院の外にたたき出す機会を狙っていたはずである。

もし日興上人が佐渡流罪中の日蓮大聖人に「常随給仕」し、日蓮大聖人の傍を片時《かたとき》も離れない、すなわち換言すれば二年半もの間、四十九院を留守にしたのなら、日興上人の住坊はその間、無住化したことになる。この時、日興上人は僧坊から追い出され田畑の耕作権を失って当然である。

このような考え方から私は、弘安元年になって住房並びに田畑を巡っての争いが惹起《じゃっき》したことが不思議でならなかった。公所に訴え出る日興上人に、住房や田畑の耕作権を主張する権利が本当にあったのか。もし二年半も住房を留守にし同院における仏事に参加せず、田畑を放置していたということであれば、無住化した坊に他の者が住んでも不思議ではない。同様に田畑も実行支配的に他の者が耕していても仕方がないのではないかと考えた。

すると「四十九院申状」はかなり荒義な申し立てで、その正当性すら疑われる。

しかしこのたび「諸法実相抄」の「錯簡」とされる箇所を読むことにより、「諸法実相抄」が認《したた》められた文永十年五月には日興上人が駿河の四十九院に戻っていることが確認された。おそらくは仏事や田畑の世話の都合もあったのではあるまいか。このように佐渡流罪期においても日興上人が四十九院を活動の拠点にしていた経過があるならば、「四十九院申状」により公所に住房と田畑の耕作権を主張し訴え出ても不思議ではない。

日興上人の弟子である「治部房」「下野房」なども、日蓮大聖人の指示に基づき佐渡を往還していた。日興上人を中心とした四十九院などの駿河の弟子らが、交互に佐渡を訪れ、経《きょう》・論《ろん》・釈《しゃく》、紙、筆、墨、食料などの物資を運び、檀那などにも日蓮大聖人の意思を伝え教団の結束をはかっていたと考えられる。

＊1『日興上人全集』一二三ページ
＊2『日興上人全集』一二一ページ
＊3『日蓮聖人真蹟集成』第三巻　一一〇ページ
＊4『日蓮大聖人と最蓮房』「註解」三八九ページ
＊5『熱原法難史』二八ページ
＊6『日興上人全集』一二六ページ
＊7『日興上人全集』一二二ページ
＊8『日興上人全集』一二六ページ
＊9『日蓮大聖人御書全集』「四十九院申状」八四八ページ

第九節 流罪地に駆けつけた弟子に与えられた「生死一大事血脈抄」

第一項 駿州と佐渡を往還する最蓮房と弟子たち

「生死一大事血脈とは所謂妙法蓮華経是なり」

最蓮房が賜《たまわ》った佐渡期の御書を精密に分析すれば、最蓮房が日興上人であるという真実を窺わせる箇所は意外と多く確認できるのである。

日蓮大聖人から最蓮房に与えられた最初の御書は文永《ぶんえい》九（一二七二）年二月十一日付の「生死一大事血脈抄《しょうじいちだいじけつみゃくしょう》」である。文永九年四月に日蓮大聖人より最蓮房に与えられた「最蓮房《さいれんぼう》御返事《ごへんじ》」にある「去る二月の比《ころ》より大事の法門を教へ奉りぬ」といった記述などからしても、佐渡期において、この「生死一大事血脈抄」が日蓮大聖人から最蓮房こと日興上人に与えられた最初の御書であると思われる。

この御書の冒頭は、次のようになっている。

「御状委細披見せしめ候い畢《おわ》んぬ、夫れ生死一大事血脈とは所謂妙法蓮華経是なり」*1

この書き出しによってわかるように、「生死一大事血脈抄」は最蓮房が書をもって日蓮大聖人に法門の質問をし、日蓮大聖人がそれに答えられたものである。佐渡において日蓮大聖人と最蓮房を取り巻く状況は、日々刻々と変わり、最蓮房に身をやつした日興上人が日蓮大聖人を訪ねることは、相応の警戒心を持って行なわれたと考えられる。

「生死一大事血脈抄」を認《したた》められた時、日蓮大聖人は塚原におられた。塚原は地頭や念仏者らが日蓮大聖人を飢え死にさせようと謀《はか》っていた場所であり、人の出入りも制約されていた。なお地頭は、単に土地の実力者というわけではなく、その権限は警察権、裁判権、徴税権などに及び、それらの権限は鎌倉幕府から法的な裏づけをもって与えられたものである。

「鎌倉幕府の地頭に補任されたものの職権内容については、必ずしも一定ではないが、一般には、荘園国衙領《こくがりょう》における下地管理権・徴税権、警察および裁判権などがあり、荘園公領制に楔《くさび》を打ちこむことになった。かかる地頭の職権を通じて、地頭は年貢の対捍《たいかん》・抑留や百姓名《ひゃくせいみょう》押領など、荘園や国衙領の侵略を行い、特に承久の乱以降には、荘園公領の領主権を侵犯し、土地支配権の根本を変革する動きが積極化し、地頭の領主化が進んだ」*2

日蓮大聖人を庇護した阿仏房には、弾圧の手が既に及んでいたと思われる。その緊迫感のゆえに日蓮大聖人に対し最蓮房は佐渡にいながら、書をもって法門について伺いを立てた。とはいえ両者を隔てるものは、絶対的なものではなかったこともまた本抄において窺える。

文末には次のように認められている。

「委細の旨又又申す可く候、恐恐謹言。
文永九年壬申二月十一日　　　桑門日蓮花押
最蓮房上人御返事」*3

「委細の旨又又申す可く候」という表現からして、書状のやり取りの後、また近いうちに会い、親しく話し合うことが予想される。

本抄は和合僧団の在り方、信仰する者に繋がる血脈、待望すべき広宣流布などについて書かれている。この内容からして最蓮房が日蓮大聖人の信頼を受けている最愛の弟子であるということがわかる。

「総じて日蓮が弟子檀那等・自他彼此の心なく水魚の思《おもい》を成して異体同心にして南無妙法蓮華経と唱え奉る処を生死一大事の血脈とは云うなり、然も今日蓮が弘通する処の所詮是なり、若し然らば広宣流布の大願も叶うべき者か」*4

日蓮大聖人は最蓮房に対し、異体同心にして題目を唱えることが「生死一大事の血脈」であると説示された。その上で、日蓮大聖人が弘通するところの最終的な目的は、日本の人々に血脈を継がせることに他ならないと述べられている。さすれば広宣流布の大願も叶うと、日蓮大聖人は末法の御本仏としての一大確信を披瀝《ひれき》されている。日蓮大聖人がこのように最蓮房に対して書かれるのは、同じ広宣流布の大願成就のために戦う弟子であるがゆえである。

そして日蓮大聖人は、弟子の裏切りにまず言及される。

「剰《あまつさ》え日蓮が弟子の中に異体異心の者之有れば例せば城者として城を破るが如し」*5

弟子の裏切りは、城者が城を破るようなものであると厳しく指摘された上で、日蓮大聖人の筆は、日蓮大聖人を佐渡に流罪にした邪宗の者に及ぶ。

「日本国の一切衆生に法華経を信ぜしめて仏に成る血脈を継《つ》がしめんとするに・還つて日蓮を種種の難に合せ結句此の島まで流罪す」＊6

日本国中の者たちが、日蓮大聖人を迫害する状況下において、最蓮房について次のように評価されている。

「而るに貴辺・日蓮に随順し又難に値い給う事・心中思い遣《や》られて痛《いたま》しく候ぞ、金は大火にも焼けず大水にも漂《ただよ》わず朽《く》ちず・鉄は水火共に堪えず・賢人は金の如く愚人は鉄の如し・貴辺豈《あに》真金に非ずや・法華経の金を持つ故か、経に云く『衆山の中に須弥山為《これ》第一・此の法華経も亦復是くの如し』又云く『火も焼くこと能わず水も漂わすこと能わず』云云、過去の宿縁追い来つて今度日蓮が弟子と成り給うか・釈迦多宝こそ御存知候らめ、『在在諸仏土常与師倶生《ざいざいしょぶつどじょうよしぐしょう》』よも虚事《そらごと》候はじ」＊7

この文を見れば、最蓮房が流人となった日蓮大聖人に従って佐渡に来た弟子であることが明白となる。最蓮房は日蓮大聖人の佐渡流罪に「随順」した弟子以外の何者でもない。日蓮大聖人は最蓮房の志を愛《め》でて「真金」であると評価されている。そのゆえは「法華経の金を持つ故」であると記されている。そして日蓮大聖人と最蓮房が三世を超えた師弟であることを称《たた》えて、法華経化城喩品《けじょうゆほん》第七の「在在諸仏土常与師俱生」を引かれている。

このように「生死一大事血脈抄」の文意を汲めば、最蓮房が日興上人であることが明らかとなる。

＊1 『日蓮大聖人御書全集』「生死一大事血脈抄」一三三六ページ

＊2 『国史大辞典』第六巻　九三一ページ

＊3 『日蓮大聖人御書全集』「生死一大事血脈抄」一三三八ページ

＊4 『日蓮大聖人御書全集』「生死一大事血脈抄」一三三七ページ

＊5 同前

＊6 同前

＊7 同前

第二項　塚原より一谷に移られた直後の警戒心

「最蓮房御返事」に書かれた虚妄の人的関係

しかし同じ文を見ても、その文をもって偽書の根拠とする者もいる。立正大学教授の執行海《しぎょうかい》秀《しゅう》は次のように記している。

「さて文永九年四月の賜書と伝ふる『最蓮房御返事』に、
夕さりは相構へ相構へ御入候へ。得受職人功徳法門委細申シ候はん。（八三六頁）〔定六二〇〕

とある文によれば、最蓮房はその当時佐渡にあつて、しかも聖人の膝下を去る事遠からざるところに居たもののやうである。而して今この『生死一大事血脈』に、

貴辺日蓮に随順し、又難に値ヒ給フ事、心中思ヒ遣られて痛しく候ぞ。（七四三頁）〔定五二三〕

とある文に徴すれば、この消息を賜はつた頃は既に佐渡に居たもののやうに解せられるの

である。而して最蓮房が彼の『最蓮房御返事』にいふが如く、聖人の近くに居たものであるとすれば、最蓮房がわざわざ書状を以て生死一大事の血脈を聖人に尋ねたといふことは聊《いささ》か不審である。即ち本書の冒頭に「御状委細令二披見一候畢」とあるのは、最蓮房が書状を以て尋ねた形式になつてゐる。この点考究すべき問題であらう」*1

執行は塚原配所、一谷配所を取り巻く状況について、もう一つ立ち入った理解ができていなかったようである。

「御状に云く去る二月の始より御弟子となり帰伏仕り候」*2

この御書の記述からして最蓮房が佐渡に来たのは、文永九年の二月の初めであったと思料される。この二月、多くの経《きょう》・論《ろん》・釈《しゃく》を引用した「開目抄《かいもくしょう》」が著わされている。日蓮大聖人が佐渡に着かれて著わされた最初の大部の御書である。最蓮房が日蓮大聖人に帰伏したとする時期（実際には日興上人が着島の時）と、日蓮大聖人が多くの引用文を駆使して「開目抄」を著わされた時期とがほぼ同じであるということは、決して偶然ではない。

「去年《こぞ》の十一月より勘《かんが》えたる開目抄と申す文二巻造りたり」*3

日蓮大聖人は前年の十一月一日に塚原に入られたが、その直後に早くも「開目抄」を著わすための構想を練られていた。そのために日蓮大聖人から日興上人に対して、必要な物資、経・論・釈など調達すべき物の名目が伝えられていたと思われる。

ここに日蓮大聖人が本土にいる信者へ、要望を伝えている書状がある。それを読めば、日蓮大聖人の執筆を支えるために強信な者たちが懸命に動いていたことを知ることができる。

例えば富木常忍に対しては、次のようなものが要請された。

「外典書の貞観政要《じょうがんせいよう》すべて外典の物語八宗の相伝等此等がなくしては消息もかかれ候はぬにかまへてかまへて給《たび》候べし」*4

日蓮大聖人は富木常忍に対し、「貞観政要」「外典の物語」「八宗の相伝」などを送るよう流罪地から直接、要望されている。

この御書などを読むと、島流しになっている日蓮大聖人は当然のことながら大変な状況にあったが、日蓮大聖人の要望に懸命に応えようとする弟子たちもまた心血を注ぎ東奔西走し、期待に応えようとしていたことが窺える。

佐渡において日蓮大聖人は多くの重書を著わされた。また日蓮大聖人の要望に沿い、弟子や檀那が佐渡を訪ねた。

佐渡における日蓮大聖人の戦いは、重書を著わすだけではなかった。並行して折伏戦を佐渡においても展開していた。そのもっとも象徴的な戦いは、正月十六日に塚原の堂の前で行なわれた塚原問答である。

このような戦いの中で、日蓮大聖人を囲む状況は、翩翩《へんぺん》として変わった。

日蓮大聖人がかねてから予言されていた自界叛逆難である二月騒動が、鎌倉、京都において起きた。本間重連はこの二月騒動の知らせを受けて、「いざ鎌倉」と島を離れた。

日蓮大聖人の弟子檀那の動向、鎌倉政権による日蓮大聖人に対する評価の変化、自界叛逆難、その他、諸々の出来事や思惑により、日蓮大聖人に対する佐渡の人びとの見る目も日々、変わった。

文永九年二月、駿河より日興上人が擬変《ぎへん》して佐渡に現われた。その最蓮房が日蓮大聖人のもとに届けたのは、食料、経・論・釈、紙、筆、墨、硯《すずり》などであったろう。最蓮房は人的な関係性を辿《たど》り糧道を作り、そのあと自らが日蓮大聖人に直接、会う方法などを徐々に固めていったと思われる。だが最蓮房が日蓮大聖人にお会いして法門を聞くか、あるいは書状をもって聞くかは一律に決められることではない。様々な工夫をして両者の通信方法もまた確立していったのだと思う。

その最蓮房が極寒の二月に島外より来て、日蓮大聖人にお会いしてすぐさま弟子になったということすら、佐渡の人びとから見れば、かなり訝《いぶか》しいことであったと思われる。危険を犯してでも、両者が会うか、あるいは書面で済ませるかは、充分な配慮をしてその都度、決断されたのであろう。

このような緊迫した状況は、表面化するしないにかかわらず日蓮大聖人の在島中、絶えずあった。

してみれば京より来た僧に身をやつしたと思われる日興上人が、塚原配所に意に従って入れる時、あるいは意に反して入れない時があったことは、容易に想像されるところである。

そして文永九年三月ころには、配所は塚原から一谷に移った。

そのように考えるならば、最蓮房が一谷配所を訪れている事実をもって、塚原配所に書状を持って法義を尋ねたことはおかしいと、常の判断をもって執行が不審を述べることは、あまりに短絡的すぎる。

十王の裁断と倶生神の呵責

さらに執行は、他者が「生死一大事血脈抄」に対し疑念を持っていることを挙げ、便乗的に不審の念を吐露してもいる。その不審の種火を点《つ》けたのは、『日蓮大聖人御書新集』を編纂した日蓮正宗の僧・佐藤慈豊《さとうじほう》である。佐藤は「生死一大事血脈抄」の中に「法華不信の者は『其の人命終れば、阿鼻獄に入る』と説かれたれば、定めて獄卒迎えに来つて、手をや取り候わんずらん。浅まし浅まし。十王は裁断し、倶生神は呵責せんか」との表記が見えることを疑点として、同抄を偽書と決めつけている。

『日蓮大聖人御書新集』の「高祖遺文録眞僞決畧評《りゃくひょう》」には次のように記されている。

「本抄に十王は裁斷し倶生神は呵責せん歟《か》と云へり。夫れ十王は佛説にあらず、支那某僧の所談なり。佛説と混同すべからず。加之《しかのみならず》倶生神は守護神なり呵責神にあらざるなり。已上の誤謬は聖筆ならざる明證なり」*5

この記述を引用して執行は次のように記している。

「『日蓮大聖人御書新集』の編者は『真偽略評』に本書の文中、『十王は裁断し、倶生神は呵責せん歟』(七四三頁)とある文について、倶生神は守護神なるをここに呵責神としてゐるのは本書の偽書なることを証するものであるといってゐる。而してこの説の是非は且《しばら》く別としても、本書の成立についてはなほ研究の余地があらうと思はれるのである」*6

佐藤は「聖筆ならざる明證」だとして、「十王は佛説にあらず、支那某僧の所談なり。佛説と混同すべからず」「倶生神は守護神なり呵責神にあらざるなり」との二つの論拠を挙げている。

十王信仰は平安時代末期から鎌倉初期にかけて日本に広がっていったものである。人間が死んだ後、地獄に落ちて七日ごとに七人、そして百箇日、一周忌、三回忌においてそれぞれ一人ずつ、合計して十人の地獄の審判官から裁断されるというのである。そしてその地獄において、倶生神が生前の記録係として善事も悪事も報告をする。このような由来を持つ「十王」は、確かに仏説ではない。

しかしながら「十王」の中には「閻魔《えんま》」がいる。そもそも「閻魔」は仏教以前から広範な地域で畏怖される神話上の存在で、死者の国を司《つかさど》る王であった。それが仏教に編入されて地獄の主となり、中国においては道教の影響を受けて「十王」の一人となった。そして日本においいても同様に、十王の一人として認識されていた。この「閻魔」が、「開目抄」「報恩抄《ほうおんしょう》」などの重書において、死者を裁く者として書かれている。

「良諝《りょうしょ》和尚云く『真言・禅門・華厳・三論乃至若し法華等に望めば是接引門《しょういんもん》』等云云、善無畏三蔵の閻魔《えんま》の責にあづからせ給しは此の邪見による後に心をひるがへし法華経に帰伏してこそ・このせめをば脱《のがれ》させ給いしか」*7

「善無畏三蔵は〈中略〉天台宗をそねみ《嫉》思う心つき給いけるかのゆへに、忽に頓死《とんし》して二人の獄卒に鉄の縄七すぢつけられて閻魔《えんま》王宮にいたりぬ」*8

「生死一大事血脈抄」では、獄卒に連れられた後に十王に裁断されるが、「開目抄」では閻魔の責めに遭い、「報恩抄」においては獄卒に縄をつけられて閻魔王宮に行く様子までが描かれている。この閻魔王宮に連れて行かれた者が、王宮で閻魔によって責められることは言うまでもない。

しかしながら、日蓮大聖人の仏法の本質的な教えからすれば、死後、地獄において「閻魔」によって裁断されるという思想はありえない。

譬喩品に曰く「其の人は命終して　阿鼻獄に入らん」

法華経譬喩品《ひゆほん》第三には死後の世界と生きている世界が活写されている。ただし生死ともに地獄の世界である。日蓮大聖人は、この「生死一大事血脈抄」においてその譬喩品第三の「其の人は命終して　阿鼻獄に入らん」との文を引用されている。しかしここには、「閻魔」による呵責などは説かれてはいない。

「若《も》しは仏の在世　若しは滅度の後に
其《そ》れ斯《かく》の如き経典を　誹謗《ひぼう》すること有《あ》らん
経を読誦し書持すること　有らん者を見て
軽賤憎嫉《きょうせんぞうしつ》して　結恨《けっこん》を懐《いだ》かん
此の人の罪報を　汝《なんじ》今復《ま》た聴け
其の人は命終《みょうじゅう》して　阿鼻獄に入らん
一劫《こう》を具足して　劫尽《つ》きなば更に生まれん
是《かく》の如く展転《てんでん》して　無数劫に至らん

地獄従《よ》り出でては　当《まさ》に畜生に堕《お》つべし
若し狗野干《くやかん》とならば　其の形は頷瘦《こっしゅ》し
梨黮疥癩《りとんけらい》にして　人に触嬈《そくにょう》せられ
又復《ま》た人の　悪《にく》み賤《いや》しむ所と為《な》らん
常に飢渇《けかつ》に困《くる》しんで　骨肉枯竭《こかつ》せん
生きては楚毒《そどく》を受け　死しては瓦石《がしゃく》を被《こうむ》らん
仏種を断ずるが故に　斯《こ》の罪報を受けん
若しは馲駝《たくだ》と作《な》り　或《あるい》は驢《ろ》の中に生まれて
身に常に重きを負い　諸《もろもろ》の杖捶《じょうすい》を加えられん
但《た》だ水草を念《おも》うて　余は知る所無けん
斯《こ》の経を謗《ぼう》ずるが故に　罪を獲《う》ること是《かく》の如し
有《あるい》は野干《やかん》と作《な》って　聚落《じゅらく》に来入《らいにゅう》せば
身体疥癩《けらい》にして　又《ま》た一目《いちもく》無からんに
諸の童子の　打擲《ちょうちゃく》する所と為《な》り
諸の苦痛を受けて　或時《あるとき》は死を致さん
此《ここ》に於《お》いて死し已《おわ》って　更に蟒身《もうしん》を受けん

其の形は長大《じょうだい》にして　五百由旬《ゆじゅん》ならん
聾騃《ろうげ》無足《むそく》にして　蜿転腹行《おんてんふくぎょう》し
諸の小虫《しょうちゅう》の　唼食《しょうじき》する所と為《な》りて
昼夜に苦を受くるに　休息《くそく》有ること無けん
斯《こ》の経を謗《ぼう》ずるが故に　罪を獲《う》ること是《かく》の如し」＊9（傍線は著者、以下同）

ここまでは阿鼻獄に堕ちた者が人間界に戻ることができず苦しんでいる様子が教示されている。この後は人間界に戻れた者の苦しみが説かれている。

「若《も》し人と為《な》ることを得ば　諸根は暗鈍《あんどん》にして
矬陋癵躄《ざるれんひゃく》　盲聾背傴《もうろうはいう》ならん
言説《ごんせつ》する所有らんに　人信受《しんじゅ》せじ
口の気《いき》常に臭く　鬼魅《きみ》に著《じゃく》せられん
貧窮下賤《びんぐげせん》にして　人の使う所と為《な》り
多病痟痩《しょうしゅ》にして　依怙《えこ》する所無く
人に親附《しんぷ》すと雖《いえど》も　人は意《こころ》に在《お》かじ

若し得る所有らば　尋《つ》いで復《ま》た忘失《もうしつ》せん
若し医道を修《しゅ》して　方《ほう》に順じて病《やまい》を治《じ》せば
更に他の疾《やまい》を増し　或は復た死を致さん
若し自ら病有らば　人の救療《くりょう》すること無く
設《たと》い良薬《ろうやく》を服すとも　而《しか》も復た増劇《ぞうぎゃく》せん
若しは他の反逆《ほんぎゃく》し　抄劫《しょうこう》し窃盗《せっとう》せん
是《かく》の如き等《とう》の罪は　横《よこし》まに其の殃《わざわい》に羅《かか》らん
斯《かく》の如き罪人は　永く仏
衆聖《しゅしょう》の王の　説法教化《きょうけ》したまうを見たてまつらじ
斯の如き罪人は　常に難処《なんしょ》に生まれ
狂聾心乱《おうろうしんらん》にして　永く法を聞《き》かじ
無数劫《むしゅこう》の　恒河沙《ごうがしゃ》の如きに於《お》いて
生まれては輒《すなわ》ち聾瘂《ろうあ》にして　諸根は具《ぐ》せざらん
常に地獄に処すること　園観《おんかん》に遊ぶが如く
余の悪道に在《あ》ること　己《おの》が舎宅《しゃたく》の如く
駝驢猪狗《だろちょく》　是れ其の行処《ぎょうしょ》ならん

斯《こ》の経を謗《ぼう》ずるが故に　罪を獲《う》ること是《かく》の如し
若し人と為《な》ることを得ば　聾盲瘖瘂《ろうもうおんあ》にして
貧窮諸衰《びんぐしょすい》　以《もっ》て自ら荘厳《しょうごん》し
水腫乾痟《すいしゅかんしょう》　疥癩癰疽《けらいおうそ》
是《かく》の如き等《とう》の病《やまい》　以て衣服《えぶく》と為《な》さん
身は常に臭処《しゅしょ》にして　垢穢《くえ》不浄に
深く我見《がけん》に著《じゃく》して　瞋恚《しんい》を増益《ぞうやく》し
婬欲《いんよく》は熾盛《しじょう》にして　禽獣《きんじゅう》を択《えら》ばじ
斯《こ》の経を謗《ぼう》ずるが故に　罪を獲《う》ること是《かく》の如し*10」

法華経譬喩品第三においては、法華誹謗の人が延々《えんえん》と苦しむ様子が綴《つづ》られていくが、地獄の主として裁断を下す「閻魔」などは描かれていない。また、綴られている苦しみの様相は、大部分が地獄から出た後のものである。したがって、地獄の審判官とされる十王とも関係がない。

一念の十界にして己心の三千

また日蓮大聖人がまったく異なる視座から、地獄について教示されている御書もある。「観心本尊抄」には地獄の大火などの一切、つまり一念三千のすべてが、人間の己心中にあることが示されている。

「其の外十方世界の断惑証果《だんなくしょうか》の二乗並びに梵天・帝釈・日月・四天・四輪王・乃至無間大城の大火炎等此等は皆我が一念の十界か己心の三千か、仏説為りと雖も之を信ず可からず」[*11]

この引用文は、己心中に地獄界から仏界までのすべてがあると説く「観心本尊抄」の主旨を理解できない者が、難詰《なんきつ》をなしたくだりである。地獄界から仏界に至る生命は、一人の人間の中に具《そな》わっている。その人間の生命が正報《しょうほう》として次々と変化をするが、その正報の変化に同調し一体性をもって依報《えほう》たる環境世界も変化をする。

この仏法の深淵に及ぶ質問に対し、日蓮大聖人は次のように答えている。

「寿量品に云く『然るに我実に成仏してより已来・無量無辺百千万億那由佗劫なり』等云云、我等が己心の釈尊は五百塵点《じんでん》乃至所顕の三身にして無始の古仏なり、経に云く『我本菩薩の道を行じて・成ぜし所の寿命・今猶未だ尽きず・復上の数に倍せり』等云云、我等が己心の菩薩等なり、地涌千界の菩薩は己心の釈尊の眷属なり、例せば大公・周公旦《たん》等は周武《しゅうぶ》の臣下・成王幼稚の眷属《けんぞく》・武内の大臣は神功皇后の棟梁《とうりょう》・仁徳王子の臣下なるが如し、上行・無辺行・浄行・安立行等は我等が己心の菩薩なり、妙楽《みょうらく》大師云く『当《まさ》に知るべし身土一念の三千なり故に成道の時此の本理に称うて一身一念法界に遍《あまね》し』等云云。〈中略〉今本時の娑婆《しゃば》世界は三災を離れ四劫を出でたる常住の浄土なり仏既に過去にも滅せず未来にも生ぜず所化以て同体なり此れ即ち己心の三千具足・三種の世間なり迹門十四品には未だ之を説かず法華経の内に於ても時機未熟の故なるか」[*12]

日蓮大聖人は、凡夫の生命に菩薩界と仏界が具わっていることを示された。菩薩界と仏界が凡夫に具わっているとすれば、地獄、餓鬼、畜生、修羅などの命もまた凡夫に具わっていることは間違いない。日蓮大聖人は、妙楽の「当《まさ》に知るべし身土一念の三千なり故に成道の時此の本理に称うて一身一念法界に遍《あまね》し」との文を引かれ一念三千がすべての人間に具わっているとされている。

同じ趣旨で日蓮大聖人は、次のようにも認《したた》められている。

「夫れ浄土と云うも地獄と云うも外には候はず・ただ我等がむね《胸》の間にあり、これをさと《悟》るを仏といふ・これにまよ《迷》ふを凡夫と云う、これをさと《悟》るは法華経なり、もし《若》しからば法華経をたも《持》ちたてまつるものは地獄即寂光とさとり候ぞ」*13

地獄も浄土も我が胸中にある。このことを悟るのが仏であり、迷うのが凡夫である。このように教示される日蓮大聖人が、善《ぜん》無《む》畏《い》三蔵《さんぞう》について「二人の獄卒に鉄の縄七すぢつけられて閻魔王宮にいたりぬ」などと書かれたのは、そのような地獄観が当時の一般的なものであるからにすぎない。日蓮大聖人はその時代風潮に沿い、その代表的な考えを適示し、誤《あやま》りを正《ただ》されたのである。

真蹟を含む日蓮大聖人の御書の事例からすれば、御書中に仏説でない表現や語句が使われているからといって、それを理由に偽書であると決めつける行為は、はなはだ危険である。ましてや日蓮大聖人の御書について脈絡を無視し、切《き》り文《もん》をもって真偽を判断するなどということは、仮初《かりそめ》にもあってはならない。

前記したように、このような手法を取り続けるならば、「閻魔」の語句が使われている「開目抄」も「報恩抄」も真蹟がなかったならば、偽書であるとの決めつけが行なわれる可能性すらあった。

薄っぺらにして狭隘な「倶生神」観

また次に、佐藤慈豊は「生死一大事血脈抄」が偽書である根拠として「倶生神は守護神なり呵責神にあらざるなり」とも言っている。「倶生神」とは同生天《どうしょうてん》と同名天《どうみょうてん》のことである。この二天は確かに守護神の一面を持っている。

「同生同名と申して二つの天生れしよりこのかた左右のかた《肩》に守護するゆへに失《とが》なくて鬼神あだむことなし」*14

しかし、それは倶生神の一面にすぎず、さらに詳しく倶生神について述べられている御書には次のように認められている。

「人の身には左右のかた《肩》あり、このかたに二つの神をはします一をば同名・二をば同生と申す、此の二つの神は梵天・帝釈・日月の人をまほらせんがために母の腹の内に入りしよりこのかた一生をわるまで影のごとく眼のごとく・つき随いて候が、人の悪をつくり善をなしなむどし候をば・つゆちりばかりも・のこさず天にうたへ《訴》まいらせ候なるぞ。華厳経の文にて候を止観の第八に天台大師よませ給へり、但し信心のよはきものをば法華経を持つ女人なれども・すつると・みえて候、例せば大将軍よは《弱》ければ・したがうものも・かひなし、弓よはければ絃《つる》ゆるし・風ゆるければ波ちゐさきは自然の道理なり」[*15]

「人の身には同生同名と申す二《ふたり》のつかひ《使》を天生《うま》るる時よりつけさせ給いて影の身に・したがふがごとく須臾も・はなれず、大罪・小罪・大功徳・小功徳すこしも・おとさず・かはるがはる天にのぼ《上》て申し候と仏説き給う、此の事ははや天も・しろしめしぬらん」[*16]

「同生同名」の二天は人の両肩にいて、その人のすべての行ないを見逃さず、善も悪も残らず天に報告をする神である。その報告に従って「梵天・帝釈・日月」などがその人を護るのであるが、その報告次第では天が「信心のよはきもの」を「すつる」こともある。なぜなら、「同生同名」の二天は「大功徳・小功徳」を天に報告するだけでなく、「大罪・小罪」をも報告するからである。

倶生神のこのような特質を理解していれば、「倶生神は守護神なり呵責神にあらざるなり」などという理由で「生死一大事血脈抄」を偽書だとする佐藤の論は、上《うわ》っ面《つら》を撫《な》でただけの薄っぺらなものであることがわかる。

倶生神はただ正確な報告者なのであって、善事を報告することは結果的に諸天の加護を呼ぶから「守護神」とも言えるだろうが、悪事を報告する時には人に天の治罰《ちばつ》を招くのであるから、その報告そのものが「呵責」となるという両義性があると見るべきだ。

しかしこの倶生神の話も、日蓮大聖人の仏法の本質から見れば、誘引のための方便である。読み手の理解を思いやっての筆の運びである。

「指して引き申すべき経文にはあらざれども予が法門は四悉檀《しつだん》を心に懸《か》けて申すならば強《あなが》ちに成仏の理に違わざれば且《しば》らく世間普通の義を用ゆべきか」*17

日蓮大聖人はそのご教示において、「世間普通の義」を用いられることがあることを記されている。

仏典に説かれていない「天照大神」「八幡大菩薩」

佐藤のように仏説でないものに論及していたら偽書であると言うならば、八幡大菩薩は仏説であろうか。言うまでもなく八幡大菩薩は応神《おうじん》天皇の神霊《しんれい》として始まる日本固有の神であって、硬直的な考えから見れば仏説とは関係がない。日蓮大聖人は八幡大菩薩の由来について「兄弟抄《きょうだいしょう》」において次のように説明されている。

「日本国の人王・第十六代に王をはしき応神天王と申す今の八幡大菩薩これなり」*18

日蓮大聖人の仏法においては、このような日本固有の神である八幡大菩薩だけでなく、天照大神も仏法の隆盛によって威光勢力を増す存在として位置づけられている。

「然《しか》して後仏法漸《ようや》く廃《すた》れ王法次第に衰《おとろ》え天照太神・正八幡等の久住の守護神《しゅごしん》は力を失い梵帝《ぼんたい》四天は国を去って已《すで》に亡国と成らんとす」*19

「教主釈尊より大事なる行者を法華経の第五の巻を以て日蓮が頭を打ち十巻共に引き散し

て散散《さんざん》に蹋《ふみ》たりし大禍は現当二世にのがれがたくこそ候はんずらめ日本守護の天照太神・正八幡等もいかでか・かかる国をばたすけ給うべきいそぎいそぎ治罰を加えて自科《みずからのとが》を脱がれんとこそはげみ給うらめ」[20]

八幡大菩薩や天照大神は、御書に登場するだけでなく、御本尊の中にも認《したた》められている重要な存在である。

以上、ここまで述べてきたような視点を佐藤の論は一切、持っていない。このような稚拙《ちせつ》さが明確に浮き上がっている佐藤の論を眼前にしても、執行海秀はそれを指摘することすらできなかった。執行は、「この説の是非は且く別として」などと判断を留保し、「本書の成立についてはなほ研究の余地があらうと思はれる」と結論を延ばすのみであった。

結論的に言えば「生死一大事血脈抄」に「十王」「倶生神」などの語句があったとしても、それを根拠に日蓮大聖人の御書としては不審であるとの扱いを受けるものではない。

「一念三千の法門をふりすすぎたてたるは大曼荼羅なり」

「生死一大事血脈抄」が認められたのが文永九年二月十一日。その九日後の二月二十日には

「草木成仏《そうもくじょうぶつ》口決《ぐけつ》」が最蓮房宛に書かれている。この御書は非情の成仏について認められたもので、御本尊御《ご》図顕《ずけん》にあたり、なくてはならない法門である。この御書の末尾は以下のとおり。

「一念三千の法門をふり《振》すすぎ《濯》たてたるは大曼荼羅なり、当世の習いそこないの学者ゆめにもしらざる法門なり、天台・妙楽・伝教・内にはかがみ《鑑》させ給へどもひろめ給はず、一色一香とののしり惑耳《わくに》驚心《きょうしん》とささやき給いて・妙法蓮華と云うべきを円頓止観と・かへさせ給いき、されば草木成仏は死人の成仏なり、此等の法門は知る人すくなきなり、所詮・妙法蓮華をしらざる故に迷うところの法門なり、敢《あえ》て忘失する事なかれ、恐恐謹言」*21

日蓮大聖人は佐渡流罪を契機に御本尊を御図顕された。ひとえに末法の民衆の幸せのためである。日蓮大聖人の出世の本懐もそこにある。その要《かなめ》ともなる御本尊御図顕についての法門を、最蓮房にまず教示されていることは、最蓮房がそれに相応《ふさわ》しい人物だからである。最蓮房が日興上人であればこそ納得できることである。

＊1『御義口伝の研究』三〇二ページ
＊2『日蓮大聖人御書全集』「最蓮房御返事」一三四〇ページ
＊3『日蓮大聖人御書全集』「種種御振舞御書」九一九ページ
＊4『日蓮大聖人御書全集』「佐渡御書」九六一ページ
＊5『日蓮大聖人御書新集』「高祖遺文録眞僞決畧評」三四ページ
＊6『御義口伝の研究』三〇三ページ
＊7『日蓮大聖人御書全集』「開目抄」二一六ページ
＊8『日蓮大聖人御書全集』「報恩抄」三一五ページ
＊9『妙法蓮華経並開結』「譬喩品第三」一九八ページ
＊10『妙法蓮華経並開結』「譬喩品第三」二〇三ページ
＊11『日蓮大聖人御書全集』「観心本尊抄」二四三ページ
＊12『日蓮大聖人御書全集』「観心本尊抄」二四七ページ
＊13『日蓮大聖人御書全集』「上野殿後家尼御返事」一五〇四ページ
＊14『日蓮大聖人御書全集』「種種御振舞御書」九二四ページ
＊15『日蓮大聖人御書全集』「四条金吾殿女房御返事」一一三五ページ
＊16『日蓮大聖人御書全集』「同生同名御書」一一一五ページ
＊17『日蓮大聖人御書全集』「太田左衛門尉御返事」一〇一五ページ
＊18『日蓮大聖人御書全集』「兄弟抄」一〇八五ページ
＊19『日蓮大聖人御書全集』「四信五品抄」三四三ページ
＊20『日蓮大聖人御書全集』「下山御消息」三六三ページ

＊21『日蓮大聖人御書全集』「草木成仏口決」一三三九ページ

第十節「最蓮房御返事」を誤読

都より来たとして擬装された「種種の物」

さて「生死一大事血脈抄」「草木成仏口決」の二抄が最蓮房に与えられたのは文永九年二月。同年四月十三日には「最蓮房御返事《さいれんぼうごへんじ》」が認《したた》められた。この御書を基に後代《こうだい》、誤った最蓮房像ができてしまう。この御書の冒頭には次のように認められている。

「御札の旨委細承り候い畢《おわ》んぬ、都よりの種種の物慥《たし》かに給び候い畢んぬ、鎌倉に候いし時こそ常にかかる物は見候いつれ・此の島に流罪せられし後は未だ見ず候、是れ体の物は辺土の小島にては・よによに目出度き事に思い候。

御状に云く去る二月の始より御弟子となり帰伏仕り候上は・自今以後は人数《ひとかず》ならず候とも御弟子の一分と思《おぼ》し食《め》され候はば恐悦《きょうえつ》に相存ず可く候云云」*1

そして文末は次のように締められている。

「余りにうれしく候へば契約《けいやく》一つ申し候はん、貴辺の御勘気疾疾《とくとく》許《ゆり》させ給《たま》いて都へ御上り候はば・日蓮も鎌倉殿は・ゆるさじとの給ひ候とも諸天等に申して鎌倉に帰り京都へ音信《おとずれ》申す可く候、又日蓮先立つてゆり《許》候いて鎌倉へ帰り候はば貴辺をも天に申して古京《こきょう》へ帰し奉る可く候、恐恐謹言」*2

さらに文中、次のような表現がある。

「我等は流人《るにん》なれども身心共にうれしく候なり」*3

これらの表記により最蓮房は京都から来た流人で文永九年二月に日蓮大聖人に帰伏したという人物像ができてしまった。

ところが最蓮房が帰伏したという二月に認められた「生死一大事血脈抄」には、以下のような記述が見られる。

「而るに貴辺・日蓮に随順し又難に値い給う事・心中思い遣《や》られて痛《いたま》しく候ぞ、金は大

火にも焼けず大水にも漂《ただよ》わず朽《く》ちず・鉄は水火共に堪えず・賢人は金の如く愚人は鉄の如し・貴辺豈《あに》真金に非ずや」＊4

日蓮大聖人は佐渡流罪に弟子として「随順」した最蓮房こと日興上人のことを労《いた》わり、その信心を「真金」であると評している。この「生死一大事血脈抄」の文、ならびにその他の師弟に関わる記述からしても、最蓮房が日蓮大聖人の流罪以前からの弟子であるという事実は動かない。本尊開顕の本義を詳《つまび》らかにした「草木成仏口決」の法門を教示したのも、最蓮房がもとよりの弟子であり、しかも流罪地までお供したがゆえであることは明らか。

二月に書かれた「生死一大事血脈抄」「草木成仏口決」と四月に書かれた「最蓮房御返事」とは、最蓮房の履歴において食い違いが生じている。ではいずれかが偽書かというとそうではない。いずれも説かれている内容は日蓮大聖人の法門の核心である。

ではどうして二月の二抄と四月の一抄の間で最蓮房の属性について齟齬《そご》があるのであろうか。この間、日蓮大聖人を取り巻く状況に大きな変化があった。一月十六日には塚原問答《つかはらもんどう》があり、日蓮大聖人が一方的に勝利した。二月十八日には鎌倉で起きた二月騒動《にがつそうどう》を知らせる伝令が佐渡に着き、守護代である本間六郎左衛門《ほんまろくろうざえもん》は一党を従えて鎌倉に向かった。本間たちが佐渡を離れたのは二月十八日である。本間は島を離れるにあたり、日蓮大聖人らの安全を考え塚原の配所から一谷《いちのさわ》の配所に移したと思われる。しかしながら一谷の預かり主は無論のこと、後に日蓮大聖人に心遣いを見せる宿の入道である一谷入道《いちのさわにゅうどう》も、日蓮大聖人が移った当初は日蓮大聖人を憎む者であった。

そもそも、日興上人はなぜ最蓮房と変名していたのか。変名する目的は、日蓮大聖人の弟子であるということを隠すことであった。そのことにより、両者の安全と自由な行動を少しでも得ようとしたと思われる。

私は日興上人が変名を使うにあたり当初より最蓮房を名乗ったとは思っていない。「蓮」という文字は「日蓮」の一字であり、それを弟子が一字とり擬変《ぎへん》の手段に使うことは考えられない。佐渡に入ってくる時は、違う名前を名乗り、日蓮大聖人に帰伏したと擬変するなかで、日蓮大聖人より日興上人に「最蓮房」という名が授けられたと考える。日興上人が佐渡に入るにあたり、もとより弟子でないということを偽《いつわ》るには、いずこから来たかということについて虚偽を述べる必要があった。地方出身であっても都に上っている他宗の僧であるということならば、少々の言葉訛《なまり》があったとしても、島の者に警戒されず日蓮大聖人と交流することができる。

無論、このようなことは想像の範疇《はんちゅう》を出ない。

しかし現に「生死一大事血脈抄」「最蓮房御返事」は、いずれも重要法門が書かれている。

それにもかかわらず、最蓮房の属性についてのみ擬変が見られるのである。その理由として考えられるのはただ一つ、他宗の僧に擬変して日興上人が佐渡に入島していた経緯があったからである。

このように考えていけば、最蓮房は当然のことながら流人などではない。

文永九年四月、一谷の日蓮大聖人より最蓮房に出された「最蓮房御返事」を読めば、日蓮大聖人のみならず最蓮房もまた法華経を身読《しんどく》する者である。

日蓮大聖人は化城喩品第七の「在在諸仏土　常与師倶生」を引かれ、日蓮大聖人と最蓮房こと日興上人の師弟の絆《きずな》が三世にわたるものであることを述べられている。さらに日蓮大聖人は「我等無始より已来師弟の契約有りけるか・無かりけるか・又釈尊の御使として来つて化し給へるか」と諭《さと》されている。

日蓮大聖人は最蓮房に「卯月八日・夜半・寅の時に妙法の本円戒」を授けている。そして「我等が成仏今度虚言ならば・諸仏の御舌もきれ・多宝の塔も破れ落ち・二仏並座は無間地獄の熱鉄の牀《ゆか》となり・方・実・寂の三土は地・餓・畜の三道と変じ候べし、争《いかで》か・さる事候べきや」と、日蓮大聖人と最蓮房こと日興上人、つまり「我等」の成仏が間違いないことが強調されている。

日興上人は「戒」について「富士一跡門徒存知《ふじいっせきもんとぞんち》の事《こと》」に以下のように記している。

「一、五人一同に云く、聖人の法門は天台宗なり仍つて比叡山に於て出家授戒し畢んぬ。日興が云く、彼の比叡山の戒は是れ迹門なり像法所持の戒なり、日蓮聖人の受戒は法華本門の戒なり今末法所持の正戒なり、之に依つて日興と五人と義絶し畢んぬ」*5

「最蓮房御返事」に記された「妙法の本円戒」と「富士一跡門徒存知の事」に記された「法華本門の戒」が同じ戒を示していることは明らか。このことからも最蓮房が日興上人であることが裏づけられる。

それではこれも先に紹介したが、「最蓮房御返事」の末尾の文についての私の見解を述べておこう。

「余りにうれしく候へば契約《けいやく》一つ申し候はん、貴辺の御勘気疾疾許《とくとくゆり》させ給《たま》いて都へ御上り候はば・日蓮も鎌倉殿は・ゆるさじとの給ひ候とも諸天等に申して鎌倉に帰り京都へ音信《おとずれ》申す可く候、又日蓮先立つてゆり《許》候いて鎌倉へ帰り候はば貴辺をも天に申して古京《こきょう》へ帰し奉る可く候、恐恐謹言」*6

最蓮房が佐渡に向かったのは、日蓮大聖人との三世にわたる「師弟の契約」があったからである。日蓮大聖人は最蓮房を評して、「経に云く『我於余国遣化人《がおよこくけんげにん》・為其集《いごしゅう》聴法衆《ちょうほうしゅ》・亦遣化《やくけんげ》随順不逆《ずいじゅんふぎゃく》』此の経文に比丘と申すは貴辺の事なり」とこの御書に記されている。「経文」とは法華経法師品《ほっしほん》第十である。

「薬王《やくおう》よ。我れは余国に於いて、化人《けにん》を遣《つか》わして、其《そ》れが為《た》めに聴法の衆を集め、亦《ま》た化《け》の比《び》丘《く》・比《び》丘《く》尼《に》・優《う》婆《ば》塞《そく》・優《う》婆《ば》夷《い》を遣わして、其の説法を聴かしめん。是《こ》の諸《もろもろ》の化人は、法を聞いて信受《しんじゅ》し、随順《ずいじゅん》して逆らわじ。若《も》し説法者は空閑《くうげん》の処《ところ》に在《あ》らば、我れは時に広く天・竜・鬼神・乾闥婆《けんだつば》・阿修羅《あしゅら》等を遣わして、其の説法を聴かしめん。我れは異国に在りと雖《いえど》も、時時《じじ》に説法者をして我が身を見ることを得《え》しめん」*7（傍線は著者）

最蓮房は法華経法師品第十の文のとおり、流罪地にいる法華経の行者を助けんがために、佐渡に現われたのである。師である日蓮大聖人の流罪が勧持品《かんじほん》第十三に予言されたものであるように、日興上人も最蓮房に身をやつし法師品第十に説かれたごとくに、末法の法華経の行者を護るため流罪地・佐渡に来《きた》った。それゆえに日蓮大聖人は自らの赦免《しゃめん》、最蓮房の赦免を「天」に求めると記しているのである。当然のことながらこの「天」とは、いまだ現われていない

「日天子」のことを指す。

「三光天子の中に月天子は光物《ひかりもの》とあらはれ竜口の頸《くび》をたすけ、明星天子は四五日已前に下りて日蓮に見参し給ふ、いま日天子ばかりのこり給ふ定めて守護あるべきかとたのもしたのもし、法師品に云く『則遣変化人為之作衛護《そくけんへんげにんいしさえご》』疑あるべからず」*8

末法の御本仏・日蓮大聖人のご境界からみれば、竜《たつ》の口《くち》の法難《ほうなん》において斬首《ざんしゅ》を免《まぬか》れたのは「月天子」の計《はか》らいということになる。「月天子」とは、九月十二日より十三日にかけての夜、鎌倉幕府において日蓮大聖人の斬首を取りやめにし、佐渡流罪の含みを持ち依智への移送を命じた人びと、これらの判断と動きはつまるところ執権・北条時宗に行き着く。

この四条金吾宛の御書は、竜の口の法難直後である文永八年九月二十一日に認められたものである。

日蓮大聖人が同じ御書において「明星天子」の働きとされているのは、斬首が明確に中止となり、流罪に処分が復したことを指す。この働きをした者が、総じて「明星天子」である。別して言えば「明星天子」もまた執権・時宗ということになる。

そして、予期される佐渡流罪が赦免されることについては、「日天子」の守護によるとされている。この「日天子」もまた日蓮大聖人を死罪にしたり、流罪のまま佐渡に置いておくことが、国家の安寧にとって不利益であると判断する者たちのことを指す。当然のことながら、日蓮大聖人の佐渡よりの赦免もまた詮《せん》ずるところ時宗の判断に帰する。

日蓮大聖人ならびに最蓮房こと日興上人の法華経に予言された流罪地での生活、その軛《くびき》を解き放つのは「日天子」である。日蓮大聖人は「日天子」の働きにより必ずや二人そろって、流罪より赦免されることをこの「最蓮房御返事」の末尾において述べられているのである。

法華経授記品《じゅきほん》第六には、「魔《ま》及び魔民有りと雖《いえど》も、皆《み》な仏法を護らん」*9と明示されている。時宗らは紛れもなく魔としての働きをなし日蓮大聖人を迫害してきた。その時宗らが、つまるところ日蓮大聖人を救護する日が来る。授記品第六は「魔及び魔民」が変じ法華経の行者を護る日の到来することを記している。

流罪赦免と「日天子」

日蓮大聖人および弟子檀那に対する謀計は、日蓮大聖人が依智《えち》におられる時のみならず、佐渡におられる時も間断なく続く。他宗の者らは鎌倉において人を殺し火をつけるなどした。そしてそのような非道なことを行なったのは、日蓮大聖人の弟子らであるとして上訴した。謀略に発する虚偽の風聞は、幕府の権力者並びにその妻により喧伝された。またこれらの根拠なき噂の核にはいつも日蓮大聖人を憎む坊主らがいた。

竜の口の法難の直後である九月十三日、時宗の館で日蓮大聖人をどのように処するかについて論争があった。陰陽師は日蓮大聖人を「すぐにでも鎌倉に戻さなければ世の中がどのように乱れるかわからない」と言い、また端的に「許したほうがいい」と主張する者もおり、さらには日蓮大聖人が「百日の内にいくさが起きると言っているのだから、それを見届けた後でもいいではないか」という者もいた。

この論争の詳細は、早くも九月十四日に依智の日蓮大聖人のもとに伝えられていることが御書によって確認される。鎌倉より依智まで情報をもたらしたのは「十郎入道」である。

この情報によれば時宗の身近にいる者たちには、即座に日蓮大聖人を極刑にすべきだという意見を持つ者がいないことがわかる。

この間も、火付け、殺しなどの罪を日蓮大聖人一門にかぶせ、日蓮大聖人を極刑に至らしめようとする謀略は続いていた。日蓮大聖人が佐渡に着島された以降においても、日蓮大聖人が赦免《しゃめん》されることのないよう執拗に続けられた。

しかしながら浅智に基づく謀略による追い落としは、時を経るとともにおのずから真相が明らかとなってくる。人を貶《おとし》めようとした謀略が破綻《はたん》した時、その仕組まれた謀略の加害性が明らかとなり、これまで誤った情報により操作されてきた者たちは覚醒《かくせい》し、真の被害者を救済する。

日蓮大聖人が時宗により赦免されたのは、このような事情による。時宗は、誤った情報がどのように作り出され、どのように伝播し、どのように自分の判断を狂わせてきたかを知ったのである。時宗は最高権力者として、決してなしてはならない誤判断をしたことに気づき、日蓮大聖人を赦免とする。

「故《こ》最明寺殿の日蓮をゆるしし と此の殿の許《ゆる》ししは禍《とが》なかりけるを人のざんげん《讒言》と知りて許ししなり」*10

「科《とが》なき事すでに・あらわれて・いゐし事もむなしからざりけるかの・ゆへに、御一門・諸大名はゆるす《許》べからざるよし申されけれども・相模守殿の御計らひばかりにて・つい《終》にゆり《許》て候いて・のぼり《登》ぬ」*11

日蓮大聖人が依智の本間邸において予見されたとおり、鎌倉幕府の最高実権者である時宗が「日天子」としての働きをなし、日蓮大聖人を赦免にしたのである。

＊1『日蓮大聖人御書全集』「最蓮房御返事」一三四〇ページ

＊2『日蓮大聖人御書全集』「最蓮房御返事」一三四三ページ

＊3 同前

＊4『日蓮大聖人御書全集』「生死一大事血脈抄」一三三七ページ

＊5『日蓮大聖人御書全集』「富士一跡門徒存知事」一六〇二ページ

＊6『日蓮大聖人御書全集』「最蓮房御返事」一三四三ページ

＊7『妙法蓮華経並開結』「法師品第十」三六七ページ

＊8『日蓮大聖人御書全集』「四条金吾殿御消息」一一一四ページ

＊9『妙法蓮華経並開結』「授記品第六」二五七ページ

＊10『日蓮大聖人御書全集』「聖人御難事」一一九〇ページ

＊11『日蓮大聖人御書全集』「中興入道消息」一三三三ページ

第十一節 先人がことごとく解釈を間違った「祈禱経送状」

「病者」でもなければ「流人」でもない最蓮房

「祈禱経」とは「末法一乗行者息災延命所願成就祈禱経文」のことである。「祈禱経送状」とは「祈禱経」を日蓮大聖人から最蓮房に授けるにあたり認《したた》められたものである。最蓮房が「流人」でないことは、文永十年正月二十八日に認められた「祈禱経送状」によっても証される。同「送状」には次のように認められている。理解を助けるため本文引用のあとに通解を付した。

「一御山籠《おんやまごもり》の御志しの事、凡そ末法折伏の行に背くと雖も病者にて御座候上《うえ》・天下の災《さい》・国土の難《なん》・強盛に候はん時・我が身につみ知り候はざらんより外は・いかに申し候とも・国主信ぜられまじく候へば・日蓮尚籠居《ろうきょ》の志候、まして御分の御事はさこそ候はんずらめ、仮使《たとい》山谷に籠居候とも御病も平癒して便宜も吉候はば身命を捨て弘通せしめ給ふべし」[*1]（傍線は著者、以下同）

〈通解〉御山籠の御志のことについて。

総じて末法の折伏の修行に背《そむ》くことではありますが、（国主が正法誹謗の）病人であられる上、天下の災い、国土の難が強く盛んである時、（国主が）我が身に（正法誹謗の）罪があることを知らない限りは、いかに申しても国主は信じられないので、日蓮もなお籠《こも》っていようとの思いでいます。

ましてや、あなたのことを思えば、（私が籠居するのと）同じような状況でしょう。たとえ（このたび）山谷に籠ったとしても、（国主の）御病気も平癒《へいゆ》して、よい状況になれば身命を捨てて弘通していきましょう。

ところが京都において多くの御書を講義した日健《にちごん》は、「祈禱経送状」の骨子の意味するところがわからず誤った解釈をした。これが今日《こんにち》まで続く「病者」についての間違いの発端である。

「我カ身病者ナレバ山ニ籠リ居タイ由ヲ御申シアル也」*2

日健は、「病者」に迷っている。それゆえに「送状」それ自体の骨子並びに枝葉ことごとくに迷い、なんらの解釈もできていない。「病者」とは法華経の行者を弾圧している北条時宗である。それを「病者」が最蓮房であると勘違いして、日蓮大聖人に最蓮房が山籠もりの申し出をしたと解釈している。しかしながら、引用文末を見てもわかるように、日蓮大聖人もまた「日蓮尚籠居の志候」と記されている。しかし日蓮大聖人は「籠居の志」があると仰せになっているとはいえ、決して「病者」ではない。

日蓮大聖人は「観心本尊抄」において「病者」について書かれた涅槃経《ねはんぎょう》を根拠として、次のように認められている。

「涅槃経に云く『譬えば七子あり父母平等ならざるに非ざれども然れども病者に於て心則《すなわ》ち偏《ひとえ》に重きが如し』等云云、已前《いぜん》の明鏡を以て仏意を推知《すいち》するに仏の出世は霊山八年の諸人の為に非ず正像末の人の為なり、又正像二千年の人の為に非ず末法の始め予が如き者の為なり、然れども病者に於いてと云うは滅後法華経誹謗の者を指すなり、『今留在此《こんるざいし》』とは『於此好色香薬而謂不美《おしこうしきこうやくにいふみ》』の者を指すなり」＊3

涅槃経の原文は、以下のようになっている。

「譬如一人而有七子。是七子中一子遇病。父母之心非不平等。然於病子心則偏多。大王。如來亦爾。於諸衆生非不平等。然於罪者心則偏重」*4

これらの涅槃経の文や御書に照らしてもわかるように、「病者」とは法華誹謗《ほっけひぼう》の罪を犯している者である。その「病者」である国主（時宗）が弾圧を強めているがゆえに、しばらく活動を自重しようというのが「山籠《やまごもり》」の意である。それゆえに「祈禱経送状」において、最蓮房に次のように呼びかけられている。

「仮使《たとい》山谷に籠居候とも御病も平癒して便宜も吉候はば身命を捨て弘通せしめ給ふべし」*5

弾圧の手が緩んだならば、再び弘通しようとの意欲を示されている。

「病者」は国主であり、その「病者」の国主が弾圧を強めている。この日蓮大聖人と最蓮房に共通する時代状況並びに国家権力中枢の動向について暗喩《あんゆ》して書かれた記述を、今日まで最蓮房が病がちであったと誤認してきた。

考えてみれば簡単なことである。

もし最蓮房が「流人」ならば「山籠」などできるはずがない。「流人」が配所より出て、他所で起居すれば、それは配所より逃亡することに他ならない。最蓮房が「山籠」をすると誤った読みをしている者は自家撞着に陥る。最蓮房が流人であることと「山籠」することは整合しない。つまり「山籠」する者は「流人」ではない。

最蓮房が「流人」であるとする誤りは日健に始まる。「病者」なる者の解釈の間違いは、現代に至るまで日蓮宗各門流において踏襲されている。

「祈禱経」「祈禱経送状」は血脈相承の書

この「祈禱経送状」が寛文《かんぶん》九（一六六九）年に発行された刊本『録内《ろくない》』に掲載されている。この「祈禱経送状」の末尾は、次のようになっている。

「不レ可レ授二與之一候歟穴賢穴賢恐恐謹言

正月二十八日　　日蓮在御判

最蓮房　御返事」*6

この御書の対告衆は、最蓮房である。刊本『録内』はこの但《ただ》し書きの後、興味深い文章を付

刊本『録内』掲載「祈禱経送状」の末尾

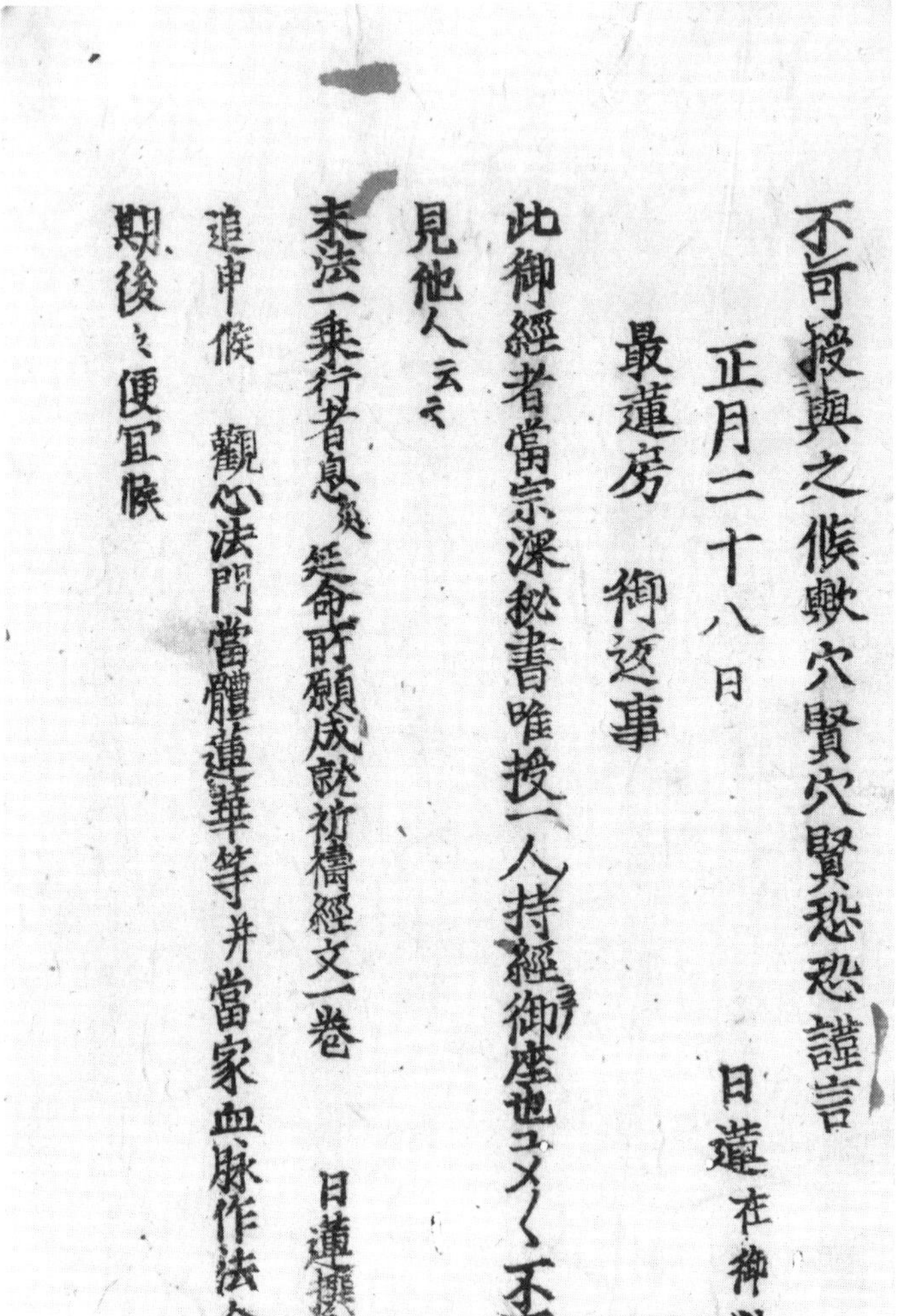
不可授與之候歟穴賢穴賢恐恐謹言
正月二十八日　日蓮在御判
最蓮房　御返事
此御經者當宗深秘書唯授一人持經御座也ユメ〱不可
見他人云云
末法一乗行者息災延命所願成就祈禱經文一巻　日蓮撰之
追申候　觀心法門當體蓮華等并當家血脈作法今
期後々便宜候

記している。この文章を書いた者は、当然のことながら日蓮大聖人ではなく、最蓮房すなわち日興上人、あるいは連なる一宗の長たる者であろう。そして但し書きは次のように続く。

「此御經者當宗深秘書唯授一人ノ持經ニテ御座也ユメ〳〵不可見他人云云」[*7]

この文中、「當宗深秘書」「唯授一人ノ持經」という文言があることからして、「祈禱経」ならびに「祈禱経送状」は日興門流のいずれかに所在していなければならなかったものである。しかしそれらの血脈相承の書とされる御真筆の行方は知れない。

＊1『日蓮大聖人御書全集』「祈禱経送状」一三五六ページ
＊2『御書鈔下』一五九二ページ
＊3『日蓮大聖人御書全集』「観心本尊抄」二五三ページ
＊4『大正新脩大蔵経』第十二巻　四八一ページ
＊5『日蓮大聖人御書全集』「祈禱経送状」一三五七ページ
＊6『録内御書』三十八巻二十二丁
＊7 同前

第三章 阿仏房の虚像と実像

第一節 阿仏房の真の姿

第一項 阿仏房は順徳上皇に供奉して佐渡の先住民の「いびす」

阿仏房は順徳上皇に供奉して佐渡に来たとする虚妄

承久《じょうきゅう》三（一二二一）年五月、後鳥羽上皇《ごとばじょうこう》とその近臣たちが執権・北条義時《よしとき》を打倒する目的で挙兵したが、その後わずか一カ月で大敗し、京都は鎌倉方により占領された。後に「承久の乱」などと呼ばれるこの戦《いくさ》によって、後鳥羽上皇は隠岐《おき》に、その子である土御門《つちみかど》、順徳《じゅんとく》の両上皇はそれぞれ土佐、佐渡に流された。

順徳上皇の佐渡流罪に供奉《ぐぶ》して佐渡に渡ってきた遠藤為盛《えんどうためもり》という北面《ほくめん》の武士《ぶし》が阿仏房《あぶつぼう》であるとする根深い説がある。しかも阿仏房の享年は九十一であるとする。

この誤った阿仏房像は、歳月を経て醸成されてきたものである。そして日蓮宗各門流においてごく当たり前のように今日《こんにち》まで喧伝されてきた。

阿仏房が順徳上皇に供奉してきた武士であるかどうかを判別することは、阿仏房の出自に迫ることでもある。同時に、阿仏房の真の姿を知ることにより、日蓮大聖人と佐渡を代表する有力檀越《だんのつ》との出会い、交流がどのようなものであったかをより正確に知ることができる。

『吾妻鏡』と『承久記』に載っていない阿仏房

鎌倉時代に成立した歴史書である『吾妻鏡《あづまかがみ》』には、佐渡に流された順徳上皇に当初、三人の武士がつき添いながらも、一名は病《やまい》によって途中で帰京し、もう一名もまた重病となって寺泊《てらどまり》に留まったと記されている。結局、『吾妻鏡』に名が記された者のうち、順徳上皇に供奉して佐渡に渡った武士は「上北面左衞門大夫康光」ただ一名であった。阿仏房とされる遠藤為盛の名はそこには見当たらない。該当箇所は以下のとおりである。

「廿日　壬寅　陰る。新院（順徳）佐渡國に遷御したまふ。花山院（一條）少將能氏朝臣・左兵衞佐範經・上北面左衞門（源）大夫康光等供奉す。女房二人同じく參る。國母修明門院・中宮一品宮（立子）・前帝以下、別離の御悲歎、甄録《けんろく》に遑《いとま》あらず。羽林（能氏）病によつて路次より歸京す。武衞（範經）また重病を受け、越後國寺泊の浦に留まる。およそ両院《りょういん》の諸臣、存沒の別れ、彼是《かれこれ》共に傷嗟《しょうさ》せずといふことなし。哀慟甚しき、これを如何にせん」[*1]

また『承久記《じょうきゅうき》』にも順徳上皇に供奉した者たちの名が記されている。

「同廿二日、新院、佐渡の國へ被レ移《うつされ》させ給ふ。御供には、冷泉《れいぜい》の中將爲家朝臣・花山院の少將茂氏・甲斐兵衞佐教經、上北面《じょうほくめん》には藤左衞門大夫安光、女房右衞門の佐局《すけのつぼね》以下女房三人參り給ふ。角《かく》は聞へしかども、冷泉中將爲家朝臣、一まどの御送りをも不レ被レ申《もうされず》、都に留り給ふ。花山院の少將は、路《みち》より勞《いた》はる事有りとて歸り被レ上《のぼらせ》ければ、いとゞ御心細くぞ思召しける。越後國寺泊に著《つか》せ給て、御船に被レ召けるに、甲斐兵衞佐教經、病《やまい》大事に御座《おはし》ければ、御船にも不レ被レ乘《のられず》、留められけるが、軈《やが》て彼《か》しこにて失せ給にけり。新院、佐渡へ渡らせ給（へば）、都より御送の者共御輿《みこし》かき迄《まで》も御名殘《なごり》惜ませ給て、『今日計《ばかり》、明日計』と留めさせ給ふ」[*2]

この『承久記』には、『吾妻鏡』に記載された供奉の者たちに加えて、藤原定家《ふじはらのていか》の子である藤原為家《ためいえ》の名が見えるが、この為家は順徳上皇を見送りすらせずに京に留まったとされており、そのほか、花山院《かざんいん》は途中で帰京し、教経《のりつね》（=範経）は寺泊に留まり、北面の武士である安《やす》光《みつ》（＝康光）のみが佐渡に供奉したと記されている。

『吾妻鏡』『承久記』ともに、順徳上皇に供奉した者たちの事情は同様である。阿仏房の本名とされる遠藤為盛の名前はいずれにも確認することができない。

『承久記』の記述によれば、「都より護送の者共」に対しても、順徳上皇は別れを惜しんでおり、供奉の者がいかに少なく、順徳上皇が心細く思っていたかを窺い知ることができる。

ただ、『吾妻鏡』の記載では、「上北面左衞門大夫康光等供奉す」とあり、この「等」の一字に阿仏房の別称とされる遠藤為盛が含まれる可能性もあると指摘する者もあろう。

佐渡にはない順徳上皇の墓

順徳上皇の墓所が佐渡に所在するならば、上皇供奉の武士たちはその墓を守り追善回向するのが取るべき道である。

たしかに佐渡には「真野御陵《まのごりょう》」という順徳上皇由来の塚が所在する。しかし、それは佐渡観光協会ですら順徳上皇の墓であることを否定している。

「正式には『順徳天皇御火葬塚』。順徳上皇は『承久の乱』で佐渡配流となり、在島22年の末1242年、46歳で崩御。翌日火葬され、その跡に松と桜を植え目印としたのがこの火葬塚です。御遺骨は翌年帰京。父帝・後鳥羽上皇墓所のかたわらに安置されました。火葬塚は御陵と同格扱いで宮内庁の管理。近くに順徳上皇を祀った真野宮があります」[*3]

本来「真野御陵」を順徳上皇の墳墓《ふんぼ》であるとして、佐渡観光の振興に役立てたいはずの同協会ですら、「真野御陵」は単なる火葬の場であって、そこに順徳上皇の遺骨はないと公表しているのである。

では、順徳上皇の墓すなわち御陵はどこに所在するのであろうか。順徳上皇は仁治《にんじ》三（一二四二）年九月十二日に佐渡にて崩御《ほうぎょ》し、翌日には火葬にされた。そして翌年、佐渡に供奉した者が、順徳上皇の父である後鳥羽上皇の墓所のある京都大原《おおはら》に持参している。この「大原陵」について、『国史大辞典』は次のように記している。

「**おおはらのみささぎ　大原陵**　後鳥羽天皇と順徳天皇の陵。京都市左京区大原勝林院町にあり、三千院の北隣にあたる。〈中略〉（仁治）三年九月十二日佐渡にて順徳天皇が崩御、翌日火葬、御骨は侍臣が翌寛元元（一二四三）年四月大原に持参、五月十三日後鳥羽天皇の法華堂に納めた」[*4]

ここでいう「侍臣」とは、順徳上皇に供奉して佐渡に渡った武士として、ただ一人その名の残る康光のことである。もし阿仏房が康光の家臣であったならば、康光に従い大原に向かったはずである。仮に阿仏房が康光の家臣でなかったとしても、もとより阿仏房が順徳上皇に供奉した武士であるならば、順徳上皇崩御の後は御骨を守るために康光に同道して京都大原に向かい、陵《みささぎ》を守り、その終生を過ごしたはずである。

よって阿仏房が順徳上皇供奉の北面の武士であるならば、順徳上皇崩御の後は、その身は佐渡にあらず京都大原にあるべきである。阿仏房が順徳上皇崩御の後においても佐渡にいるという事実は、阿仏房が順徳上皇供奉の武士でないことを何よりも示す事実である。

阿仏房の年齢

日蓮大聖人が文永《ぶんえい》十一（一二七四）年三月に佐渡を離れ、鎌倉を経由して身延に入られてからも、阿仏房は日蓮大聖人への思慕の念きわめて篤《あつ》く、文永十一年から弘安《こうあん》元（一二七八）年七月までの五年間に三度、身延の日蓮大聖人を訪ねている。

「去《い》ぬる文永十一年より今年《ことし》弘安元年まではすでに五箇年が間・此の山中に候に佐渡の国より三度まで夫をつかはす」*5

この弘安元年七月二十八日付で執筆された千日尼宛《せんにちあま》の御書以外に、同年「後十月十九日」付の同じく千日尼宛の御書がある。この二つの御書が書かれた間、阿仏房が身延にずっと逗留していたとは考えづらい。阿仏房は弘安元年七月に身延に詣でいったん佐渡に帰り、再び同年閏《うるう》十月に日蓮大聖人を訪《おとな》うたと判断される。七月の「千日尼御前御返事」を読めば千日尼の父の十三回忌として「ぜに《銭》一貫もん」を阿仏房が身延まで届けたことが記されている。また閏十月の「千日尼御前御返事」を見れば、「青鳧《ぜに》一貫文・干飯《ほしいい》一斗・種種の物」がご供養として日蓮大聖人のもとに阿仏房によって届けられたことが確認される。この二つの御書に書かれたご供養を見れば、いずれも銭一貫文を届けているが、七月のものは千日尼の父の十三回忌のために届けられたものであり、閏十月のご供養は阿仏房、千日尼の連名によってなされたことが窺える。この閏十月の身延参詣は七月同様に阿仏房によってなされ、その時の返状は千日尼宛となっている。

この日蓮大聖人を慕い佐渡より遠路わざわざ訪ねている阿仏房の事績は、延山詣でや石山詣でを奨励するには格好の素材であった。しかもその利用価値のある阿仏房は高齢であるほど都合がよかったのである。それが事実を長年に亘り覆い隠した。
それはさておき、弘安元年七月に認《したた》められた「千日尼御前御返事」によれば、阿仏房は五年間に三度、日蓮大聖人にお会いするために身延へ詣でている。加えて弘安元年閏十月に認められた「千日尼御前御返事」によれば、阿仏房は同年閏十月にも身延を訪れている。すると阿仏房は五年間に四度、身延を訪れていることとなる。このことは、阿仏房が老人ではなく壮年であったことを示す一つの大きな証拠である。弘安元年七月には、阿仏房と国府入道《こうにゅうどう》は共々に日蓮大聖人のもとを訪ねようとした。だが、子供がいない国府入道は、早稲《わせ》の世話に支障が出るとして、途中で引き返している。

「こう入道殿は同道にて候いつるが・わせ《早稲》は・すでに・ちかづきぬ・こ《子》わなし・いかんがせんとて・か《帰》へられ候いつると・か《語》たり候いし」*6

国府入道には子供がいなかったが、阿仏房には子供がいた。その子供は農作業の手伝いができる程度の年頃であった。
前年に日蓮大聖人のもとを訪れていた阿仏房は、弘安二（一二七九）年三月二十一日に佐渡において亡くなった。この年の七月二日、息子の藤九郎《とうくろう》が阿仏房の舎利《しゃり》を首から掛けて、身延の日蓮大聖人のもとを訪れている。

「其の子藤九郎守綱は此の跡をつぎて一向法華経の行者となりて・去年は七月二日・父の舎利を頸《くび》に懸《か》け、一千里の山海を経て甲州・波木井《はきり》身延山に登りて法華経の道場に此れをおさめ、今年は又七月一日《ふづきついたち》身延山に登りて慈父のはかを拝見す、子にすぎたる財《たから》なし・子にすぎたる財なし」*7

阿仏房の焼骨は身延山に埋葬された。藤九郎は翌弘安三年七月にも身延山を訪れ、父の墓参をしたことが、この御書の引用箇所からわかる。

着目すべきは、千日尼に対して日蓮大聖人が「子にすぎたる財《たから》なし・子にすぎたる財なし」と、身延まで訪ねてきた藤九郎のことを誉められていることである。この記述の前には、父の安否を他国まで尋ねて行く子供の逸話が記されている。その逸話に登場する子供について日蓮大聖人は「をさなき物なり」と記されている。この「をさなき物なり」とは、言うまでもなく藤九郎を想起してのことである。

日蓮大聖人は文永八年に塚原に入られた。この時、阿仏房夫妻は塚原の堂を訪ね夜中に食事などを運んでいる。だが藤九郎は同行していない。藤九郎は幼すぎて物の役には立たなかったと思われる。これらのことを勘案すると藤九郎が二度目の身延詣でをした弘安三年、藤九郎は二十歳前後だと思われる。

さらに藤九郎が阿仏房二十歳前後の時にできた子供と推測すると、阿仏房の享年は四十前後と考えられる。阿仏房が九十歳を超えて亡くなったなどということは論外である。

もし「阿仏房九十一歳説」を認めるならば、藤九郎が七十歳前後の年寄りであるのに、日蓮大聖人が千日尼に「子にすぎたる財《たから》なし」と呼びかけられたなどという、ありうべからざることを想像せざるをえない。

もはや阿仏房に対する虚像は廃すべきだろう。

その後、この阿仏房の「彦」(孫またはひ孫)は、日興上人の弟子となったことが日蓮大聖人の真筆御本尊に認《したた》められた日興上人の添書「佐渡國法花東梁阿佛房彦如寂房日滿相傳 之」により確認される。*8

日蓮大聖人に直接、縁のあった佐渡の有力檀越《だんのつ》およびその子孫、そして寺は、日興上人健在の時は、みな日興上人の門流であった。国府入道に由来する世尊寺、一谷入道《いちのさわにゅうどう》に由来する妙照寺もまたそうであった。

作出された系図と阿仏房

筑波大学教授であった田中圭一《たなかけいいち》は、昭和四十六（一九七一）年に『日蓮と佐渡』を著わしたが、その後、同書が『新版　日蓮と佐渡』として平安出版より平成十六（二〇〇四）年三月に再刊された際、佐渡の地誌並びに系図などに基づき、より一層、史実に裏づけられた阿仏房像を示した。以下、その要約を示す。

十六世紀中頃から佐渡で栄えた柳屋遠藤家が系図を作るに際し、摂津《せっつ》渡辺党の「遠藤系図」から為盛、盛綱、盛正、盛安の四名をそのまま抜き出して、その血筋に連なるものとして柳屋遠藤家の系図を作りあげた。系図の始まりが柳の絵であることから、柳屋が栄えたころに製作された系図であることは疑いようがない。

その後、十六世紀末になって直江兼続《なおえかねつぐ》の権力と経済力を背景にして阿仏房妙宣寺が現在地に建立され、周囲の文物の収集に努めた結果、世尊寺にあるべき柳屋遠藤家の系図が妙宣寺にわたり、そこでこの柳屋遠藤家の系図が阿仏房の系図に転用された。その契機となったのは、「千日尼御返事」に出てくる阿仏房の子「藤九郎守綱《もりつな》」と、柳屋遠藤家の系図に出てくる「盛綱」が同じ音の「もりつな」であったことによる。このことから、摂津渡辺党の系図を抜き出して潤色された柳屋遠藤家の系図が、時を隔てて、今度は阿仏房と関係があるかのようにさらに潤色された。すなわち柳屋遠藤家の系図に、「故阿仏―日得」「法名後ノ阿仏」「法名妙覚」「法名妙行」などの脇書《わきがき》が、為盛など各人の名前の横になされたのである。この脇書が系図に添加された時から、阿仏房は遠藤為盛であるということになってしまった。

以上が田中説の概略である。

この田中の研究によって、阿仏房に関わる潤色は時を経て二段階にわたって行なわれたことがわかる。まず柳屋遠藤家が由緒を誇るために、摂津渡辺党に連なる系図が作り出された。その後さらにその系図に「盛綱」などの脇書がなされ、阿仏房の家系と結びつけられた。

このような系図の作出をしているということは、阿仏房が順徳上皇供奉の武士ではないなによりの証拠である。

阿弥陀仏とは関係のない「阿仏房」という呼称

佐渡の宗教的状況について、日蓮大聖人は「呵責謗法滅罪抄《かしゃくほうぼうめつざいしょう》」に認《したた》められている。

「此の佐渡の国は畜生の如くなり又法然が弟子充満せり、鎌倉に日蓮を悪《にく》みしより百千万億倍にて候」*9

このような状況であるから、阿仏房が日蓮大聖人にお会いする前に帰依していたのは念仏であると思われる。このことは前掲した弘安三年七月二日付の「千日尼御返事」に「後生ををそれて出家して後生を願いしが」とあることからも窺われることである。しかし、だからといって「阿仏房」の名が伝承で言われているように「阿弥陀仏」の最初の「阿」と最後の「仏」の一文字ずつを取って「阿仏」にしたとするのは早計だと思われる。

加えて、念仏の教えでは、信者は極楽に行けても仏になることはありえない。そのような思想性の中において、生きている人間を阿弥陀仏に見立て、その仏の名を切り分けて「阿仏」と呼ぶこと自体がありえない。

もしも阿仏房の名前が阿弥陀仏の名に由来するものであるならば、日蓮大聖人に帰伏した後、阿仏房は呼称を変えることを日蓮大聖人に必ずや請《こ》うたであろう。

よって阿仏房の「阿仏」は決して阿弥陀仏に由来したものではない。「阿仏」は日蓮大聖人が授けられたと見るべきであろうし、「千日」も同様である。

日興上人は阿仏房について「定補師弟并別当職事」に次のように明記している。

「阿仏房に於ては而も直の御弟子、聖人号を蒙て仏法の恵命を相続し一切衆生を助くる仁法花の大棟梁なり」[*10]

日蓮大聖人と阿仏房夫妻の関係は別格であった。佐渡の主な信者を見れば、国府入道、中興入道、一谷入道など、いずれも「入道」であった。「阿仏房」は文字どおり「入道」ではなく「房」である。「阿仏房」の名が確認されるのは「阿仏房御書」である、そこには宛先として「阿仏房上人所《もと》へ」[*11]と記されている。だが阿仏房の俗称などは知ることができない。

阿仏房の出自は「北海の島のいびすのみ」

では、阿仏房は、どのような人だったのであろうか。その実像に少しでも迫ってみたい。まず確かなことは、日蓮大聖人が阿仏房について次のように記されていることである。

「故阿仏聖霊は日本国・北海の島のいびす《夷》のみ《身》なりしかども後生ををそれて出家して後生を願いしが・流人日蓮に値《あ》いて法華経を持ち去年の春仏になりぬ」[*12]

この御書によれば、阿仏房は順徳上皇に供奉した武士などではなく、「北海の島のいびす《夷》のみ《身》」であることがわかる。そして後生を怖れ、後生を願い、阿仏房は出家していた。しかし、ここでいう「出家」とは、剃髪《ていはつ》し寺院などに居住する出家を意味しているのではない。阿仏房は百姓をしながら入道となっていたと見るべきだろう。

ところで「いびす」とはどういう意味であろうか。日蓮大聖人は他の御書においても、「いびす」の同義語として「あらゐびす」と書かれている。

「彼の島の者ども因果の理をも弁《わきま》へぬ・あら《荒》ゐびす《夷》なれば・あらくあたりし事は申す計りなし」*13

この御書は日蓮大聖人が身延に入られた後、一谷入道の女房宛に書かれたものである。「いびす」「ゐびす」は、佐渡に先住していた人びとを指す。阿仏房もその一人であった。参考までに記せば、佐渡の両津湾《りょうつ》の傍には「両津夷」「両津夷新」という地名が残っている。

流人は「いびす」の住む辺境の地に追い払われた。その辺境の地について御書には「夷島《えびすじま》」と書かれている。

「此の三の大悪法鼻を並《なら》べて一国に出現せしが故に此の国すでに梵釈・二天・日月・四王に捨てられ奉り守護の善神も還って大怨敵とならせ給う然れば相伝の所従に責《せめ》随えられて主上・上皇共に夷島に放《はな》たれ給い御返りなくしてむなしき島の塵《ちり》となり給う」*14（傍線は著者）

ここで日蓮大聖人が「夷島」と表記されているのは、隠岐《おき》、佐渡、土佐のことである。

「然れば則ち安徳天皇は西海に沈没《ちんぼっ》し叡山の明雲は流矢《ながれや》に当り後鳥羽法皇は夷島に放ち捨てられ東寺・御室《おむろ》は自ら高山に死し北嶺の座主は改易の恥辱《ちじょく》に値《あ》う」*15

日蓮大聖人は、ここでは隠岐島のことを指して「夷島」と述べられている。

次に示す御書は東の夷島（北海道）の「えぞ」（蝦夷）について書かれている。

「日本のほろ《亡》ぶべきにや一向真言にてあるなり、隠岐《おき》の法王の事をもつてをもうに・真言をもつて蒙古とえぞ《俘囚》とをでうぶく《調伏》せば・日本国やまけんずらんと・すひせしゆへに此の事いのちをすてて・いゐて・みんとをもひしなり」*16

次の御書では、仏教に帰依していた安藤五郎という蝦夷《えぞ》代官が、東の夷島（北海道）の「えぞ」（蝦夷）に津軽で首を取られたことが書かれている。

「ゑぞ《蝦夷》は死生不知のもの安藤五郎は因果の道理を弁《わきま》えて堂塔多く造りし善人なり、いかにとして頸をば・ゑぞに・とられぬるぞ[17]」

日蓮大聖人は夷島（北海道）より「ゑぞ」（蝦夷）が反抗したことについて、東よりの他国侵逼難として見られていた。
日蓮大聖人は、東の夷島（北海道）の先住民（俘囚）である蝦夷の蜂起があったこと、西からは蒙古の牒状が来て脅されたことを記されている。

「日蓮仏法をこころみるに道理と証文とにはすぎず、又道理証文よりも現証にはすぎず、而《しか》るに去《いぬ》る文永五年の比《ころ》・東には俘囚《えびす》をこり西には蒙古よりせめつかひ《責使》つきぬ[18]」

鎌倉幕府と「いびす」とのせめぎ合いは全国に及んだ。東西南北の方位感が今の時代とは違うが、「曽我物語」を参考にすれば、鎌倉幕府がそれぞれの辺地の「いびす」と対立し自らの支配権が及ぶ地域として次のような認識を持っていたことがわかる。

「東は奥州外濱《おうしゅうそとのはま》、西は鎮西鬼界島《ちんぜいきかいじま》、南は紀伊路熊野山《きいのぢくまのさん》、北は越後の荒海《あらうみ》までも、君の御息《いき》のおよばぬ所あるべからず。天《てん》にかけり、地《ち》にいらざらん程は、一天《てん》四海《かひ》の内に、鎌倉《かまくら》殿の御権威《けんい》のおよばざる事なし」*19

日蓮大聖人が流罪となった佐渡の島は、鎌倉幕府の実効支配が及んでいる「北」の端ということになる。

蝦夷が住んでいる地域を見れば、日本において朝廷や幕府が実効支配をしてきた縁辺を確認することができる。そこに住む蝦夷は、進攻する朝廷や幕府によって絶えず圧迫されてきた。

蝦夷は独特の文化と相貌を持っていた。

「諏訪大明神絵詞」もまた蝦夷について、次のように伝えている。

「元亨正中《げんこうしょうちゅう》の頃より、嘉暦《かりゃく》年中にいたるまで、東夷蜂起して奥州騒亂する事ありき。蝦夷が千島といへるは、我國の東北に當て大海の中央にあり、日の本唐子《からこ》渡黨《わたりとう》此三類各三百三十三の島に群居せり、今二島は渡黨に混ず、其内に宇曾利鶴子洲《うそりけし》と萬當宇満伊《まとうまい》丈と云ふ小島どもあり、此種類は多く奥州津輕外の濱に往來交易す、夷一把《えびすいっぱ》と云は六千人也、相聚《あつま》る時は百千把に及べり、日の本唐子の二類は、其地外國に連て、形體夜叉《けいたいやしゃ》のごとく變化無窮なり、人倫禽獣《きんじゅう》魚肉等を食として、五穀の農耕を知ず、九譯《くやく》を重ぬとも語話を通じ難し、渡黨は和國の人に相類せり、但鬢髪《びんぱつ》多して遍身に毛を生ぜり、言語俚野《りや》なりと云ども大半は相通ず、此中に公超霧をなす術を傳へ、公遠隠形の道を得たる類もあり、戰場に臨む時は、丈夫は甲冑弓矢を帯して前陣に進み、婦人は後塵に隨て木を削り幣帛《へいはく》のごとくにして、天に向て誦呪の體あり、男女共に山壑《さんがく》を經過すと云ども乗馬を用ず、其身の輕き事飛鳥走獣に同じ、彼等が用る所の箭《や》は魚骨を鏃《やじり》として毒藥をぬり、纔《わずか》に皮膚に觸れば其人斃《たおれ》ずと云事なし」[*20]

もともと「いびす」(蝦夷)は定住せず農業をすることもなく、もっぱら狩猟をもって生業《なりわい》とした。

「平家物語」には、幕府の実行支配の西限としての鬼界島に住む「いびす」の特徴が書かれている。北限である佐渡とは大きく距離を隔てている鬼界島であるが、当時の「いびす」と呼ばれていた人びとの特徴をよく示している。

「嶋《しま》にも人まれなり。をのづから人はあれども、此土《このど》の人にも似《に》ず。色黒《いろくろ》うして牛《うし》の如し。身《み》には頻《しきり》に毛《け》おひつゝ、云詞《いふことば》も聞《き》ゝしらず。男《おとこ》は烏帽子《ゑぼし》もせず、女《をうな》は髪もさげざりけり。衣裳《いしやう》なければ人にも似《に》ず。食《しょく》する物《もの》もなければ、只殺生《ただせっしやう》をのみ先《さき》とす。しづが山《やま》田《だ》を返《かへ》さねば、米穀《べいこく》のるいもなく、園《その》の桑《くは》をとらざれば、絹帛《けんぱく》のたぐひもなかりけり」*21

日蓮大聖人は阿仏房についてははっきりと「北海の島のいびすのみ」と書かれている。阿仏房の身体的特徴、風俗などを見れば、同人が話すまでもなく、「いびす」だということが見て取れたのであろう。ただし阿仏房、国府入道ら佐渡の「いびす」は定住し、農耕に携わっていたことが御書の随所で確認される。

流人を預かったのは北条氏の郎従たち

阿仏房は御書に明記されているように、朝廷や鎌倉幕府に長年にわたり抑圧されてきた「いびす」である。「いびす」は、朝廷や幕府より身分の低い者、敵性人物と見做《みな》されていた。したがって「いびす」たる阿仏房に日蓮大聖人の身柄が預けられることなどありえない。仮に

「いびす」に流人を預ければ、鎌倉に悪感情を持っている「いびす」と流人が結託し、反逆する慮《おそ》れがある。乱を避けるためにも「いびす」に流人を預けるということはない。

では流人である日蓮大聖人は、誰に預けられたのであろうか。

「北国佐渡の嶋を知行する武蔵の前司預りて・其の内の者どもの沙汰として彼の嶋に行き付いてありしが[*22]」

日蓮大聖人が流罪時に身柄を預けられていたのは「武蔵の前司」である。「武蔵の前司」とは、佐渡の守護である大仏宣時《おさらぎのぶとき》を指す。宣時はのちに連署を務めるほどの実力者で、佐渡を領地としていた。本間《ほんま》はこの宣時の指揮下にあり守護代として佐渡に代官所を構え佐渡を統治していた。

日蓮大聖人の身柄が大仏宣時に預けられたのは、文永八年九月十三日の夜のことで、引き継ぎは依智で行なわれた。

「六郎左衛門が郎従等・番をばうけとりぬ[*23]」

「此の十二日酉《とり》の時・御勘気・武蔵守殿御あづかりにて十三日丑の時にかまくら《鎌倉》をいでて佐土の国へながされ候が、たうじはほんまのえち《本間依智》と申すところにえちの六郎左衛門尉殿の代官・右馬太郎と申す者あづかりて候*24」

日蓮大聖人の佐渡における配所は塚原、一谷の二箇所であった。塚原の堂に日蓮大聖人が入られたのは、文永八年十一月一日のことであった。その後、二月騒動の連絡が二月十八日に島にいた本間のもとに届き、同日夜、本間は「いざ鎌倉」と島を発った。この出立とほぼ同時期に塚原から一谷に配所が変わったと思われる。

塚原、一谷のいずれにおいても、鎌倉幕府から日蓮大聖人の身柄を預かっていたのは、守護の大仏宣時である。しかしながら直接、預かっていたのは、依智では本間六郎左衛門尉の代官である「右馬太郎」、佐渡に着いて日蓮大聖人を直接、預かっていたのは本間六郎左衛門尉重連《しげつら》である。さらに一谷において日蓮大聖人の身柄を本間に命じられ直接、預かったのは氏名不詳の「預かりたる名主」と「宿の入道」。「宿の入道」とは一谷入道のこと。本間は両名の上にあって、日蓮大聖人の管理責任を負っていた。

＊1『全譯吾妻鏡』第三巻　三五八ページ
＊2『新訂　承久記』一三八ページ
＊3 さど観光ナビ：https://www.visitsado.com/spot/detail0110/
＊4『国史大辞典』第二巻　六八二ページ
＊5『日蓮大聖人御書全集』「千日尼御前御返事」一三一四ページ
＊6 同前
＊7『日蓮大聖人御書全集』「千日尼御返事」一三二二ページ
＊8『日蓮聖人真蹟集成』第十巻本尊集　第一二
＊9『日蓮大聖人御書全集』「呵責謗法滅罪抄」一一三二ページ
＊10『富士日興上人詳伝』六八四ページ
＊11『日蓮大聖人御書全集』「阿仏房御書」一三〇五ページ
＊12『日蓮大聖人御書全集』「千日尼御返事」一三二二ページ
＊13『日蓮大聖人御書全集』「一谷入道御書」一三二六ページ
＊14『日蓮大聖人御書全集』「下山御消息」三五四ページ
＊15『日蓮大聖人御書全集』「滝泉寺申状」八五一ページ
＊16『日蓮大聖人御書全集』「三三蔵祈雨事」一四七〇ページ
＊17『日蓮大聖人御書全集』「種種御振舞御書」九二一ページ
＊18『日蓮大聖人御書全集』「三三蔵祈雨事」一四六八ページ
＊19『曾我物語』日本古典文学大系第八八　三五四ページ

＊20『信濃史料叢書』第三巻　一〇ページ

＊21『平家物語上』日本古典文学大系第三二　一八六ページ

＊22『日蓮大聖人御書全集』「一谷入道御書」一三二六ページ

＊23『日蓮大聖人御書全集』「種種御振舞御書」九一四ページ

＊24『日蓮大聖人御書全集』「土木殿御返事」九五一ページ

第二項 塚原配所の様子

「蓮台野」のような塚原配所

日蓮大聖人は佐渡に渡られる直前の寺泊《てらどまり》で、一人の入道を帰されている。おそらくは寺泊で佐渡の状況を聞き、一人でも少ない人員で佐渡の過酷な環境を乗り越えなければいけないと考えられたのであろう。

「此の入道佐渡の国へ御供為す可きの由之を申す然る可き用途と云いかたがた煩《わずらい》有るの故に之を還す*1」

日蓮大聖人は、塚原に到着された後、二十余日ばかり経った文永《ぶんえい》八(一二七一)年十一月二十三日にも、数名の小僧を帰す決断をされたことを富木常忍に伝えられている。

「小僧達少少還えし候此国の体為《ていたらく》在所の有様御問い有る可く候筆端に載せ難く候*2」

日蓮大聖人が寺泊で予測されたよりも、塚原のありようは過酷だったのだ。餓死《がし》は間近にあった。

では塚原とはどのような所であったのだろうか。いくつかの御書にその様子が書かれている。

「佐渡の国にありし時は里より遙にへだ《距》たれる野と山との中間につかはら《塚原》と申す御三昧所あり、彼処《かしこ》に一間四面の堂あり、そら《空》はいたま《板間》あわず四壁はやぶれたり・雨はそと《外》の如し雪は内に積もる、仏はおはせず筵畳《むしろだたみ》は一枚もなし」*3

「御三昧所」とは、一般的に火葬場あるいは墓地を指す。京都では「鳥辺野《とりべの》」「船岡山」などが、それにあたる。

「同十月十日に依智を立つて同十月二十八日に佐渡の国へ著《つき》ぬ、十一月一日に六郎左衛門が家のうしろ塚原《つかはら》と申す山野の中に洛陽の蓮台野《れんだいの》のやうに死人を捨つる所に一間四面なる堂の仏もなし、上はいたま《板間》あはず四壁はあばらに雪ふりつも《降積》りて消ゆる事なし、かかる所にしき敷皮《がは》打ちしき蓑《みの》うちきて夜をあかし日をくらす、夜は雪雹《ゆきあられ》雷電《いなずま》ひまなし昼は日の光もささせ給はず心細かるべきすまゐ住居《なり》」＊4

この御書には「塚原《つかはら》と申す山野の中に洛陽の蓮台野《れんだいの》のやうに死人を捨つる所」と書かれている。「蓮台野」とは京都の御所の北側に位置する。先に紹介した「船岡山」がそうである。行き届いた葬送の儀礼なくして葬られる者もおり、死人の捨て場とも言える。

「佐渡の国につかはされしかば彼の国へ趣く者は死は多く生は稀《まれ》なり、からくして行きつきたりしかば殺害・謀叛の者よりも猶重《おも》く思はれたり、鎌倉を出でしより日日に強敵かさなるが如し」＊5

日蓮大聖人は塚原において越冬されるのであるが、それは「死は多く生は稀《まれ》なり」と認《したた》められるほど過酷なものであった。

この窮地にあった日蓮大聖人を助けたのは、阿仏房夫妻であった。阿仏房夫妻が夜中にたびたび、櫃《ひつ》を持参して塚原の堂を訪ねたのは、その行為をしなければ日蓮大聖人が餓死・凍死されると阿仏房夫妻が判断していたからであろう。

阿仏房のみならずその妻の千日尼も共々に、塚原問答より以前の段階、すなわち日蓮大聖人が着島されてさほど日にちの経っていない時期に、日蓮大聖人の人柄に感化され、真の仏法のなんたるかを知ることにより帰伏したと思われる。

ところで、日蓮大聖人を塚原において餓死・凍死に追い込むには、着島直後、三週間も糧《りょう》道《どう》を絶てば充分であったろう。では、その三週間のうちに阿仏房が真の仏法に目覚め弟子になり、夜中、命がけで食を運んだのであろうか。私にはそうは思えない。

最初は、あくまで情にほだされてのことであったろう。御書を読む限りにおいて、塚原に着かれて間もない時期、日蓮大聖人のもとに食を自ら運び、命を救ったのは阿仏房夫妻以外に見出せない。

塚原における飢渇攻め

日蓮大聖人が文永八年から同十一年まで佐渡の島に流され、命を永らえられたこと自体が不思議なことである。死は一定であると思われる状況下にあった日蓮大聖人に、佐渡の者たちはどのように対処したか。

「聞ふる阿弥陀仏の大怨敵・一切衆生の悪知識の日蓮房・此の国にながされたり・なにとなくとも此の国へ流されたる人の始終いけ《活》らるる事なし、設《たと》ひいけ《活》らるるとも・かへ《帰》る事なし、又打ちころしたりとも御とが《咎》めなし、塚原と云う所に只一人ありいかにがう《剛》なりとも力つよ《強》くとも人なき処なれば集りていころ《射殺》せかしと云うものもありけり」*6（傍線は著者）

このように、餓死、凍死も必定の状況下にあった日蓮大聖人に対し、念仏者で占められていた佐渡の者たちの中には、自分たちの手で日蓮大聖人を射殺そうという者までいた。

また実際のところ、直接、手を下さないまでも、餓死や凍死を必然のものとするために、実力者が堂の傍に立ち、張り番までして日蓮大聖人を飢渇攻めにしようとしている。

「地頭・地頭・念仏者・念仏者等・日蓮が庵室《あんしつ》に昼夜に立ちそいてかよ《通》う人もあるを・まどわさんと・せめしに・阿仏房にひつ《櫃》を・しお《背負》わせ夜中に度度・御わたりありし事いつの世にか・わすらむ、只悲母の佐渡の国に生れかわりて有るか」*7

日蓮大聖人に危害を加えようとした者らは、昼夜の別なく堂の傍に立ち、食が運び込まれないよう監視していた。加えて自由に人が出入りしないよう見張っていた。日蓮大聖人は地元の者らにより厳しい監視下にあったが、阿仏房と千日尼は「夜中」に櫃《ひつ》に食などを隠し、塚原の堂に通った。

御書の中で塚原の日蓮大聖人のもとに食を送ったのは、阿仏房夫妻だけではなかった。

「しかるに尼ごぜん並《なら》びに入道殿は彼の国に有る時は人め《目》を・をそれて夜中に食ををくり、或る時は国のせめ《責》をも・はばか《憚》らず身にも・かわ《代》らんと・せし人人なり」*8

阿仏房夫妻が「夜中」に櫃を持参して日蓮大聖人に食を運んだのに対し、国府入道夫妻は「人め《目》を・をそれて夜中に食ををくり」と記されていることから、直接、日蓮大聖人のもとに食を運ばず、「夜中」に人を介して送っていたことがわかる。

この「国府尼御前御書《こうあまごぜんごしょ》」と先の「千日尼御前御返事」からはっきりとわかることは、塚原の堂に身を置かれている日蓮大聖人に食を送ることができたのは、いずれも「夜中」に限られていたということである。それは「地頭・地頭・念仏者・念仏者等」が「日蓮が庵室《あんしつ》に昼夜に立ちそいて」人の出入りを阻《はば》んでいたという事情による。

まして日蓮大聖人が塚原に入られたのは旧暦の文永八年十一月一日である。この日は、新暦では十二月四日である。

本格的な冬に入り、佐渡は鉛色の厚い雲に日々、覆われていた。

「此比《このごろ》は十一月の下旬なれば相州鎌倉に候し時の思には四節の転変は万国皆同じかるべしと存候し処に此北国佐渡の国に下著候て後二月《ふたつき》は寒風頻《しきり》に吹て霜雪更に降ざる時はあれども日の光をば見ることなし、八寒を現身に感ず」*9（傍線は著者）

昼間にしてこのような状況であった。当然のことであるが、夜空は雲に覆われ、月や星を見ることもなく、暗夜が続いた。だが塚原の堂を訪ねる阿仏房夫妻は、灯《あか》りを持てば遠くから阿仏房夫妻の姿を確認される。そのために灯りを持つことができなかっただろう。

阿仏房夫妻が塚原の堂を訪れるにあたりどのようなことが障害となっただろうか。想像できる範囲で以下、列挙したい。

一、張り込んでいる者たちに見つかれば、阿仏房夫妻が島の人々を騙していたということになり、憎悪の念が阿仏房夫妻に直接ぶつけられることになる。そうなった時の危険性を最もよく知っていたのは阿仏房夫妻であろう。夜、櫃を背負って通う日々、阿仏房夫妻はなぜ危険を顧みながらも、そこまで思いつめ行動に移したのか。

二、見張りがいるのに、阿仏房夫妻はなぜ塚原の堂に通うことができたのか。
三、暗夜に灯《ひ》もともさずに、阿仏房夫妻が日蓮大聖人のもとに行けたのはなぜなのか。
四、阿仏房夫妻が雪上に残る足跡を完全に消しきらなくても良かったのはなぜなのか（新雪が降らなければ、雪の上についた足跡を完全に消し去るのは不可能）。
五、阿仏房夫妻は、塚原の堂を訪れる際に、寒夜に凍えながら長時間にわたり見張りの様子を窺わなくてもよかったのか。

このような危険性を回避し阿仏房夫妻が直接、塚原の堂を訪れることができたのはなぜか。その解は、「つかはらと申す御三昧所」と阿仏房の敷地が、隣接していたからである。しかしながら阿仏房は「預かりたる名主」でもなければ、「宿の入道」でもない。「預かりたる名主」「宿の入道」であれば、昼間、誰はばかることなく塚原の堂に食を懐に入れて運べば良い。

また塚原と一谷の状況を比較し、一谷には「預かりたる名主」「宿の入道」の存在が御書に書かれており、塚原にはそれがないということをもって、阿仏房が「預かりたる名主」「宿の入道」であると推断する向きもある。[*10] だが阿仏房は先住民の「いびす」であるから、日蓮大聖人の身柄を預かることはない。役目でもないのに日蓮大聖人のもとに「夜中」に食などを運んでいることが発覚したからこそ、阿仏房に対し所払いなどの重い処罰が下されたのである。

佐渡配所（塚原・一谷）と阿仏房元屋敷

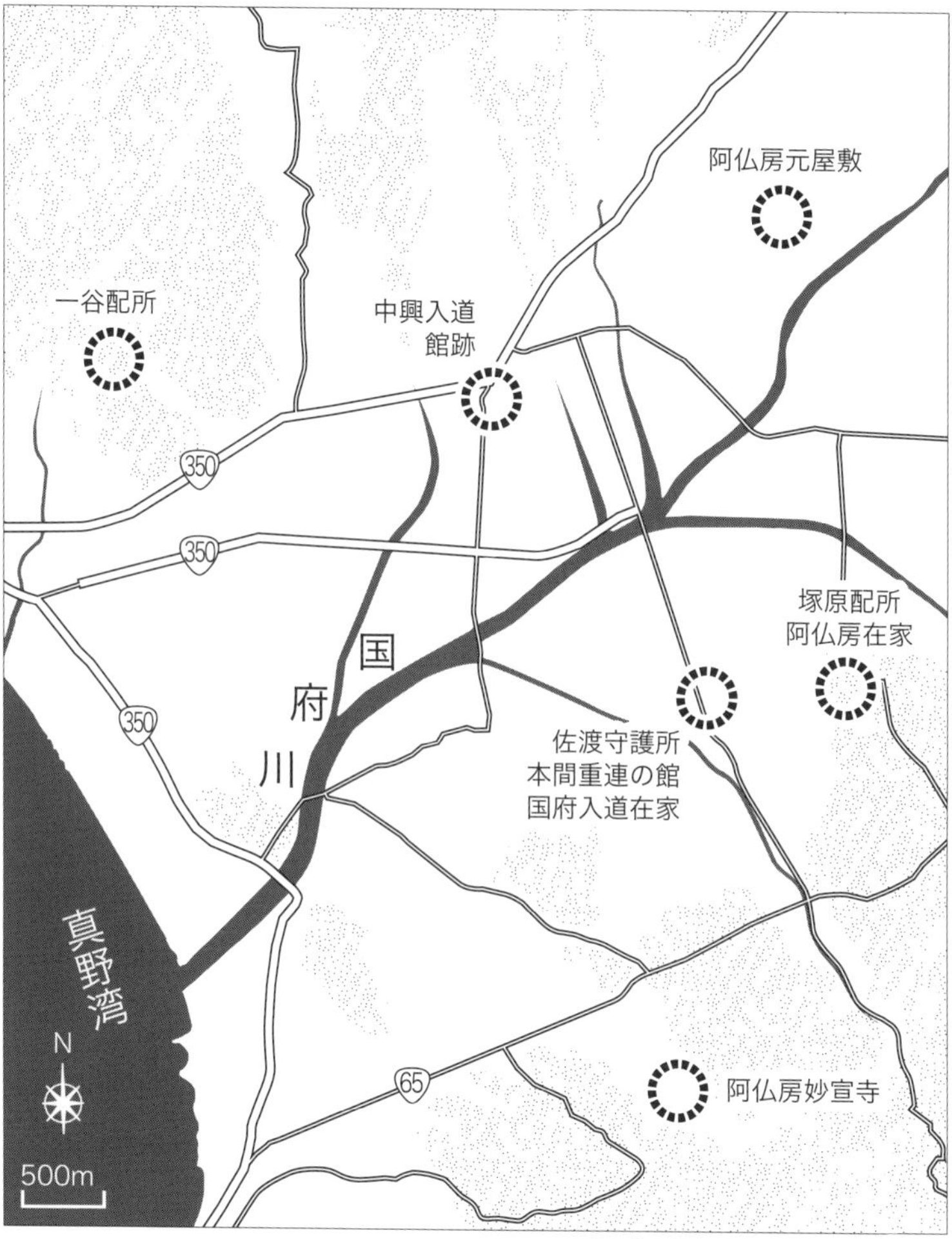

『日蓮と佐渡』（平安出版）を参考に作成

阿仏房への迫害

発覚するのは時間の問題であった。にもかかわらず塚原の堂にいらした日蓮大聖人の命を救うために、阿仏房夫妻は「夜中」に食を運んだ。この阿仏房夫妻の行動は、日蓮大聖人が露命《ろめい》を繫《つな》ぐにしたがって、見張りなどをしている者たちの不審を呼ぶこととなっただろう。そしてついには発覚した。沙汰《さた》が厳しいことからして発覚したのは、おそらく正月十六日に行なわれた塚原問答の前ではないかと思われる。

守護代の本間は当然のことながら佐渡の統治を行なうにあたり、守護の大仏宣時の歓心を得ようとした。日蓮大聖人に近づく者たちへの処罰は、露見した時点で宣時の心に沿ったものにならざるを得なかった。

阿仏房夫妻が「夜中」に塚原の堂へ食料を持って訪ねていたという事実は、早々に宣時に報告されたと思われる。その処罰の根拠は、第一回目の「虚御教書《そらみぎょうしょ》」であったろう。

阿仏房夫妻は宅を取られるなどの厳しい処罰にもかかわらず信心を貫いた。もし阿仏房が難に負けて信仰を捨てていたならば、その後の佐渡の島における弘法《ぐほう》はありえなかっただろう。同じ「いびす」である阿仏房への連帯感、日蓮大聖人の平等の教えがあればこそ、法は島内に弘まった。

塚原における公場対決

阿仏房夫妻が前記した苛烈な処分を受けたのちと思われるが、塚原の大庭において日蓮大聖人と他宗の者たちが公場対決をした。公場対決が実行されるに至ったのは、日蓮大聖人の命を奪わんとする他派の者たちが、代官所の本間を訪ね、日蓮大聖人の殺害について「きらずんば・はからうべし」と迫ったことによる。

「六郎左衛門尉殿に申してきら《切》ずんば・はからうべしと云う、多くの義の中に・これについて守護所に数百人集りぬ、六郎左衛門尉云く上《かみ》より殺しまうすまじき副状下りてあなづ《蔑》るべき流人にはあらず、あやまち《過》あるならば重連《しげつら》が大なる失《とが》なるべし、それよりは只法門にてせめ《攻》よかしと云いければ念仏者等・或は浄土の三部経・或は止観・或は真言等を小法師等が頸にかけさせ或はわき《腋》にはさま《挾》せて正月十六日にあつまる」*11

本間は、暴走しかねない島の人々に「上《かみ》より殺しまうすまじき副状」があることを示し、

「それよりは只法門にてせめ《攻》よかし」と言ったのである。代官所に押しかけて来た者らは、日蓮大聖人への悪感情ゆえに抱いていた殺意を転じ、法論で日蓮大聖人を負かそうと考えた。

文永九年正月十六日、塚原の大庭で法論が行なわれた。その様子は以下のとおり。

「佐渡の国のみならず越後・越中・出羽・奥州・信濃等の国国より集れる法師等なれば塚原の堂の大庭・山野に数百人・六郎左衛門尉・兄弟一家さならぬもの百姓の入道等かずをしらず集りたり、念仏者は口口に悪口をなし真言師は面面に色を失ひ天台宗ぞ勝つべきよしを・ののしる、在家の者どもは聞ふる阿弥陀仏のかたきよと・ののしり・さわぎ・ひびく事・震動《しんどう》雷電の如し」*12

日蓮大聖人は、これに対してしばらくは、なるがままに騒がせておいた。その後、

「各各しづまらせ給へ・法門の御為にこそ御渡りあるらめ悪口等よしなし」*13

と制止。本間もそれに同意し、法論が始まった。その結果は、念仏者、真言師、天台宗の者などの完敗であった。

日蓮大聖人は、その勝利の様子を次のように描写されている。

「鎌倉の真言師・禅宗・念仏者・天台の者よりも・はかなきものどもなれば只思ひやらせ給へ、利剣をもて・うり《瓜》をきり大風の草をなびかす《靡》が如し」*14

塚原問答の一方的な勝利の有様がよく伝わる御文である。その場にいた者たちの中には、法論の始終を具《つぶさ》に見聞し、日蓮大聖人の説かれる正法正義に従おうとする者まで出た。

「或は悪口し或は口を閉ぢ或は色を失ひ或は念仏ひが《僻》事なりけりと云うものもあり、或は当座に袈裟・平念珠をすてて念仏申すまじきよし誓状を立つる者もあり」*15

塚原問答の結果、念仏者らの中より、それなりの数の者たちが日蓮大聖人に帰伏した。記されてはいないが、念仏者のみならず、その余の他宗の者たちも同様であったことだろう。

塚原問答以降は新たな信者たちの支えにより、少なくとも餓死・凍死といった危機に日蓮大聖人がたちまち至るような状況ではなかったと考えられる。

地頭らにより昼夜を分かたず行なわれた妨害行為も塚原問答以降は、ほぼ絶えたことだろう。

塚原問答直後の本間への予言

塚原問答が終わった直後、日蓮大聖人は守護代の本間に対し、自界叛逆難（のちに「二月騒動」と呼ばれる）を予言されている。

「皆人立ち帰る程に六郎左衛門尉も立ち帰る一家の者も返る、日蓮不思議一《ひとつ》云はんと思いて六郎左衛門尉を大庭よりよび《呼》返して云くいつか鎌倉へのぼり《登》給うべき、かれ答えて云く下人共に農せさせて七月の比《ころ》と云云、日蓮云く弓箭《ゆみや》とる者は・をやけの御大事にあひて所領をも給わり候をこそ田畠つくるとは申せ、只今いくさ《軍》のあらんずるに急ぎうちのぼり高名して所知を給らぬか、さすがに和殿原《わどのばら》はさがみ《相模》の国には名ある侍《さむらい》ぞかし、田舎にて田つくり・いくさに・はづれ《外》たらんは恥なるべしと申せしかば・いかにや思いけめあはてて《急遽》ものもいはず、念仏者・持斎・在家の者どもも・なにと云う事ぞやと恠《あや》しむ」*16

（傍線は著者）

のちに日蓮大聖人の自界叛逆難の予言的中をもって本間は、日蓮大聖人に対し、以下のように祈誓している。

「二月の十八日に島に船つく、鎌倉に軍《いくさ》あり京にもあり・そのやう申す計りなし、六郎左衛門尉・其の夜にはやふね《早舟》をもって一門相具してわたる日蓮にたな心を合せて・たすけさせ給へ、去《いぬ》る正月十六日の御言《おんことば》いかにやと此程疑い申しつるに・いくほどなく三十日が内にあひ候いぬ、又蒙古国も一定渡り候いなん、念仏無間地獄も一定にてぞ候はんずらん永く念仏申し候まじ」[*17]

二月十八日に本間は「いざ鎌倉」と島を離れた。しかしこの時にはすでに騒動は収束していた。得宗家《とくそうけ》側が二月十一日に鎌倉において名越時章《なごえときあきら》・教時《のりとき》兄弟を殺し、その後、同十五日に京において六波羅探題《ろくはらたんだい》南方の時宗の異母兄・北条時輔《ときすけ》を誅殺《ちゅうさつ》した。

鎌倉での戦の収束を受け、次のような「関東御教書《かんとうみぎょうしょ》」が下達され鎌倉に入ることが禁じられた。

「自今以後、御勘當を蒙る輩有るの時、追討使仰せを蒙り相向かわざるの外、左右無く馳せ向からの輩に於いては、重科に處せらるべきの由、普く御家人等に相觸《ふ》れしめ給うべきの状、仰せに依って執達件の如し。

文永九年二月十一日　　左京權大夫（判）

謹上　相模守殿」*18

意訳をすれば次のようになる。

「これより以後は、御勘当を受けた者がある時に、追討使が仰せを受けていても向かわないこと。他にもとにかく馳せ向から輩《やから》は重科に処せられるので、御家人たちに普《あまね》く知らせなさい」

また、この「関東御教書」はそれを受領した機関においてさらに写され、日本の隅々にまで知らしめられたようである。京の六波羅探題経由で九州にもたらされたものを紹介する。

「六波羅殿より下し給い候所の今月十一日の關東御教書并《ならびに》副え下さるる六波羅殿御下知同廿六日到來す。案を寫《うつ》しこれを獻《たてまつ》る。御教書の状の如きは、謀叛の企て有るの輩、今月十一日召し取られ了んぬ。今に於いては、別事無き所なり。驚き存ずべからず。且つ鎮西地頭御家人等參上すべからざるの由、相觸れらるべきの由、仰せ下され候所なり。然らば御教書の状に任せ、参上有るべからざるの儀候なり。恐々謹言。

沙彌（花押）

二月廿八日

武尾大宮司殿」[*19]

これを読めばさらに状況が詳しく理解できるだろう。参考のため、通解を以下に示す。

「今月十一日付の関東御教書と副状が六波羅の北条義宗《よしむね》様より下され、六波羅殿の下知状が同じく二十六日に到来した。草案を写してこれを差し上げる。御教書には、謀反《むほん》を企《くわだ》てた輩が今月十一日に召し取られたが、今は別に事件はないので驚くことはない。かつ鎮西《ちんぜい》の地頭や御家人は参上してはならないことを周知徹底しなければならないと仰せ下されている。したがって御教書の内容どおりに決して参上などしてはならない」

このような内容の「関東御教書」が、本間が島を出発する一週間前には鎌倉から発せされている。したがって本間は島を離れて間もなく、この命令を目にすることとなり、鎌倉に到着する以前に佐渡に引き返すか、もしくは依智の本間邸に滞留したものと思われる。

いずれにしても、本間は島を離れ鎌倉に向かうにあたり、日蓮大聖人の身柄の安全をはかろうとした。そのため、本間系の実力者である「預りたる名主」のもとに身柄を預けたと考えられる。そして塚原から、地形的にも安全な裏に山を背負っている一谷に、日蓮大聖人は移された。

よく考えてみると、もし日蓮大聖人が鎌倉にいたならば、どれほどのことが出来したかわからない。日蓮大聖人はそのことについて、後年、以下のように記されている。

「日蓮はながされ《流罪》ずして・かまくら《鎌倉》にだにも・ありしかば・有りし・いくさに一定打ち殺されなん、此れも又御内にては・あしかりぬべければ釈迦仏の御計いにてや・あるらむ」[*20]

日蓮大聖人は佐渡流罪によって二月騒動に巻き込まれることもなく、命が助けられたとし、それは仏の計らいによると総括されている。

一谷の「預りたる名主」と「宿の入道」

文永九年三月頃、日蓮大聖人は塚原を後にして一谷《いちのさわ》に移られている。日蓮大聖人は一谷の状況について、次のように述べられている。

「文永九年の夏の比《ころ》・佐渡の国・石田の郷一谷《いちのさわ》と云いし処に有りしに・預りたる名主《みょうしゅ》等

は公《おおやけ》と云ひ私《わたくし》と云ひ・父母の敵よりも宿世の敵よりも悪《にく》げにありしに・宿《やど》の入道と云ひ・妻と云ひ・つかう者と云ひ・始はお《畏》ぢをそれしかども先世の事にやありけん、内内・不便と思ふ心付きぬ*21」

この御書によれば、日蓮大聖人は「夏の比《ころ》」には一谷におられた。当時の夏は四月、五月、六月である。この一谷で、佐渡守護代の本間重連《しげつら》の命《めい》により日蓮大聖人の身柄を預ったのは「預りたる名主」と記されている者であり、その「名主《みょうしゅ》」の命に従い「宿《やど》の入道」すなわち一谷入道が日蓮大聖人の身柄を実質的に預ったことが窺える。日蓮大聖人は一谷入道について、次のように述べられている。

「然れども入道の心は後世を深く思いてある者なれば久しく念仏を申しつもりぬ、其の上阿弥陀堂を造り田畠《たはた》も其の仏の物なり、地頭も又を《怖》そろしなんど思いて直ちに法華経にはならず、是は彼の身には第一の道理ぞかし*22」

一谷入道は心を日蓮大聖人に寄せている部分もあったが、世間を怖れるゆえに法華経に帰依することがなかった。

＊1『日蓮大聖人御書全集』「寺泊御書」九五四ページ

＊2『日蓮大聖人御書全集』「富木入道殿御返事」九五六ページ

＊3『日蓮大聖人御書全集』「妙法比丘尼御返事」一四一三ページ

＊4『日蓮大聖人御書全集』「種種御振舞御書」九一六ページ

＊5『日蓮大聖人御書全集』「法蓮抄」一〇五二ページ

＊6『日蓮大聖人御書全集』「種種御振舞御書」九一七ページ

＊7『日蓮大聖人御書全集』「千日尼御前御返事」一三一三ページ

＊8『日蓮大聖人御書全集』「国府尼御前御書」一三二五ページ

＊9『日蓮大聖人御書全集』「富木入道殿御返事」九五五ページ

＊10『新版日蓮と佐渡』八四ページ

＊11『日蓮大聖人御書全集』「種種御振舞御書」九一七ページ

＊12『日蓮大聖人御書全集』「種種御振舞御書」九一八ページ

＊13 同前

＊14 同前

＊15 同前

＊16 同前

＊17『日蓮大聖人御書全集』「種種御振舞御書」九一九ページ
＊18『鎌倉遺文 古文書編』第十四巻 三四九ページ
＊19『鎌倉遺文 古文書編』第十四巻 三五六ページ
＊20『日蓮大聖人御書全集』「四条金吾殿御返事」一一六四ページ
＊21『日蓮大聖人御書全集』「一谷入道御書」一三二八ページ
＊22『日蓮大聖人御書全集』「一谷入道御書」一三二九ページ

第三項　佐渡流罪時の折伏

塚原問答を経て重書の執筆

最蓮房こと日興上人は文永《ぶんえい》九（一二七二）年二月の初めに佐渡に着いたと思われる。前後して、日蓮大聖人が重要法門を記《しる》すにあたり不可欠の経《きょう》・論《ろん》・釈《しゃく》が、佐渡に到着している。そのことは、同月に認《したた》められた「開目抄《かいもくしょう》」に引用された多くの経・論・釈により裏づけられる。日蓮大聖人は「種種御振舞御書」の文の流れからみれば、おそらくは正月十六日に行なわれた塚原問答の直後から、前年十一月より構想を練られていた「開目抄」の執筆に入られたのではあるまいか。

「さて皆帰りしかば去年《こぞ》の十一月より勘《かんが》えたる開目抄と申す文二巻造りたり、頸切《くびきら》るるならば日蓮が不思議とどめ《留》んと思いて勘えたり」＊1

塚原問答の勝利、最蓮房こと日興上人の後衛としての一大貢献がなければ、この時、「開目抄」を完成させることは不可能であっただろう。

参考までに「開目抄」に引用された経・論・釈の一覧を以下に表記する。

法華経十巻

【天台】摩訶止観、法華玄義、法華文句

【妙楽】止観輔行伝弘決、法華文句記、五百問論

【伝教】守護国界抄、顕戒論、法華秀句

【その他（順不同）】大般涅槃経、大方広仏華厳経、大集経、維摩経、方等陀羅尼経、大品般若経、首楞厳三昧経、浄名経（維摩経）、旧訳華厳経、増一阿含経、大集経、大日経、仁王経、法滅尽経、密厳経、大雲経、六波羅蜜経、解深密経、中辺義鏡残、天台法華疏義纘、摩迦摩耶経、大悲経、浄名経、阿含経、列子仲尼篇、大乗四論玄義、大智度論、秘蔵宝鑰、法華玄論、法苑珠林、法華経玄賛要集、十住毘婆沙論、正法華経・勧説品、添品法華経、付法蔵経、安楽集、一乗要決、心地観経、金光明経、般泥洹経、選択集

大変な分量の経・論・釈である。

要文《ようもん》の抜書きがあったとしても、相当量の経・論・釈及び外典《げてん》が日蓮大聖人の手許に届いていた。言うまでもないことだが、「開目抄」に引用されていない経・論・釈及び外典もあるわけだから、塚原における日蓮大聖人の蔵書は、早くも膨大な量であったことが窺える。

ところで、先に引用した御書には、塚原の堂が「一間四面」[*2]であったと明記されている。当時の「一間」とは、今でいうような約一八〇センチメートルといった定まったものではなく、立てられた柱と柱の間を称して蓋然《がいぜん》的に「一間」という。それにしても、日蓮大聖人はこれだけの分量の経・論・釈をどこに収められ、それをどのようにして見て「開目抄」を認められたのであろうか。また弟子たちは同居していたのか、別居していたのか。同居していたのであれば、どのようにして寝ていたのか、とりとめのない疑問が次々と去来する。

変化していった流人の生活

塚原の堂は、日蓮大聖人が入られた当初、「地頭・地頭・念仏者・念仏者等」[*3]に見張られ、自由に出入りすることはできなかった。日蓮大聖人は流人であるが、このような見張りが立っての拘禁状況は、流人の生活としては本来あるまじきことである。

元来、流人は島内から出ない範囲であれば、行動の自由があった。それが流刑というものである。奈良・平安の律令時代の定めでは、流人には「上《かみ》」より一日あたり米一升《しょう》、塩一勺《しゃく》が与えられたと『古事類苑』[*4]に記されている。

一日あたりに与えられる米一升、塩一勺を食生活の基礎的な支えと考えれば、この規定どおりの支給がなされれば、四人くらいならば命を継ぐ生活はできる。したがって、流人は侍者《じしゃ》を伴って流罪先に赴《おもむ》くことができたのである。

しかし、武家社会となった鎌倉時代においては、この決まり事は厳密には守られていなかったようだ。実際、日蓮大聖人も一谷の状況としてそのことを記されている。

「預《あずか》りより・あづかる食は少《すくな》し付ける弟子は多くありしに・僅《わずか》の飯の二口三口ありしを或はおしき《折敷》に分け或は手に入《いれ》て食《くい》しに・宅主《あるじ》・内内・心あつて外には・をそるる様なれども・内には不便げにありし事・何《いつ》の世にかわすれん」[*5]

日蓮大聖人は「預《あずか》り」より渡される食糧が少なかったと記されている。このことは、裏を返せば、流人である日蓮大聖人に、定めの量を満たすものではなかったが、上《かみ》より幾何《いくばく》かの食糧が支給されていたことを示している。

日蓮大聖人が島内を移動され、懇意にされていた家を訪ねられていたと思われる記述が御書にある。中興入道《なかおきにゅうどう》宅である。

一谷から中興入道の居宅までは、直線距離で約二・五キロメートル。現在は新潟県佐渡地域振興局の農政庁舎になっている。*6

中興入道やその家人並びに下人について、日蓮大聖人は次のように記されている。

「島にて・あだむ者は多かりしかども中興《なかおき》の次郎入道と申せし老人ありき、彼の人は年ふりたる上心かしこく身もたのし《楽》くて国の人にも人と・をもはれたりし人の・此の御房は・ゆへある人にやと申しけるかのゆへに・子息等もいたう《甚》もにく《憎》まず、其の已下の者ども・たいし《大旨》彼等の人人の下人にてありしかば内内あやまつ事もなく唯上《かみ》の御計《はから》いのままにて・ありし程に」*7

この「中興入道消息《しょうそく》」によって窺えることは、日蓮大聖人が中興入道の家人や出入りする人々、そしてその人柄まで知っておられたということである。このことにより日蓮大聖人が一谷におられた当時、中興入道宅をたびたび訪ねられていたことがわかる。

なお「観心本尊抄」は、中興入道宅で認められたとの伝承が地元にある。

日蓮大聖人は、このような流人生活を送られながら、文永九年二月からは「開目抄」などの重書を次つぎと著わされた。代表的なものは次のとおりである。

「開目抄」(文永九年二月)「佐渡御書」(同三月)「真言見聞《しんごんけんもん》」(同七月)「観心本尊抄」(同十年四月)「諸法実相抄」(同五月)「如説修行抄《にょせつしゅぎょうしょう》」(同)「顕仏未来記《けんぶつみらいき》」(同閏五月)

また弟子檀那の退転《たいてん》を阻《はば》むために、これら重書のほかに鎌倉や下総などの旧来の信者に対しては文をもって激励されたことが、御書によって確認される。それだけでなく日蓮大聖人は自らの執筆のために富木常忍らに典籍の調達を依頼されることもあった。

日蓮大聖人は、塚原、一谷をとおして重書を認められた。その重書は、末法の民衆救済、とりわけ日蓮大聖人滅後の弟子のためのものであった。

その重書の執筆と並行して、島内全域にわたる折伏を網の目のごとく広げられていた。その佐渡の人びとの機根は、決してよいものではなかった。

だが、四面に敵を迎える状況の中でも、日蓮大聖人は民衆救済のための戦いの手を緩められることはなかった。

日蓮大聖人が佐渡の島に流罪中、守護の大仏宣時が日蓮大聖人の信者に苛烈な迫害をなした。この迫害の法的根拠は大仏宣時自らが出した「虚御教書《そらみぎょうしょ》」である。大仏宣時は信者を弾圧するために日蓮大聖人が赦免になるまでの足かけ四年間で「虚御教書」を三回、出した。

この「虚御教書」の第一回目は、日蓮大聖人が依智を出発された時、あるいはその直後に良観房の弟子が佐渡に携え本間のもとに運んだ。

「而るに日蓮・佐渡の国へ流されたりしかば彼の国の守護等は国主の御計らいに随いて日蓮をあだむ・万民は其の命《おおせ》に随う、念仏者・禅・律・真言師等は鎌倉よりも・いかにもして此れへ・わたらぬやう計ると申しつかわし・極楽寺の良観房等は武蔵《むさし》の前司《ぜんじ》殿の私の御教書《みきょうしょ》を申して弟子に持たせて日蓮を・あだみなんど・せしかば・いかにも命《いのち》たすかるべきやうは・なかりしに」*8

本間が日蓮大聖人の身柄の安全を計らなければいけないことは、執権・時宗によって出された「副状」に明らかである。この「副状」については先述した。だが大仏宣時は、弟子や信者たちが日蓮大聖人に寄り添い活発な動きをすることまでは、許容する気持ちはなかったようだ。大仏は時宗の「副状」を無視しない範囲で、現実的に日蓮大聖人、弟子、檀那を迫害する「虚御教書」を、極楽寺良観《りょうかん》などに頼まれ出した。それを佐渡まで届けたのは良観の弟子である。ために本間は「副状」と「虚御教書」という、厳密に内容を検討すれば相反する書状に基づき鵺《ぬえ》的な対応をせざるを得なかったと思える。

この第一回目の「虚御教書」の内容は、阿仏房が処罰されていることからも推測される。

この「虚御教書」は、日蓮大聖人を閉塞させ、場合によっては弟子が餓死《がし》、凍死をしても構わぬといった内容であったろうと思われる。その上、日蓮大聖人を支援した阿仏房が迫害されていることから考えると、日蓮大聖人を守った者も重い罰を蒙ることが定められていたと思われる。

日蓮大聖人は千日尼に対して、後年、阿仏房夫妻の受けた文永九年春の難について、次のように述べられている。

「或は所ををい或はくわれう《科料》をひき或は宅を・とられなんどせしに・ついに・とをらせ給いぬ」[*9]

これらの阿仏房に対する処分が行なわれていることにより、文永八年暮れから翌年の春先までには第一回目の「虚御教書」が出され、佐渡に着いていることが確認される。

流人に食を運んだ、あるいは流人の居としている所を訪れる、それは通常であれば法に触れるものではない。しかし阿仏房は現に罪に問われている。鎌倉の良観房たちが、悪智恵を働かせ、日蓮大聖人を凍死、餓死させようとして、流罪の初めに守護の大仏宣時に「虚御教書」を頼み出させていた。阿仏房への処罰は、その「虚御教書」を法的根拠として行なわれたものであろう。

しかし阿仏房は怯《ひる》まなかった。阿仏房が強盛な信仰心を持って弾圧に抗したことにより、日蓮大聖人の教法《きょうほう》は佐渡に根づく。

阿仏房は佐渡の教法流布の一粒種

佐渡における折伏は、弾圧の網をかいくぐってのことであった。

阿仏房は、佐渡の教法流布の一粒種であった。その阿仏房が帰依した後、間もなくして阿仏房と仲のよかった国府入道が帰依したと思われる。国府入道も阿仏房などとともに、文永八年から同九年にかけてのひと冬、命がけで日蓮大聖人に食を送った。

このようにして佐渡の布教の中核の人が育ち、塚原問答の直後には、最蓮房の着島もあり、教線は全島に展開したと思われる。その間、布教の中心となったのは、当然、日蓮大聖人のいらした塚原であり一谷である。そこには日蓮大聖人が書を著わすに不可欠な豊富な資料があった。また執筆を助けるお供の小僧たちもいた。とはいえ日蓮大聖人がそれぞれの堂などに恒常的におられ、まったく外出もされなかったと考えることは事実に即していないと思われる。

では佐渡一国に対する折伏戦において、日蓮大聖人が前線に出、布教を展開したのであろうか。だがそれもまた安全を考えると無理である。阿仏房夫妻が佐渡布教の要《かなめ》にあったことは、阿仏房の死後、弘安《こうあん》三（一二八〇）年七月二日に日蓮大聖人が千日尼宛に認められたお手紙によっても推認される。

「追伸、絹の染袈裟《けさ》一つまいらせ候、豊後房《ぶんごぼう》に申し候べし・既に法門・日本国にひろまりて候、北陸道をば豊後房なびくべきに学生ならでは叶《かな》うべからず・九月十五日已前に・いそぎいそぎまいるべし、こう入道殿の尼ごぜん《御前》の事なげき入つて候、又こいしこいし《恋》と申しつたへさせ給へ、かずの聖教をば日記のごとくたんば房《丹波》にいそぎいそぎつかわすべし、山伏房《やまぶしぼう》をばこれより申すにしたがいてこれへは・わたすべし、山伏の現にあだまれ候事悦び入つて候」*10

この御書の内容からみれば、千日尼は日蓮大聖人より「絹の染袈裟《けさ》」をいただいている。そして千日尼は在家の激励はもちろんのこと、出家の者たちへの指示や頼み事を、日蓮大聖人からいくつも受けていることがわかる。千日尼は島内を布教で動いている出家と日蓮大聖人との連絡役をも担っていたのである。

このようなことは、にわかにできるものではない。阿仏房の生前から千日尼は、そのような役割を担っていたと考えるべきだ。

佐渡に多数存在する日興上人御筆の御本尊

『日興上人御本尊集』を見ることにより、日興上人が佐渡の信者に対し、多くの御本尊を認《したた》められていたことを確認することができる。現在、佐渡の寺にあるものが三十三体。授かった者が佐渡の人であることが確認されている御本尊で、島外にあるものが三体。合計三十六体。それらの御本尊は、日蓮大聖人御入滅の十八年後から五十年後にかけて授与されている。

日蓮大聖人の御自筆で佐渡期に顕わされた御本尊は、独特の相貌《そうみょう》を持っている。その御本尊は「宝塔之本尊《ほうとうのほんぞん》」などと呼ばれている。「宝塔之本尊」は現在、十三体が確認されている。これらの御本尊は一般に「佐渡百幅の御本尊」とも称される。すると御図顕《ごずけん》された御本尊「百幅」の内、およそ十分の一が残っていることになる。日興上人の御本尊も同じ様な比率で現在伝えられているものが十分の一程度と推定すれば、佐渡の人々に授与された日興上人御筆の御本尊は三百体を超えるものであったことが窺われる。すると日蓮大聖人と日興上人が佐渡の人びとに授与された御本尊の合計は、四百体を超えていたことになる。

日興上人が佐渡の人々に対し、自ら御本尊を認め授与された中で、興味を引くものがある。

一つは日蓮大聖人の佐渡赦免より四十年後の正和《しょうわ》三（一三一四）年に授けられた「佐渡国一谷入道孫心□寺佛也」（著者註 □は欠字）の脇書《わきがき》が認《したた》められた御本尊である（『日興上人御本尊集』目録No．127）[*11]。日蓮大聖人は一谷入道が本心は念仏者で心の底から法華経に帰さないことを気にかけられていたが、その「孫」は日興上人から御本尊を賜《たまわ》るまでの信心を貫いていたことが確認される。

加えて、私の気を引いてやまないのは、同じく正和三年の「盲者龜石房」に授けられた御本尊である（『日興上人御本尊集』目録No．123）[*12]。目の見えない人に日興上人が御本尊を授与されている。このことは、日興上人が佐渡在島時からその人物のことを知っておられたか、あるいは佐渡の布教にあたっていた僧俗の指導者たちより、その者の信心の状況についての細かな報告を継続的に受けられていたことを示している。

またこの事実は正しい御本尊観を示してやまない。「盲者」は御本尊の文字が見えないはずである。しかし日興上人は授けられている。御本尊は、御本尊自体として仏なのである。そこには見える、見えないといった拝む者の視覚的範疇《はんちゅう》を超えた仏としての御本尊の実在がある。

日興上人は、日蓮大聖人の佐渡流罪赦免後、再び佐渡の地を踏まれることはなかったが、同島の教線について、具《つぶさ》にそれを掌握されていたことが窺える。

元徳《げんとく》三（一三三一）年六月に「右馬太郎」に日興上人より御本尊が授与されている（『日興

上人御本尊集』目録Ｎｏ．２６９）[*13]。

「右馬太郎」は文永八（一二七一）年九月十三日に鎌倉よりの急報を依智の本間邸で受け取って日蓮大聖人に披瀝《ひれき》している。この「右馬太郎」は本間の家臣である。

「其の日の戌の時計りにかまくら《鎌倉》より上《かみ》の御使とてたてぶみ《立文》をもちて来《き》ぬ、頸切れという・かさね《重》たる御使かと・もののふどもは・をもひてありし程に六郎左衛門が代官右馬のじようと申す者・立ぶみもちて・はしり来りひざまづひ《跪》て申す、今夜にて候べし・あらあさましやと存じて候いつるに・かかる御悦びの御ふみ来りて候」[*14]

「右馬」が日蓮大聖人の前で「ひざまづひ《跪》て申す」と、その行動を具体的に記されている。その作法をとっていることから「右馬」は当時より、日蓮大聖人に対し尊敬の思いを持っていたことがわかる。それから六十年の後、「右馬」は日興上人より御本尊をいただくまでになっていた。

また『日蓮聖人真蹟集成』第十巻の「第一二」（佐渡妙宣寺蔵）の御本尊の右下には、先に述べたように日興上人の添書《そえがき》が認められている。

「佐渡國法花東梁阿佛房彦如寂房日満相傳　之[*15]」

この御本尊の存在により、阿仏房の一途な信心が「彦」（孫またはひ孫）である日満《にちまん》に引き継がれていたことがわかる。

しかも日蓮大聖人の真筆の御本尊に、日興上人が阿仏房について「佐渡國法花東梁」とわざわざ添書をして与えられているということは、大変に重要である。この添書は、生前、阿仏房が佐渡の国における「法花東梁」すなわち布教の中心者であったことを証する。

阿仏房が、日蓮大聖人流罪時より佐渡布教の中心者として活躍したことを、最蓮房を名乗り頻繁に佐渡に出入りしていた日興上人は、もっともよく知っていた。

＊1『日蓮大聖人御書全集』「種種御振舞御書」九一九ページ
＊2『日蓮大聖人御書全集』「種種御振舞御書」九一六ページ
＊3『日蓮大聖人御書全集』「千日尼御前御返事」一三一三ページ
＊4『古事類苑　法律部一』一六七ページ
＊5『日蓮大聖人御書全集』「一谷入道御書」一三二九ページ

＊6『新版日蓮と佐渡』一六八㌻
＊7『日蓮大聖人御書全集』「中興入道消息」一三三三㌻
＊8『日蓮大聖人御書全集』「千日尼御前御返事」一三一三㌻
＊9『日蓮大聖人御書全集』「千日尼御前御返事」一三一四㌻
＊10『日蓮大聖人御書全集』「千日尼御返事」一三一八㌻
＊11『日興上人御本尊集』一六㌻
＊12『日興上人御本尊集』一六㌻、図版一八六㌻
＊13『日興上人御本尊集』二九㌻、図版三四二㌻
＊14『日蓮大聖人御書全集』「種種御振舞御書」九一四㌻
＊15『日蓮聖人真蹟集成』第十巻本尊集　第一二

第四項　出世の本懐としての「宝塔」と阿仏房

「阿仏房御書」と御本尊

「阿仏房御書」に曰《いわ》く。

「末法に入つて法華経を持つ男女の・すがたより外には宝塔なきなり、若し然れば貴賤上下をえらばず南無妙法蓮華経と・となうるものは我が身宝塔にして我が身又多宝如来なり、妙法蓮華経より外に宝塔なきなり、法華経の題目・宝塔なり宝塔又南無妙法蓮華経なり。

今阿仏上人の一身は地水火風空の五大なり、此の五大は題目の五字なり、然れば阿仏房さながら宝塔・宝塔さながら阿仏房《あぶつ》・此れより外の才覚無益《むやく》なり、聞《もん》・信《しん》・戒《かい》・定《じょう》・進《しん》・捨《しゃ》・慚《ざん》の七宝を以てかざりたる宝塔なり」*1

法華経見宝塔品《けんほうとうほん》第十一で明かされた宝塔は、末法《まっぽう》において南無妙法蓮華経と唱える男女のことである。また宝塔とは南無妙法蓮華経のことである。

阿仏房は難にあたって退転することなく信仰を貫いた。その阿仏房の一身こそが地水火風空の五大であり、題目の五字に相当する。南無妙法蓮華経と唱える阿仏房は宝塔であり、法華経に説かれた宝塔は唱題をする阿仏房のことである。このことのみを堅く信じ信仰を貫くことが肝要である。唱題によって七つの宝で飾られた阿仏房は、宝塔に他ならない。

「阿仏房御書」は次のように続く。


「多宝如来の宝塔を供養し給うかとおもへば・さにては候はず我が身を供養し給う我が身又三身即一の本覚《ほんがく》の如来なり、かく信じ給いて南無妙法蓮華経と唱え給へ、ここさながら宝塔の住処なり」＊2


宝塔に向い題目を唱える阿仏房は、本質的には多宝如来や宝塔を供養しているのではなく、自分自身を供養しているのである。その時の阿仏房の境界は、三身即一身の本覚の如来である。このように信じて題目を唱える阿仏房は、本覚の如来であり、それゆえに阿仏房がいる所は宝塔の住処となる。

見宝塔品第十一に曰く。

「若《も》し我れは成仏して、滅度《めつど》の後《のち》、十方の国土に於《お》いて、法華経を説く処《ところ》有らば、我が塔廟《とうみょう》は是《こ》の経を聴《き》かんが為《た》めの故に、其《そ》の前に涌現《ゆげん》して、為めに証明《しょうみょう》と作《な》って、讃《ほ》めて善《よ》き哉《かな》と言わん」＊3

阿仏房の不退の信仰があるがゆえに、多宝如来の宝塔は阿仏房の己心《こしん》中に涌現《ゆげん》した。阿仏房の五大が題目の五字となった。阿仏房の居所が宝塔の住処となった。それゆえに日蓮大聖人は「宝塔」を書き顕わし阿仏房へ授与したのである。

「あまりに・ありがたく候へば宝塔をかきあらはし・まいらせ候ぞ、子にあらずんば・ゆづる事なかれ信心強盛の者に非ずんば見する事なかれ、出世の本懐とはこれなり」＊4

御本尊を御図顕し、信じる者たちに授与することは日蓮大聖人の「出世《じゅっせ》の本懐《ほんかい》」である。日蓮大聖人は、この「宝塔之本尊」を授けるにあたり我が子でなければ譲ってはならない、信心強盛の者でなければ見せてもいけないと念を押されている。

釈尊の「出世の本懐」は、法華経を説くことにあった。なにゆえに法華経を説くのか。その目的は法華経方便品《ほうべんほん》第二に説かれている。

「我れは本《も》と誓願《せいがん》を立てて　一切の衆《しゅ》をして　我が如く等《ひと》しくして異《こと》なること無からしめんと欲《ほっ》しき　我が昔の願いし所の如きは　今者《いま》已《すで》に満足しぬ　一切衆生を化《け》して　皆《み》な仏道《ぶつどう》に入《い》らしむ*5」

我が如く衆生をして等しくすることが、仏の「出世の本懐」である。日蓮大聖人は流罪地・佐渡で、かかる仏としての「出世の本懐」を果たすことができた。それは、阿仏房夫妻がいたからである。

以上のように御書を拝していけば、題目を唱える信仰者は南無妙法蓮華経であり、宝塔であり、多宝如来であることがわかる。

佐渡流罪は、末法の御本仏日蓮大聖人にとって法華経勧持品《かんじほん》第十三に示された「数数見擯出《さくさくけんひんずい》」の難を身読《しんどく》する戦いであった。日蓮大聖人はこの最後の流難を乗り越えることにより、法華経勧持品第十三において予言された難のすべてを身読することになる。

その崇高な二度目の流罪にあって、所願を満足されようとしている日蓮大聖人を、我が命を懸けて護り抜こうとした阿仏房夫妻は、これまた法華経の会座《えざ》に列した者であったはずだ。阿仏房、千日尼、国府入道などは、あたかも日蓮大聖人が流罪になるのを佐渡の地で待っていたかのような不思議な縁《えにし》に繋《つな》がっている人びとだったと思われてくる。日蓮大聖人が佐渡を離れられた後の数年の内に阿仏房、一谷入道、国府入道は亡くなっている。

法華経法師品《ほっしほん》第十に曰く。

「若《も》し人は悪《あく》　刀杖《とうじょう》及び瓦石《がしゃく》を加えんと欲《ほっ》せば　則《すなわ》ち変化《へんげ》の人《ひと》を遣《つか》わして　之《こ》れが為《ため》に衛護《えご》と作《な》さん」*6

阿仏房らは、法華経において予言された「変化《へんげ》の人《ひと》」ともいえる。

日蓮大聖人は「阿仏房御書」において、阿仏房に対し直截《ちょくさい》な表現をもって仏法上の立場を記されている。

「阿仏房しかしながら北国の導師とも申しつべし、浄行菩薩う《生》まれかわり給いてや・日蓮を御とぶらい給うか不思議なり不思議なり」*7

阿仏房の佐渡における存在は日蓮大聖人の目から見ても不思議な縁を感じるものであった。

日蓮大聖人は阿仏房に対し「北国《ほっこく》の導師《どうし》」「浄行菩薩《じょうぎょうぼさつ》」であるとも評価されている。阿仏房がそのような役割をなすことができるのは、今が「上行菩薩《じょうぎょうぼさつ》」出現の末法の時であるからである。

「此の御志をば日蓮はしらず上行菩薩の御出現の力にまか《任》せたてまつり候ぞ、別の故はあるべからず・あるべからず、宝塔をば夫婦ひそかにをがませ給へ」*8

日蓮大聖人は塚原について「洛陽の蓮台野《れんだいの》のやうに死人を捨つる所」と言われている。この塚原に阿仏房の敷地は隣接していた。「死人を捨つる所」が隣接地であることを見れば、阿仏房の社会的地位は「いびす」の中にあってもやや低かったのではないかと思われる。

その阿仏房が、法難にも怯《ひる》むことなく日蓮大聖人の命を助けたということは、仏法の真髄《しんずい》に迫る偉業《いぎょう》である。

日蓮大聖人は自らの出自《しゅつじ》について述べられている。

「日蓮今生には貧窮下賤《びんぐげせん》の者と生れ旃陀羅《せんだら》が家より出《いで》たり」*9

「日蓮は日本国・東夷《とうい》・東条・安房の国・海辺の旃陀羅《せんだら》が子なり」*10

「日蓮は東海道・十五箇国の内・第十二に相当る安房の国長狭《ながさ》の郡・東条の郷・片海《かたうみ》の海《あ》人《ま》が子なり」*11

日蓮大聖人が自らを「東夷《とうい》」の「旃陀羅《せんだら》」の出自とされていることは、決して意味のないことではない。

「教弥よ実なれば位弥《いよい》よ下れり」*12

日蓮大聖人が説かれる教法は、末法において閻浮提《えんぶだい》のすべての衆生を救うものである。権威を求めず、自ら衆生の側に寄り添う。ただそのことだけで、日蓮大聖人は多くの難《なん》に遭《あ》ってきた。

「所を・をはれ国を出さる・結句は国主より御勘気二度・一度は伊豆の国・今度は佐渡の嶋なり、されば身命をつぐ《続》べきかつて《資糧》もなし・形体を隠《かく》すべき藤《ふじ》の衣《ころも》ももたず、北海の嶋に・はなたれしかば彼の国の道俗は相州の男女よりも・あだをなしき、野中《のなか》に捨てられて雪にはだへ《肌》をまじえ・くさ《草》をつみ《摘》て命をささえ《支》たりき」*13

日蓮大聖人は凡夫僧《ぼんぷそう》である。日蓮大聖人は実事に照らして末法における法華経の行者の棟梁であり、換言すれば上行菩薩であることを自ら述べられている。その日蓮大聖人が「いびす」である阿仏房を教化された。日蓮大聖人は、阿仏房のことを「阿仏房御書」において「浄行菩薩」と呼ばれている。末法の衆生を救う法は、いかにも広くて深い。

---

*1『日蓮大聖人御書全集』「阿仏房御書」一三〇四ページ
*2 同前
*3『妙法蓮華経並開結』「見宝塔品第十一」三七五ページ
*4『日蓮大聖人御書全集』「阿仏房御書」一三〇四ページ
*5『妙法蓮華経並開結』「方便品第二」一三〇ページ
*6『妙法蓮華経並開結』「法師品第十」三七〇ページ
*7『日蓮大聖人御書全集』「阿仏房御書」一三〇四ページ

＊8『日蓮大聖人御書全集』「阿仏房御書」一三〇五ページ
＊9『日蓮大聖人御書全集』「佐渡御書」九五八ページ
＊10『日蓮大聖人御書全集』「佐渡御勘気抄」八九一ページ
＊11『日蓮大聖人御書全集』「本尊問答抄」三七〇ページ
＊12『日蓮大聖人御書全集』「四信五品抄」三三九ページ
＊13『日蓮大聖人御書全集』「国府尼御前御書」一三二四ページ

第二節　作られてきた阿仏房伝

御本尊に添書された阿仏房の子孫

佐渡流罪中の日蓮大聖人に対し命懸けで食料等を運んだ阿仏房は、順徳上皇供奉の武士でもなければ老人でもなかった。日蓮大聖人とお会いした頃は、藤九郎の齢を勘案すれば阿仏房は三十余歳であったと思われる。では御書中において「日本国・北海の島のいびす《夷》のみ《身》*1」と明記されている阿仏房が、順徳上皇供奉の武士とされ、享年九十一の老人になってしまったのはどうしてなのだろうか。

阿仏房を潤色《じゅんしょく》してきたのは、僧であり俗であり、そして歳月《さいげつ》である。ある者は餌食《えじき》を得るために阿仏房の真像を変容させ、またある者は阿仏房の身分を高くすることにより、それに連なる自分自身の身分を貴く見せることに利用した。俗たる阿仏房が貴種《きしゅ》であるならば、その阿仏房より上座に位置する出家は計らずも自然に上に位《くらい》することとなる。先人の阿仏房に対する潤色を後人が真に受け、さらに虚飾を重ねていった。

以下、阿仏房の実像が誰びとによってどのように変えられてきたかを、時代の流れに沿い追っていきたい。

日興上人は日蓮大聖人が阿仏房に与えられた「宝塔《ほうとう》」の「曼荼羅《まんだら》」に「佐渡國法花東梁阿佛房彦如寂房日滿相傳 之」[*2]と添書《そえがき》をされた。「宝塔」の「曼荼羅」は日蓮大聖人の真筆である。その御本尊を阿仏房の孫あるいはひ孫と伝えられる日満《にちまん》に正式に相伝させたものである。この一文を読んでも、阿仏房並びにその子孫と日蓮大聖人・日興上人との間に密接な関係があったことがわかる。

日興上人は日満に対して書状も残している。

「定、師弟並に別当職に補する事。

右佐渡阿闍梨日満は学文授法に於ては日興が弟子たりと雖も代々由緒有るに依て日蓮聖人の御弟子なり、其の故は聖人佐渡国流罪の御時尋ね参るの処一二の功に依て本弟子六人之を定め置かる、然りと雖も阿仏房に於ては而も直の御弟子、聖人号を蒙て仏法の恵命を相続し一切衆生を助くる仁法花の大棟梁なり、然れば阿仏房の跡相続の子孫は北陸道の法燈たるべきの由、日蓮聖人の御筆跡の旨に任せて日満阿闍梨は北陸道七箇国の法花の大別当たるべき者なり、大衆此の旨を存知せらるべし、惣じて日興門徒の僧俗等聊《いささか》も之を違失することなかれ、若し此の旨に背くの輩は大謗法たるべきなり、依て置き状件の如し。

元弘二年十月十六日

日興在り判

日満阿闍梨御房」[*3]（傍線は著者、以下同）

本書状の書かれた元弘《げんこう》二（一三三二）年は聖滅五十一年。阿仏房について日興上人は、日蓮大聖人の「直の御弟子」「法花の大棟梁なり」と述べられている。

日興上人は日満について「日興が弟子」とされながらも、「由緒有るに依て日蓮聖人の御弟子」であると記している。また日蓮大聖人の意に沿って、日満は阿仏房同様に「北陸道七箇国の法花の大別当」と称している。

間違った阿仏房伝の始まり

日興上人の没後まもなくして「三師御伝土代《さんしごでんどだい》」[*4]が著わされた。筆者は日道《にちどう》（大石寺第四世）と長く伝えられてきたが、近年では日時《にちじ》（同寺第六世）説もある。この「三師御伝土代」には重要な箇所で事実関係の誤りがある。佐渡流罪については、文永八年に佐渡に日蓮大聖人が着いたこと、文永十一年に佐渡を離れたことのみ書かれており、佐渡流罪中の日蓮大聖人の動向について知らせるものはない。当然のことながら、阿仏房の名は出てこない。

行学院日朝（身延山久遠寺第十一世）は文明《ぶんめい》十（一四七八）年に『元祖化導記《がんそけどうき》』を著わしている。阿仏房について同書は、御書の範囲でしか記していない。すなわち塚原の庵室に阿仏房が通ったこと、阿仏房が法的な罰則に基づき、所を追われ、金を召し上げられ、家を取られた、などといったことが記されている。加えて阿仏房はそのような弾圧を被ったにもかかわらず志を変えなかったことも記されている。

「阿佛房ニヒツヲヲ丶セテ、夜中ニ度々御ワタリアリシ事何ノ世ニカ忘レン、偏ニ悲母ノ佐渡國ニ生レカハリテ有シカ、至又其ノ故ニ或ハ所ハヲハレ、或ハ科代ヲヒキ、或ハ家ヲ取ラレナントセシニ、終ニ志カワラズトヲウサセ給ヒヌ」＊5

弘経寺の日健《にちごん》が講義したものを弟子たちが記録しており、それを『御書鈔《ごしょしょう》』（別称『健鈔《ごんしょう》』）にまとめ公けのものとした。日健が講義をしたのは永正《えいしょう》年間（一五〇四年〜一五二一年）。日健が「千日尼御前御抄」と「阿仏房御消息」の講義の中で阿仏房夫妻について述べている箇所を以下に紹介する。なお、これら二つの御書は今日では改称され、それぞれ「千日尼御前御返事」（弘安元年後十月十九日）と「千日尼御返事」（弘安三年七月二日）と呼ばれている。

「千日尼御前御鈔

仰云。千日尼ト申ハ神子《ミコ》也。其ノ人ノ行體ニ三年ノ日ゴリヲ取リタリ。三年ハ日數ガ千日也。此ノ如クタケテ行ヲシタル人ナレバ世間ノ人カ千日御前ト云タリ。是ガ佐渡ノ國ノ阿佛房ノ妻也。此ノ阿佛房ト云俗人ハ太政入道ノ時遠藤《エントウ》武者盛遠《モリトウ》ト云タル人ノ末也。而ルヲ佐渡ノ嶋へ流レテ流人也。佐渡ニテ今ノ千日御前ヲ語ヒテ夫妻ト成リ玉ヘリ」*6

「阿佛房御消息

仰云。此御書ハ身延山ニテノ也。御正筆ハ佐州河内ノ妙宣寺ニ御座アル也。阿佛房ト云人ハ。太政入道ノ時分津ノ國侍ニヱンドウ武者盛遠《モリトウ》ト云人ノアリシカ其ノ子孫也ト見ヘタリ。佐渡へ流罪セラルヽ也。而ニ佐渡ニテ妻ヲ設ケラレタリ。其ノ妻ハ神子《ミコ》也。千日尼ト云タリ〈中略〉其ノ阿佛房ハ初ハ念仏宗也。其ノ名ヲアミダ佛ト云フ心歟」*7

千日尼が「神子《みこ》」で、名前の由来は千日の行をしたからであるとされている。阿仏房は「遠藤武者盛遠」の子孫、さらには阿仏房が「流人」だということ、そして阿仏房の名前の由来は阿弥陀仏であるとしている。

この日健の講義した内容が、そのまま事実として定着したかというとそうではない。しかしながらこの日健の作出《さくしゅつ》した虚像は、歳月を経るなかで阿仏房の真実の姿と思われるようになる。

『健鈔』とほぼ同時期に、日蓮大聖人の一代記を絵と文にしてまとめわかりやすくしたものが出た。『日蓮上人註画讃《ちゅうがさん》』である。円明院日澄《にっちょう》（嘉吉《かきつ》元〈一四四一〉年〜永正七〈一五一〇〉年、聖滅一五九年〜二二九年）が著わしたものである。原本は逸失しているが、天文《てんぶん》五（一五三六）年、聖滅二五五年の写本が京都・本圀寺に残っている。

この『註画讃』は、塚原における阿仏房夫妻の様子を次のように記している。

「但阿佛房夫婦ノミ深ク見聞ヲ愼ンデ夜中ニ膳ヲ具《そな》フ。聖人ノ曰ク念佛者日蓮カ庵室ニ晝夜ニ立チ副《そい》テ通フ人ヲ強《あなが》チニ迷サント責メシニ阿佛房櫃ヲ負テ夜中ニ度度御渡リ有リ。偏ニ悲母ノ佐渡國ニ生レ代リシ歟、云云」*8

ほぼ同時期に著わされたにもかかわらず、阿仏房夫妻に関する記述が、『健鈔』と『註画讃』

とでは大きく違うことがわかる。

広蔵院日辰《にっしん》が『祖師伝《そしでん》』を著わしたのは永禄《えいろく》二（一五五九）年、聖滅二七八年。阿仏房について は一切、触れていない。

本隆寺日修《にっしゅう》（京都本隆寺第七世）が『元祖蓮公薩埵略伝《がんそれんこうさったりゃくでん》』を著わしたのは永禄九（一五六六）年、聖滅二八五年。阿仏房については、その名前のみを載せている。

「師ノ檀越阿佛、最蓮、中興居士遠島ノ之襟《このこころ》ヲ慰《いや》シ晝夜ニ奉仕ス」＊9

『日蓮大聖人御伝記』が延宝《えんぽう》九（一六八一）年三月、聖滅四〇〇年に出版された。この本は他所はともかく阿仏房については『健鈔』を種本《たねほん》としている。

「こゝに阿仏房藤原の為盛といふ人あり。これはもと遠藤武者盛遠が末孫なり。此島にながされて、千日尼と夫婦となりぬ。つまは頸《みこ》にて三年の日ごりをとり、日数千日なりければ、千日の尼と申けり」＊10

『法華霊場記冠部《ほっけれいじょうき》（蓮公行状年譜）』が京都の豊臣義俊《よしとし》（生没年不詳）によって、貞享《じょうきょう》二（一六八五）年、聖滅四〇四年に成立した。阿仏房については簡略な表現。

「此頃阿佛房夫妻師に伏せり（阿仏房後に中老僧と為り日得上人と號す）」*11

文中の「此頃」とは、文永九年正月十六日の頃で塚原問答の前後を指す。さらに日蓮大聖人から阿仏房に「日得上人」という上人号が与えられたとする。

『録内啓蒙《ろくないけいもう》』が安国院日講《にちこう》によって著わされたのは元禄《げんろく》八（一六九五）年、聖滅四一四年。日講は、千日尼が「神子」である、阿仏房は「流人」である、といった『健鈔』の記述には反論していない。しかし阿仏房が遠藤武者盛遠の末裔《まつえい》であるということについては、明確に反論している。

遠藤武者盛遠は後の「文覚上人《もんがく》」で同上人は確かに佐渡に流罪になっているが、結婚しておらず子供もいない。それゆえに日講は、阿仏房は「文覚上人」の子孫という説に対しては否定的である。以下それを示す。

「遠藤武者盛遠ハ高雄ノ文覺在俗ノ時ノ名ナリ　誤テ源左衛門尉《げんざえもんのじょう》渡《わたる》カ妻ヲ殺セシ事縁ト成テ發心セシ趣盛衰記十九ニ出タリ　然ルニ盛遠ハ別ニ妻子モナカリシト見ヘタレハ阿佛房ヲ其人ノ末ト云説覺束《おぼつか》ナキ事ナリ」[*12]

著者の日講は『録内啓蒙』を出すにあたって、佐渡に渡ったことを次のように書いている。文中「阿佛房」とあるのは、妙宣寺のことである。また「阿佛房」が地名を指す場合もある。

「予先年佐州弘通ノ時阿佛房ニ於テ御霊寶《ごれいほう》ヲ拜見セシニ錄内錄外目錄ノ外《ほか》數通ノ御妙判アリ逆旅忩遽故《げきりょそうきょゆえ》書寫スニ暇ナク今ニ殘念ナリ阿佛房ヲハ蓮華王山妙宣寺ト云ナリ」[*13]

この『録内啓蒙』によって広められた、「妙宣寺が阿仏房に由来する」との偽説は、昭和・平成の時代まで引き継がれることとなる。佐渡出身の筑波大学教授であった田中圭一は、阿仏房のもともとの居所は今の妙満寺のあたりであると指摘している。[*14]

妙宣寺は、天正《てんしょう》十七（一五八九）年、豊臣秀吉の時代に作られた比較的新しい寺で、阿仏房・国府入道などといった日蓮大聖人御在世の時の有力檀越《だんのつ》とは、何の縁もない。

同様なものとしては根本寺がある。これも後代に作られた寺で、有力檀越との関係はない。しかし根本寺は、この場所が塚原三昧堂であると宣伝している。[*15]

なお田中は、塚原があった場所について佐渡市目黒町の熊野神社のあたりという研究結果を発表している。[*16] 妙満寺と熊野神社は隣接している。

阿仏房を「従二位」とする「貴種」志向

身延山三十二世の智寂院日省《にっせい》(寛永《かんえい》十三〈一六三六〉年〜享保《きょうほう》六〈一七二一〉年)が『本《ほん》化別頭高祖伝《げべつずこうそでん》』を著わしたのは享保五(一七二〇)年、聖滅四三九年のことであった。この日省も虚飾に満ちた阿仏房像を作り、後代の人びとを大いに惑わせた。

「阿仏房ハ従二位藤原朝臣為盛入道ナリ。順徳帝ニ事《つかえ》テ佐州ニ到リ終《おわり》ヲ遂《と》ク」[*17]

ここに阿仏房は初めて順徳上皇供奉の者とされ、官位は「従二位」にして姓は「藤原」となっている。

この『本化別頭高祖伝』が出された十年後の享保十五（一七三〇）年、身延山第三十六世の六牙日潮《にっちょう》（延宝《えんぽう》三〈一六七五〉年〜寛延《かんえん》元〈一七四八〉年）が『本化別頭仏祖統紀《ぶっそとうき》』を出した。同書は『本化別頭高祖伝』をほぼ踏襲するものである。しかしながら大きな変化が盛り込まれた。それは阿仏房が九十歳の老体に鞭打って身延山に参詣したとする説が作出されたことである。

「阿佛房之ヲ見テ深ク孝志ヲ感ジ、人、定時ヲ伺テ夫婦饌《せん》ヲ治《じ》シ雪ヲ踏デ至テ、高祖大イニ喜ブ。三類之ヲ知テ　曹《ともがら》ヲ立テ堅ク妨グ。阿佛房夫婦尚其ノ隙ヲ　慮《おもんぱか》リ或ハ懐ニシ或ハ袖ニシ更〱《カハルカハル》供ヲ治シテ到テ一日モ怠ズ。高祖其ノ志ヲ賞シ歎《たん》ジテ曰ク、阿佛房夫妻ノ我ヲ愛セルコト爺ノ如ク嬢ノ如シ。嗟乎《ああ》圖《はか》ラザリキ、我ガ死セル考妣《こうひ》（父母——著者註）、子ガ胸中ニ托シテ此ニ到ラントハナリ。（阿佛房、姓ハ藤原、歌道ノ達者、建暦上皇ノ寵臣承久三年辛巳　上皇佐州ニオイテ狩ス。上皇崩ジテ薙髪《ちはつ》シテ生涯陵ニ侍ス）」*18

阿仏房は「歌道《かどう》」について達者であったとしている。その雅《みやび》な阿仏房が順徳上皇に供奉して佐渡まで来たというのである。

日潮の文は、あたかも見てきたかのように虚偽を展開する。弘安元年の出来事として阿仏房の身延参詣について次のように書いている。

「七月二十八日佐州阿佛房來リテ過ス。時ニ九十歳、高祖大イニ駭《おどろ》ク。阿佛房ハ複《あわせ》ヲ開キ衣ヲ出シ袈裟ヲ出シテ 欽《つつしん》デ曰ク。我ガ死隣ニ在リ。願ハ師ノ手ヲ労シテ剃度ノ式ヲ調ヘ比丘ノ数ニ入ラン。是ノ衣ヲ著ケテ是ノ袈裟ヲ著ケテ逝カン。是ヲ以テ殊《こと》ニ來ルト。高祖大イニ感ジテ速カニ其ノ望ニ充ツ。呼デ日得上人ト爲ス。妻千日尼、單衣一領ヲ獻《けん》ズ。高祖之ヲ謝スルニ書ヲ以テシテ曰ク。日蓮ヲ見ント欲セバ日月ヲ拜スベシ。影ヲ其ノ宮中ニ移ス也。靈山ニテ再會ス。且ツ阿佛房文永甲戌ヨリ今年戊寅マデ來リテ過ゴスコト三《み》ビ《た》ニ及ビ千里ノ山海・萬重《ばんえ》ノ嶮岨《けんそ》、其ノ志大海ヨリ深ク大地ヨリ厚シ。何ヲ以テ之ニ報ゼン。妙經開結共十巻布ノ欝多羅《うったら》便ニ任セテ之ヲ附ス」*19

日潮は阿仏房の享年について、次のように記している。この文は弘安二（一二七九）年の出来事として書かれたものである。

「三月二十一日佐州阿佛房日得九十一歳、終ニ滅ヲ取ル。男藤九郎盛綱禮ヲ以テ火葬シ骨ヲ拾テ頸ニ懸ケ身延ニ走リ來テ以テ高祖ニ告グ」*20

弘安二年の時点で阿仏房は九十一歳ということであるから、文治《ぶんじ》五（一一八九）年の生まれということになる。阿仏房は流人として佐渡に来たということになっていたのが、智寂院日省の『本化別頭高祖伝』によって順徳上皇供奉の者とされ、その十年後、日潮により生年を文治五年とされ、九十一歳で没したということになった。

安永八（一七七九）年、聖滅四九八年に水戸檀林《だんりん》の能化《のうけ》であった建立日諦《にったい》と玄得日耆《にちぎ》が『本《ほん》化《げ》高《こう》祖《そ》年《ねん》譜《ぷ》攷《こう》異《い》會《え》本《ほん》』を著わした。その中に阿仏房と千日尼についての記述がある。

「〇遠藤為盛　姓ハ藤原、左衛門ト稱ス。民部卿忠文第六世爲長（釋書ハ持遠ト作ス）第四ノ子（一ハ盛遠、薙髪《ちはつ》シ文覺ト號ス。二ハ爲明、三ハ爲家。統紀直授《らょくじゅ》ニ傳テ曰ク。爲盛・盛遠四世ノ裔《すえ》、健抄、佐渡記、之ト同ジ。是ニ非ズ）、罪ニ坐シテ佐ニ配セラル。新《しん》保《ぼ》ニ居ス。（爲盛ノ子守綱、宅ヲ捨テ寺ト爲ス。妙宣ト號ス。嘉暦《かりゃく》中、雑太《さわた》郡竹田城主、本間泰昌妙宣寺ヲ館ノ傍ニ移シ、天正《てんしょう》中、其ノ裔高滋、田園若干ヲ附シ乃タ又タ寺ヲ今ノ地ニ移ス。此自リ其ノ村ヲ呼デ阿佛ト曰フ。云ヒ傳ヘテ曰ク、爲盛後山《うしろやま》ニ住デ後ニ居ヲ移ス所ノ地、阿佛村ト名ヅク。統紀同説。健ハ佐ニ遊バシ土人ニ問フ。此説有ルコト無シ)。在家ノ僧ヲ以テ稱名《しょうみょう》ヲ常ノ課トス。人ハ阿佛房夫妻ト稱ス。大士ヲ見テ受戒ス。供シ給フコト最モ厚シ。大士、延山ニ入ルニ當テ、信士ノ參謁スルコト三ビニ至リ、第三次ニ曁《およ》ンデ其ノ年九十、而モ尚矍鑠《かくしゃく》トシテ千里ヲ遠シトセズ。弘安二年三月二十一日没ス。長子藤九郎、之ノ爲ニ延山ニ塔ス。大士法號ヲ賜ヒテ日得ト呼ブ。後ニ中老ノ一ニ系ス。

○千日 健鈔(十八、十二)説有リ。士人曰ク、夫ト與《とも》ニ大士ニ供養スルト。三月、其ノ功他人ニ倍シ、千日ノ供ニ因《ちなみ》テ名トスルヤ。供ヲ延山ニ送ルコト遺文ノ中ニ見ユ、乾元元年八月十四日ヲ以テ没ス(諸書、同ジカラズ。姑〈とりあえず——著者註〉、一説ヲ記ス)」[*21]

この『本化高祖年譜攷異會本』においても初出の「事実」が紹介された。

その「事実」とは、次のようなもの。

阿仏房は、これまで佐渡に流罪になった「文覺」の末裔とされていたが、この『會本』においては末裔説を紹介しつつも「文覺」の弟の為盛とされた。注目されるのは、佐渡に渡り島民に事実関係を問うていることである。この点に同書の貴重性がある。

阿仏房は本当に高貴の血筋であるのか。
阿仏房は初めに「後山」に住み、後に移り住んだ所が「阿佛村」と名づけられたのか。
これらのことについて佐渡の島民は次のように答えている。

「此説有ルコト無シ」

この後、阿仏房についてまとまった紹介をしているのは、『録外考文《ろくげこうぶん》』である。同書は観寿日耀《にちよう》によって天保《てんぽう》五（一八三四）年、聖滅五五三年に出された。同書は、『本化高祖年譜攷異會本』に記述された内容に沿って書かれている。

阿仏房が日蓮大聖人を殺そうとしたという「新説」

日蓮宗の信者で今の神奈川県藤沢市出身、江戸で医者をしていた小川泰堂《おがわたいどう》が『日蓮大士真実伝《にちれんだいししんじつでん》』を万延《まんえん》元（一八六〇）年、聖滅五七九年に出した。小川は身延山の日蓮大聖人の御書や古文書などを間近にし、研究をなした人物。しかしながら日蓮大聖人の生涯について真実を求めるよりも、脚色《きゃくしょく》をなすことに腐心《ふしん》したともいえる。小川がわかりやすく良かれと思ってしたことが、多くの真実を隠すことにもなった。
たとえば現在の「種種御振舞御書《しゅじゅおふるまいごしょ》」は、もともと「種種御振舞御書」「佐渡御勘気御書《さどごかんきごしょ》」「阿《あ》弥陀堂法印祈雨事《みだどうほういんきうのこと》」「光日房御書《こうにちぼうごしょ》」の四つの御書であったが、小川はそれを一つにまとめて現在の「種種御振舞御書」とした。こういう手法を取れば、別々の御書の繋《つな》がりをよくするために改竄《かいざん》をし、繋がりが悪い箇所を破棄したのではないかとの懸念《けねん》も残る。

小川泰堂は、阿仏房について次のように記している。まさに見てきたかのように記された文である。このような文を読めば阿仏房についてのイメージが脳裏に固着し、真実を覆い隠すこととなる。

「茲に遠藤武者盛遠より四世の孫、遠藤左衛門為盛は、順徳上皇御北遷に供奉申して以来《このかた》佐渡にあつて、憂世の中の悪業《ごう》煩悩、是も亦非なる理《ことわり》を悟り、夫婦諸共剃髪し、念仏称名に明かし暮しけるが、一日《あるひ》夫婦の密々話《ひそひそばなし》、かねて聞きたる外道《げだう》の日蓮、鎌倉殿も持て余《あま》し、此島に流罪せられ、程遠からぬ塚原にありと聞く。阿弥陀如来の大怨敵、万人の悪智識、密かに彼を失ひなば、千僧供養の功徳にも増すかたならんと張る肘《ひじ》を、妻は案じて老の身の、仕損じて怪我《けが》し給ひそと危《あやぶ》めば、昔握《と》つたる鮫柄《さめづか》も、覚えは腕にある物をと、一腰《ひとこし》掻《かい》込《こ》み庭に下り立ち、力足《ちからあし》踏む雪履《せつり》も、馴れし大野《おほの》の塚原道、夜もやゝ更《ふ》けて丑満《うしみつ》頃、抜足差足覗《ぬきあしさしあしうかが》へば、斯くとも知らぬ高祖大士、捨て果てし身も昨日《きのふ》けふ、降り積む野辺の雪風は、御身を貫く剣太刀《つるぎたち》、食事も絶えてけふ五日、雪を含んで咽喉《のんど》を潤し、命の際《きわ》の御《おん》経読誦、遠藤為盛うかがひ寄り、唯一討と思ひしが、果《はて》の知れたる痩道心、殺すに難き事やある。一先づその法門を訪ひ糺《ただ》し、返答詰まるその時に、暇《いとま》取らすも遅からずと堂に押入り会釈もなく、我は念仏の行者なり、法華ばかりの成仏にて、諸宗に得道なしといふ、その証拠はいづくにありやと、麁忽《そこつ》の難問」*22

塚原の配所におられた日蓮大聖人を阿仏房が訪ねた。その時の模様がテンポよく書かれているが、それを裏づける御書あるいは客観的な史料は何もない。物語としては入りやすいのであろうが、劣《れつ》に傾く嫌いがある。誤謬《ごびゅう》をもって信仰心を開いたとしても、所詮《しょせん》は虚妄《こもう》によるものであり崩れやすく不退の心を養うに至らない。

小川は、阿仏房を遠藤為盛であるとし遠藤盛遠の末《すえ》であるという。順徳上皇に供奉して佐渡に来たが、同上皇の死後、佐渡に残る。塚原で日蓮大聖人に刀剣を携《たずさ》え詰め寄るも破折《はしゃく》され念仏を捨て、法華経を信ずることとなったとする。

先の『本化別頭仏祖統紀』では、阿仏房が齢九十になっても身延に参詣をしたことになっていたが、小川は無論、このことについても触れている。

「貴辺は齢《とし》九十に在《おは》さずや、然るを去《い》ぬる甲戌《きのえいぬ》より五年の間に三度まで海山万里を越えて、遠く音信《たづ》ねたまはること、生々世々《しやうじやうせせ》の思出なるべし」*23

『報知新聞』の編集長であった熊田葦城《くまだいじよう》が明治四十四（一九一一）年、聖滅六三〇年に『日蓮上人』を著わしている。その中で熊田が記しているのは、阿仏房が遠藤盛遠の末裔《まつえい》で遠藤為盛であること、順徳上皇に供奉して佐渡に渡ったが、上皇の死後も佐渡に残ったことなどである。熊田も阿仏房は塚原において日蓮大聖人を殺そうとしたが逆に折伏《しやくぶく》され、弟子となったとしている。

「斯《か》くて飲まず、食はざること連日連夜、日蓮日頃
　我れは法華経を唱へ死に死なん
と心に期《き》すれば、別に苦しとも思はず、五日《か》の夜も僅《わづ》かに雪に喉《のんど》を潤《うる》ほしつゝ、従容《しやうやう》として法華經を誦《すん》ず、一命《めい》早や旦夕《たんせき》に迫る折りしも雪中簌々《そくそく》の聲《こゑ》あり、扨《さ》ては人よと思ふ途端、忽《たちま》ちヌッと顔を出だせる入道こそあれ

日蓮未だ聲《こゑ》さへ掛けず、彼の入道早くも堂上に躍り上がる

日蓮とは汝《なんぢ》よな、法華經のみ成佛して、他の諸宗は得道せずとの證據如何《しょうこいかん》、斯《か》く申す我は念仏の行者ぞ

〈中略〉

日蓮問ひに應《おう》じて滔滔《たうたう》說き來り、說き去つて、宛《さな》がら水の低きに就くが如し

入道聞きも終らず、突《つ》と引き下がりて首《かうべ》を牀《ゆか》に摺《す》り付く

扨《さ》て〱微妙《いみじ》うこそ承《うけたま》はりて候へ、今は何をか包み奉らん、まこと入道は上人を討ち奉つらんと存じて、斯《か》くこそ夜陰に推參《すいさん》仕つりたるにて候へ、名乗ればとて知ろし召され候まじ、入道は遠藤武者盛遠が曾孫《そうそん》左衛門尉為盛と申すもの承久《じょうきゅう》三年、新院《しんいん》（順徳天皇）に供奉《ぐぶ》して此《この》佐渡へ遷《うつ》り候ひしが、悲しやな御運拙《つた》なく、終《つひ》に空《むな》しくならせ給ひければ

〈中略〉為盛夫婦これより師の飢寒《きかん》を救はんと欲し、世を憚《はば》かり、人目を厭《いと》ひつゝ、夜な〱衣食を送ること百日あまり、日蓮其《その》功徳千日の修行にも優《まさ》ればとて、妻を千日尼と呼び、夫を阿佛坊日得《にっとく》と稱《しょう》す*24」

『本化聖典大辞林』が大正九（一九二〇）年、聖滅六三九年に国柱会《こくちゅうかい》の田中智学《たなかちがく》が編纂者となり師子王文庫《ししおうぶんこ》より発行された。阿仏房はここで初めて「順徳上皇の北面」すなわち禁裏を守

る「北面の武士」であるとされた。しかも弘安元（一二七八）年に阿仏房が身延において日蓮大聖人と最後にお会いした時、阿仏房の齢は九十歳であったと明記している。

「『千日尼御返事』等に出づ。聖祖直授の入道なり。法諱《ほうい》は日得、阿佛房と號す。俗姓は藤原氏、遠藤爲盛といふ。參議藤原忠文の末裔（忠文、將門征討の時、遠江國に於て、子公時を儲く、公時は後ちに遠江守となり、遠藤氏の祖たり）、左馬允瀧口ノ爲長（或は持遠）が子、遠藤武者盛遠（文覺）が弟にして、武者所と稱す、（遠藤系圖）順徳上皇の北面たり。承久三年、上皇の佐渡に遷されたまふや、妻と共に隨逐し奉る（妻は右衛門佐局の女房なりといふ）、時に齢三十三。近仕しまゐらすること廿四年、仁治三年、天皇眞野眞輪寺の阿彌陀堂に崩じさせたまふに及び、夫妻ともに落飾し尼入道となり、御陵の傍に廬《いおり》して、一心念佛し、冥福に奉勤するもの三十年、郷人よびて阿佛房と號す」[*25]

「弘安元年九月三《ママ》び至る、時に齢九十歳なり。自ラ遺骨を身延に收められんと請ふ。聖祖その至信を激稱し、名を日得上人と賜ふ。阿佛房願遂げ法喜身を霑《うる》ほして還り、翌二年三月廿一日泊然《はくぜん》として寂す、世壽九十一」[*26]

昭和初期において通説の過ちを指摘した学者

智寂院日省が『本化別頭高祖伝』を出したのが聖滅四三九年の享保五（一七二〇）年、六牙日潮が『本化別頭仏祖統紀』を出したのが聖滅四四九年の享保十五（一七三〇）年だった。主にこの二書によって作り上げられた阿仏房像は、二百年後の昭和五（一九三〇）年までその誤りを指摘されることはなかった。

何百年もかけて作られてきた阿仏房の虚像に、合理的な疑念を呈したのは『現代語訳　法華辞典』（昭和二年・山喜房佛書林発行）の編纂委員を務めた中村又衞《なかむらまたえ》である。中村は昭和五年に出版された『法華』という月刊誌の中で、阿仏房について次のように記している。

「阿佛房は順徳上皇の北面の武士で、上皇に供奉して佐渡に來たり、上皇崩御後御菩提のため夫妻剃髪して、念仏三昧に御陵に奉仕すること實に三十年、その忠誠は萬代の龜鑑たるべしと、近時特に日蓮主義者によつて宣傳され、殆んど疑問をいだくものもないやうな宗門の傾向であります」（「阿佛房は果して順徳上皇の忠臣なりや疑問（一）」[*27]）

「たとへば文覺と阿佛房とを遠藤系圖の通り兄弟と認めるにはその年齢の差が多過ぎま

す。文覺の死は八十才で正治元年（西暦一一九九年）、阿仏房の死は九十一才で弘安二年（一二七九年）ですから兄文覺が七十才の時、弟阿佛房が生れたので、信がおきかねます。ましてその父爲長は早死したとの説もある相ですからなほさら疑はしいものです[*28]」

「千日尼の父の十三年忌が來る八月十一日であるから御回向を願ひたいと錢一貫文等の御布施を捧げてゐます。自分達の親の年回に布施物を捧げるほどな阿佛房夫妻が、自分達の生命ともいふべき深恩ある先帝の御年回に多くの供養物をさゝげ、併せて千日尼としてもその御菩提についての誠意を力強く手紙に書いて申上げてあらねばなりますまい[*29]」

「然るにかくも細やかに認められた同情的の遺文に一言も先帝の御事も夫阿佛房の忠誠をも聖人は言及して居られません。恐らく言及されないのではなくて、事實、阿佛房は順徳上皇の忠臣ではなく全く無關係の人物であったのでせう[*30]」

「（著者註　日蓮大聖人が阿仏房夫妻を含め佐渡の檀越に出した）十通の遺文のどれにも、順徳上皇のおん事を書かれなかったのは、ワザと避けられたのでも略されたのでもなく、全く阿佛房夫妻にとっては、上皇とは何の関係もなかったからであると。上來の理由によって推断しても差支へなからうかと私はおもひます」[*31]

日蓮宗大学（現立正大学）教授であった浅井要麟《あさいようりん》は、これらの中村又衛の主張を支持して、中村の文を「摘要」し紹介している。

「中村氏は阿佛房夫妻・國府入道・一谷入道・中興入道等に關する十通の御遺文を擧げて、聖人がそれ等の御書中に順徳上皇の事も、承久の亂のことも、順徳上皇と阿佛房との關係のことも一言もされてゐない。聖人の立場からいへば、信者の生活上、信仰上、その人の主要な事に對して、開顯的教訓をされるのが、他の信者への例に徴して常の習はしである。然るに阿佛房に對して順徳上皇について語られぬのは不審である。聖人が佐渡以後特に力を注がれた承久の亂についての三院と眞言宗に對する嚴正批判から推定しても、その直接遺臣である阿佛房へ何等かのお言葉がありさうなものである。然るにそれが一言もない。

また阿佛房の立場からいへば、果して傳説の如くなら、彼が全生命を捧げて奉仕せる上皇の御事であるから、聖人の御遺文中に反映されるまでの話題になつてゐさうなものである。たとへば上皇の堕獄を嘆き、法華經に依る救濟を悦ぶ二つの感情が、何等かのかたちで御遺文中に反映さるべきである。また三十年間も御陵側で、御菩提のための念佛修行が、却つて仇となつた信仰的悔恨、それを償はんとする強盛な法華經の修行が、何かにつけて表現さるべきであらう。然るに御遺文中に絶えてそれがない」*32

中村および浅井の疑念はもっともなことである。日蓮大聖人は承久の乱の本質について、「妙法比丘尼御返事《みょうほうびくにごへんじ》」などにおいて明かされている。

「人王八十二代・隠岐の法皇と申せし王並びに佐渡の院等は我が相伝の家人にも及ばざりし、相州鎌倉の義時と申せし人に代を取られさせ給いしのみならず・島島にはなたれて歎かせ給いしが・終には彼の島島にして隠れさせ給いぬ、神《たましい》ひは悪霊となりて地獄に堕ち候いぬ、其の召仕《めしつか》はれし大臣已下は或は頭をはねられ或は水火に入り・其の妻子等は或は思い死に死に・或は民の妻となりて今五十余年・其外の子孫は民のごとし、是れ偏《ひとえ》に真言と念仏等をもてなして法華経・釈迦仏の大怨敵となりし故に・天照太神・正八幡等の天神・地祇・十方の三宝にすてられ奉りて、現身には我が所従等にせめられ後生には地獄に堕ち候ぬ」*33

日蓮大聖人は後鳥羽上皇や順徳上皇らが流罪の身になったのは真言《しんごん》による調伏《ちょうぶく》のための祈《き》禱《とう》に原因があると御書に書かれている。

阿仏房が順徳上皇供奉の侍であれば、そのことに関わる文言が御書に示されるはずだとする中村、浅井の主張はもっともである。紹介した御書以外にもいくつかの御書に同趣旨の記載がある。だが中村、浅井の主張は、定着しなかった。旧来の順徳上皇供奉説が、たちまちに頭をもたげてきたのである。

旧来の順徳上皇供奉説を再び定着させたのは、立正大学学長の清水龍山《しみずりゅうざん》と中谷良英《なかたにりょうえい》である。両名が担当し著わした『日蓮聖人遺文全集講義』（第十巻）には、阿仏房が順徳上皇供奉の大変な年寄りとして記されている。

「本書の對告衆阿佛房、姓は藤原氏、参議忠文の裔《すえ》、左馬允瀧口爲長の子、遠藤武者盛遠の弟で遠藤爲盛といふ。もと禁裏北面の武士、承久三年妻と共に、順徳上皇に扈従《こじゅう》して在島奉侍二十四年。上皇眞野眞輪寺の阿弥陀堂に崩じ給ふや、夫婦共に落飾して御陵を護り、朝夕念佛三昧に入りて御冥福を祈ること三十年、郷人呼んで阿佛房と云ふ」*34

この説を踏襲して、立正大学日蓮教学研究所所長や身延山大学学長などを歴任した立正大学名誉教授の宮崎英修《みやざきえいしゅう》は、『日蓮とその弟子』で次のように述べている。

「阿仏房夫妻が念仏を捨てて聖人に帰依したと伝える。伝によれば、阿仏房は順徳上皇に仕える北面の武士、遠藤為盛といい、上皇佐渡御配流の供奉をつとめ、崩御ののちは入道となって御墓所真野御陵の近くに庵を結び、妻女とともに阿弥陀仏を念じとなえて後世をとむらっていたので、人々は阿仏房、妻を千日尼と呼んだ[*35]」

宮崎英修は「崩御ののちは入道となって御墓所真野御陵の近くに庵を結び、妻女とともに阿弥陀仏を念じとなえて後世をとむらっていた」と、順徳上皇供奉の説を紹介している。順徳上皇の墓所が佐渡に所在するならば、上皇供奉の武士たちはその墓を守り、宮崎が言うが如く追善回向するのが取るべき道である。

清水龍山、中谷良英、宮崎英修は、佐渡に順徳上皇の墓があり、その墓を阿仏房夫妻が守っていたという伝承を紹介している。「真野御陵」と彫られた石碑が建てられている場所があるが、そこは順徳上皇の墓ではなく荼毘《だび》所である。佐渡に順徳上皇の墓そのものがないのであるから、宮崎の紹介する伝承は首肯できない。

宮崎は次のようにも記している。

「阿仏房は日得といい、聖人の身延入山後、弘安元年九月に至る五ヵ年の間に九十歳に垂《なんな》んとする高齢をもって三度も登山し、翌二年三月二十一日、九十一歳をもって没した」[*36]

阿仏房が弘安二年に亡くなった時、九十一歳であったと宮崎は言う。

阿仏房は九十歳という高齢でありながら身延に詣でた。その翌年、阿仏房は亡くなった。阿仏房が亡くなる前年まで身延に詣でていたということは、本山詣でを勧める僧にとって、これほど好都合なことはない。したがって真実は疎《うと》んじられ、時代を超え、宗派を超え、阿仏房は未来永劫《みらいえいごう》に九十一歳なのである。

＊1『日蓮大聖人御書全集』「千日尼御返事」一三二二ページ
＊2『日蓮聖人真蹟集成』第十巻本尊集　第一二
＊3『富士日興上人詳伝』六八二、六八四ページ
＊4『富士宗学要集』第五巻　一ページ
＊5『日蓮聖人伝記集』五〇ページ

＊6『御書鈔』下巻　一〇九〇ジペー
＊7『御書鈔』下巻　一四四二ジペー
＊8 原漢文。『日蓮聖人伝記集』一五一ジペー
＊9 原漢文。『日蓮聖人伝記集』一九二ジペー
＊10『日蓮大聖人御伝記』一四七ジペー
＊11『日蓮聖人伝記集』二三四ジペー
＊12『録内啓蒙』下　四二三ジペー
＊13『録内啓蒙』下　四二六ジペー
＊14『新版日蓮と佐渡』七四ジペー
＊15『日蓮聖人伝記集』二八〇ジペー
＊16『新版日蓮と佐渡』七二ジペー
＊17『日蓮聖人伝記集』二八〇ジペー
＊18 原漢文。『本化別頭仏祖統紀』一三三ジペー
＊19 原漢文。『本化別頭仏祖統紀』一六九ジペー
＊20 原漢文。『本化別頭仏祖統紀』一七〇ジペー
＊21 原漢文。『日蓮聖人伝記集』『高祖年譜攷異會本』四一八ジペー
＊22『小川泰堂全集論義篇』『日蓮大士真実伝』三三〇ジペー
＊23『小川泰堂全集論議篇』『日蓮大士真実伝』三六七ジペー
＊24『日蓮上人』二二一ジペー
＊25『本化聖典大辞林』八九ジペー

＊26 同前
＊27『法華』第十七巻第十号　三㌻
＊28『法華』第十七巻第十号　六㌻
＊29『法華』第十七巻第十一号　一〇㌻
＊30『法華』第十七巻第十一号　一七㌻
＊31『法華』第十七巻第十一号　二〇㌻
＊32『昭和新修日蓮聖人遺文全集』別巻　八九㌻
＊33『日蓮大聖人御書全集』「妙法比丘尼御返事」一四一一㌻
＊34『日蓮聖人遺文全集講義』第十巻　二一㌻
＊35『日蓮とその弟子』九七㌻
＊36『日蓮とその弟子』二一九㌻

第三節「阿仏房御書」の御執筆年について

第一項 鈴木一成の御執筆年確定の手法

「阿仏房御書」の御執筆年を弘安元年とする鈴木説の矛盾

立正大学教授の鈴木《すずき》一成《いちじょう》は、昭和二十七（一九五二）年に発行された『昭和定本 日蓮聖人遺文』の編纂に関わり、同四十（一九六五）年四月には『日蓮聖人遺文の文献学的研究』（山喜房佛書林発行）を著わした。鈴木は御遺文（御書）の系年《けいねん》（御執筆年）研究の〝権威《けんい》〟である。その鈴木は「阿仏房御書《あぶつぼうごしょ》」を身延期である弘安《こうあん》元（一二七八）年の御執筆だと断定する。これに対し私は、日蓮大聖人が佐渡流罪中であった文永《ぶんえい》九（一二七二）年の御執筆であると結論している。その立場から鈴木の学説を批判的に検証する。

さて、「阿仏房さながら宝塔・宝塔さながら阿仏房」[*1]の一節で有名な「阿仏房御書」が、いつ日蓮大聖人によって認《したた》められたのかという問題はかねてよりあった。

以下、「阿仏房御書」を収録した『御書』あるいは『目録』が御執筆年をいつに定めているか一覧を示す。

【文永九年】

『本満寺録外御書』（二十巻）　文禄四（一五九五）年　一如院日重編

刊本『録外御書』（二十五巻）　寛文二（一六六二）年　山屋治右衛門刊行

『境妙庵御書目録』　明和七（一七七〇）年　境持院日通編

『祖書目次』　安永八（一七七九）年　建立日諦編

『新撰校正祖書』（四十六巻）　文化十一（一八一四）年　玄修院日明編

『新定祖書目録攷異』　天保十四（一八四三）年　久遠院日騰編

『高祖遺文録』（三十巻）　慶応元（一八六五）年　小川泰堂校訂

『日蓮大聖人御書全集』　昭和二十七（一九五二）年　創価学会発行

『昭和新定　日蓮大聖人御書』第一巻　昭和四十一（一九六六）年　富士學林発行

霊艮閣版『日蓮聖人御遺文』　昭和四十二（一九六七）年　加藤文雅編

【文永十二年】

『平成校定　日蓮大聖人御書』　平成十四（二〇〇二）年　富士・大石寺発行

【建治二年】

『朝師御自筆録外分』　編纂年不明　円教院日意編
『昭和定本　日蓮聖人遺文』第二巻　昭和二十八（一九五三）年 身延・久遠寺発行
【偽書としているもの】
『日蓮大聖人御書新集』　昭和四（一九二九）年　佐藤慈豊編

「阿仏房御書」を日蓮大聖人がいつお認めになったのかという問題は、日蓮大聖人が阿仏房に対してどのような出会いと交流をされ、どのような人物評価をされていたのかということと大きく関わってくる。加えて日蓮大聖人が末法の衆生を化導するにあたり、どのような姿勢で臨まれていたのかということを知ることにもなる。さらには御本尊を日蓮大聖人が、いつ、どのように授与され始めたのかを窺うことにも繋《つな》がる。

ゆえに、この「阿仏房御書」の御執筆年をどのように判断するかは、日蓮大聖人の教法流《きょうほうる》布《ふ》の根幹《こんかん》に迫る作業と軌《き》を一《いつ》にするものである。このような観点から私は、「阿仏房御書」の御執筆年については過敏にならざるをえない。

鈴木は、『日蓮聖人遺文の文献学的研究』の中で「阿仏房御書」について次のように述べている。

「今この書の内容を検討するに佐渡からの消息ではなく、身延のものであることは疑えない」[*2]

「定本遺文は一往建治二年にかけたが、以上の理由により弘安元年とすべきであろうか」[*3]

つまり鈴木は、『昭和定本』の編纂に携わった時点では「阿仏房御書」の御執筆年を建治二年にしていたのだが、『日蓮聖人遺文の文献学的研究』を出版した時には弘安元年にしたと言っているのだ。なお鈴木のいう「以上の理由」については、本稿において後に検証する。

御執筆年研究に臨む鈴木の視座

まず本論に入る前に、鈴木の言うところの「文献学的研究」の規範を確認しておきたい。鈴木はどのような手法を取ることによって、日蓮大聖人の御書の御執筆年を特定しているのだろうか。

鈴木は、日蓮大聖人の御書の御執筆年を確定するにあたり、次のようなことを判断の基準にしているという。

「遺文の系年推定には、⑴系年を推定しようとする当該遺文の中に推定の根拠が存在するものと、⑵二つ以上の遺文の関連に依って推定できる場合と、⑶更に全遺文を通観して推定しなければならぬ場合とがある。⑴は事実を叙述する章句の中に主として発見できるもの、⑵と⑶は事実の叙述の外、更に思想の表現に於て把握しなければならぬものが多い」＊4

そしてさらに鈴木は次のように述べる。

「遺文の真蹟から推定する方法も、⑴筆蹟の年代的変化によるものと、⑵花押の年代的変化によるものとの二つがある」＊5

かてて加えて鈴木は、真蹟に基づく「年代的鑑別《かんべつ》」について、次のようにも言う。

「もう一つ真蹟研究の重要な問題はその年代的鑑別である。いかなる人もその年齢によって書風は順次に変化するものである。若年の稚拙若しくは活気に溢れた時代の筆蹟と晩年の老成若しくは衰退時代の筆蹟とは自ら変化を表してゐることは当然である」＊6

「更に考えられることは同じ年次の筆蹟についても、執筆当時の心理的若しくは生理的な状況によって可成の差違を表すことである。このことも筆蹟の年代的鑑別と同じく忘れてならない条件であろう」[*7]

真蹟に基づく「年代的鑑別」についてこのようなことに気づいているならば、その鑑別の限界を感じてより謙虚になるべきであるのに、鈴木は次のように付言するのである。

「この書風の研究は多くの真蹟に日夜直接に親炙《しんしゃ》して、自然にその特徴や変化を会得《えとく》する以外に方法はない」[*8]

鈴木の態度は陥穽《かんせい》を伴う。この文は一見、謙虚に精進することが大事であると言っているようであるが、この文を書いた鈴木の心境に、より深く立ち入ってみるならば、鈴木は「真蹟に日夜直接に親炙」したことにより、日蓮大聖人の筆跡の年齢的な「特徴や変化を会得する」ことができたと言っているともとれる。

かくして鈴木は、「年代的鑑別」のあらゆる制約から解き放たれ、自らの研鑽《けんさん》に基づくとされる言わば勘《かん》に従い、自在に「年代的鑑別」をし、御執筆年を確定できる権能《けんのう》の持ち主となったのである。この鈴木の自己過信《じこかしん》が、「阿仏房御書」の御執筆年を誤判断《ごはんだん》した真因《しんいん》だと私は見ている。

ご供養の御礼を「儀礼的言辞」とする鈴木

鈴木が「阿仏房御書」の御執筆年について、弘安元年とする根拠は二つある。一つは「阿仏房御書」の冒頭にあるご供養についての表現の仕方が、弘安期独特のものだというものである。

もう一つの根拠は、日蓮大聖人の佐渡着島が文永八年十月二十八日で、そのわずか五カ月後の翌文永九年三月十三日に「阿仏房しかしながら北国の導師とも申しつべし」*9と日蓮大聖人が阿仏房を評価されたのは時期尚早で不自然であるというものである。

「彼が入信間もない塚原三昧堂時代に与えられた讃辞とは考えられない。身延入山後少くとも弘安期に入ってからの言表であろう」*10

日蓮大聖人がどのような思いでご供養の品々を書き記され、御礼を述べられているのかについて、私と鈴木との間に大きな隔《へだ》たりがあるので、それについて記しておきたい。

鈴木は日蓮大聖人がご供養の御礼を記されている部分について、「儀礼的言辞《ぎれいてきげんじ》」であると評価している。この鈴木の評価は、鈴木の思考の基底部が素《す》のまま投影《とうえい》されたものといえる。鈴木は、日蓮大聖人がご供養に対してなされる御礼を、「儀礼的言辞」だという範疇《はんちゅう》でしか考えられないのである。

日蓮大聖人がご供養の細目《さいもく》を書かれる時には、ご供養をした施主《せしゅ》に対する御礼はもちろんのこと、それを無事に届けた使いの者に対するねぎらいの思いも込められている。下世話《げせわ》なことになるが、使いの者が不正をしなかったことを証する意味合いもあったと思われる。とはいえ、ご供養は信心の発露《はつろ》であるがゆえに、多くの場合はご供養の請書《うけしょ》の範囲で文言が終わることなく、法華経の行者に供養する者の尊さを説かれたり、法門についての説示がなされることもある。

御書の展開は多種多様である。それは当然のことながら、ご供養をした者の身分の高低、貧富、あるいは健康、はたまた家族の問題など、その折々《おりおり》のご供養をした者の状況を踏まえて、日蓮大聖人はご供養の御礼の筆を進められているのだと拝する。

鈴木が主張の裏づけとする七つの御書

では鈴木が着目した「阿仏房御書」冒頭のご供養に関する箇所を引用する。鈴木はこのご供養について書かれた言辞とその構造のゆえに、この御書は弘安期に書かれたものであると断定する。

「宝塔の御供養の物・銭一貫文・白米・しな《品》じな《品》をくり物たしかに・うけとり候い了《おわ》んぬ、此の趣《おもむき》御本尊・法華経にも・ねんごろに申し上げ候・御心やすくおぼしめし候へ」*11

鈴木はこの御文を「供養物についての儀礼的言辞」*12 と評し、「かかる語例は佐前佐渡の遺文には全く見出せない。特に弘安に入ってからに見出せるのである」*13 と主張する。

その上で鈴木は、「阿仏房御書」にある「儀礼的言辞」の類例として、弘安期に著わされたとする御書の「儀礼的言辞」を七つ挙げている。

なお鈴木の文中に「真蹟曽存《しんせきそうそん》」とあるのは、日蓮大聖人の「真蹟」が身延《みのぶ》に「曽《かつ》て存《あ》った」の意味である。つまり明治八（一八七五）年の身延山大火でその御書は焼失したことを示す。

また、鈴木の引用文中の御書名の頭に振られている番号は、昭和二十七年（第一巻）発行の

『昭和定本』に収録された御書の通し番号であり、御書本文末尾の（ ）内の数字は『昭和定本』の頁番号を示している。また、論を進める便宜上、『昭和定本』の通し番号のさらに上に、アルファベットを冠した。通し番号と御書名に傍線を付した御書は後に鈴木が弘安期に著わされたとする御書である。これらの御書は「儀礼的言辞」として示す十二例の中にも入っている御書である。

A　三一一「初穂御書」（弘安元年十月二十一日）＝真蹟現存
……石給て御はつを（初穂）たるよし法華経の御宝前申上て候。（一五九二）

B　三四〇「四条金吾殿御返事」（弘安二年九月十五日）＝真蹟曽存
銭一貫文給て頼基がまいらせ候とて、法華経の御宝前に申上て候。（一六六五）

C　三五四「中興入道御消息」（弘安二年十一月三十日）
鵝目一貫文送給候了。妙法蓮華経の御宝前に申上候了。（一七一二）

D　三六四「富城入道殿御返事」（弘安三年四月十日）＝真蹟現存
鵝目一結給了。御志者挙申法華経候了文（一七四六）

E　三七一「千日尼御返事」（弘安三年七月二日）＝真蹟現存
鵝目一貫五百文・のり・わかめ・ほしい（平飯《ママ》）・しなじなの物給候畢。法華経の御

宝前に申上て候。（一七五九）

F 三八七「大豆御書」（弘安三年十月二三日）＝真蹟曽存
　大豆一石かしこまって拝領し了。法華経の御宝前に申上候。（一八〇九）

G 三九三「智妙房御返事」（弘安三年十二月十八日）＝真蹟現存
　鵝目一貫文送給て法華経の御宝前に申上候了。（一八二六）*14

鈴木はこの七つの類例を挙げた後、次のように結論する。

「以上挙げたように、この語例は弘安期に入ってからの遺文に現れている」*15

鈴木の挙げたこれらの御書を見ると真蹟及び真蹟曽存がほとんどであるが、C「中興入道御消息」のように真蹟もなく真蹟曽存でもないものも含まれている。

それはさておき、鈴木はこのように「阿仏房御書」冒頭のご供養に関する表記が、この七つの類例の範疇に含まれるというのだが、その共通項は一見、「法華経の御宝前」という文言にあるのではないかと思われる。しかし、D「富城入道殿御返事」には「御宝前」の言葉はなく「御志者挙申法華経候了」（著者訳：御志は法華経に申し挙げ候い了んぬ）となっている。

もっとも「阿仏房御書」にも「御宝前」の言葉はなく、「宝塔の御供養の物・銭一貫文・白米・しなじな《品品》をくり物たしかに・うけとり候い了《おわ》んぬ、此の趣《おもむき》御本尊・法華経にも・ねんごろに申し上げ候[*16]」となっているのだから、「御宝前」が鈴木の意図する類例の共通項というわけではない。

では、何を共通項として鈴木はこれらの類例を挙げたのであろうか。よくよく見れば「法華経」（妙法蓮華経も含む）「申上」という表現が共通項になっているようである。ただし、これとてDの「富城入道殿御返事」では「挙申法華経候了」であるから、厳密に言えば七つの類例の御書と「阿仏房御書」との共通項は「法華経」と「申上」「挙申」という語句だけである。

鈴木の挙げる類例では、「申上」「挙申」げる対象が一律ではない。A「初穂御書」B「四条金吾殿御返事」E「千日尼御返事」F「大豆御書」G「智妙房御返事」では「法華経の御宝前」であり、C「中興入道御消息」では「妙法蓮華経の御宝前」、D「富城入道殿御返事」では「法華経」となっている。

しかしながら鈴木は、「阿仏房御書」の「此の趣御本尊・法華経にも・ねんごろに申し上げ候」との御文に「御本尊・法華経」と「申し上げ」という語句があることから、「阿仏房御書」も弘安期のものだと断定しているのである。

類例として挙げた御書の不確かな御執筆年

ところで鈴木が弘安期だけに見られる「儀礼的言辞」の類例として挙げた七つの御書は、本当に弘安期のものであるとすべて確定しうるものであろうか。もしも鈴木が類例として挙げた七つの御書の中に一つでも弘安期でないものが存在したら、鈴木の説は自壊《じかい》する。

そこでよくよく検証を加えると、鈴木の挙げた七つの御書のうち、弘安期のものであると確定できるのはE「千日尼御返事」、G「智妙房御返事」、C「中興入道御消息」の三つしかない。以下、三つの御書の御執筆年について念のため検討を加える。

E「千日尼御返事《せんにちあまごへんじ》」は、真蹟現存で「七月二日」と日付はあるが御執筆年は書かれていない。しかし、その文中には阿仏房の死去について触れられている。

「故《こ》阿仏聖霊は日本国・北海の島のいびす《夷》のみ《身》なりしかども後生をそれて出家して後生を願いしが・流人日蓮に値《あ》いて法華経を持ち去年の春仏になりぬ」[*17]（傍線は著者）

阿仏房は、弘安元年に身延に行き日蓮大聖人にお会いしている。そのことは、別の御書である「千日尼御前御返事」に次のように書かれていることからして間違いない。

「弘安元年太歳戊寅《つちのえとら》七月六日・佐渡の国より千日尼と申す人、同じく日本国甲州・波木《はき》井《り》郷の身延山と申す深山《みやま》へ同じき夫の阿仏房を使として送り給う」*18（傍線は著者）

すると阿仏房が亡くなったのは「弘安元年太歳戊寅七月六日」より後ということになる。そして鈴木が弘安期の御書の類例として挙げたE「千日尼御返事」には「去年の春仏になり」と認められている。よって鈴木が挙げたE「千日尼御返事」が、弘安期に執筆されたことは間違いない。

G「智妙房御返事《ちみょうぼうごへんじ》」も同様に真蹟現存ではあるが御執筆年の記載はなく、「十二月十八日」と日付のみが認められている。しかしこの御書には御執筆年を確定できる事件が記されている。すなわち鶴岡八幡宮の火事である。

「なによりも故《こ》右大将家の御廟《びょう》と故《こ》権太夫殿の御墓との・やけ《焼》て候由承わりてなげき候へば・又八幡大菩薩並びに若宮のやけさせ給う事いかんが人のなげき候らむ」*19（傍線は著者）

鶴岡八幡宮の火災は弘安三年十一月十四日のことであるから、この御書は弘安三年十一月十四日以降のものとして考えられる。

C「中興入道御消息《なかおきにゅうどうごしょうそく》」は真蹟が伝わってはいないが、文中に「今弘安二年十一月」とあることから、この書状は弘安二年のものと考えられる。

「去ぬる建長五年四月二十八日より今弘安二年十一月まで二十七年が間・退転なく」[*20]（傍線は著者）

これらE「千日尼御返事」、G「智妙房御返事」、C「中興入道御消息」の三つの御書の御執筆年が、弘安期であることに異論を差し挟む余地はない。加えて次の二つは御執筆年の表記がなく、内容からも御執筆年を確定できる事象は書かれていないが、弘安期のものという点では過去に異論がない。よってここでは争わない。

B「四条金吾殿御返事」は真蹟曽存であるが、過去の目録等を見れば弘安元年、弘安二年、弘安三年の三説に収まっている。

D「富城入道殿御返事」は創価学会版の『日蓮大聖人御書全集』には収録されていないが、『昭和定本』『昭和新定』では弘安三年とし、『日蓮聖人御真蹟対照録』では弘安三年または四年であると両論併記され、鈴木自身は前掲した著書で弘安四年としている。

最後に問題となるのは「初穂御書」と「大豆御書」

鈴木が「阿仏房御書」の御執筆年について弘安期であるとし、それを立証するために類例として挙げた七つの御書のうち、三つの御書の御執筆の時期が御書文中の表記により弘安期と確定しており、二つは弘安期ということで異論がない。問題が残るのはＡ「初穂御書」とＦ「大豆御書」の二つである。鈴木もまたこの二つの御書には問題が残ると見ているようで、別項を立てて論じている。

まずＡ「初穂御書」であるが、鈴木は次のように述べる。

「Ｉ　三一一初穂御書

この書の真蹟は大石寺に秘蔵され、縮遺続集《しゅくいぞくしゅう》に始めて収録されたもの、一紙十四行の断簡《だんかん》である。未だ系年《けいねん》は考証されていないので定本収録に際して弘安元年に系けたのである」[*21]

鈴木はこの御書の御執筆年について、いまだ考証されていないとしながらも「定本収録」の際には、「弘安元年」にしたと内実を明かしている。

そもそもこのＡ「初穂御書」を何度、読もうとも正しい御執筆年が浮かび上がってくることはない。だが鈴木は自己判断で、この御書を「弘安元年」に執筆されたものであるとした。

Ａ「初穂《はつほ》御書《ごしょ》」の全文は以下のとおり。

「石給て御はつを（初穂）たるよし、法華経の御宝前申《へ》上て候。かしこまり申よしけさん（見参）に入させ給候《ヒ》へ。恐々。

十月二十一日　　　日　蓮　花押

御所御返事[*22]」

このＡ「初穂御書」について鈴木は「真蹟を拝見する機会を得ないが、堀日亨師の影写本《えいしゃぼん》によるに」とし、「花押《かおう》の形態」が「弘安期のものなることは明らかである」[*23]と結論する。

このＡ「初穂御書」の冒頭の部分は一部欠損している。本文の内容から御執筆年を確定することが不可能であることは、誰の目にも明らかである。そこで鈴木は「堀日亨師の影写本」の「花押の形態」によって御執筆年を判断したと言うのである。「影写本」とは、手作業で原本をあたかも撮影した如くに書き写したものをいう。つまり、Ａ「初穂御書」に関する御執筆年確定の根拠は「供養感謝の語」と「花押の形態」である。ただし、「花押」の影写本を作成した堀日亨《ほりにちこう》は昭和二十七（一九五二）年四月に発行された『日蓮大聖人御書全集』編纂時には御執筆年を不詳としている。

しかし、この御書の真蹟を有する大石寺から昭和四十一（一九六六）年に発行された『昭和新定』では弘安元年、平成十五（二〇〇三）年発行の『平成校定　日蓮大聖人御書』では弘安三年の御執筆としている。

この御書に御執筆年を付けているのは、鈴木が編纂に携わった『昭和定本』と鈴木の研究の集大成といえるこの『日蓮聖人遺文の文献学的研究』しかない。鈴木はいずれの本においても同御書の御執筆年を「弘安元年」としている。

大石寺は当初は鈴木の説に乗り、後には独自に「弘安三年」とした。しかしながら大石寺は、なぜ「弘安三年」にしたかについて明らかにしていない。

日蓮大聖人が御本尊や御書に認《したた》められている花押は一定ではなく、大きく変化する年もあれば変化しない年もある。規則性をもって変化したと思われるものもあるが、前後に執筆された御書や御本尊の花押と隔たっているものもある。

鈴木は「花押」と「供養感謝の語」（「儀礼的言辞」）によりA「初穂御書」の御執筆を弘安期であると特定する。しかしながら「儀礼的言辞」で御執筆年を判断することは、もともと危うい手法であった。それに影写本があるとはいえ、ご真蹟と照合しながらその影写本を作成した堀自身が、同御書の御執筆年について判断を下していない。そうなると鈴木の御執筆年特定の力量と手法に対し信を置くことはできない。

したがってＡ「初穂御書」が弘安期に認められたとする鈴木の論は、ただ鈴木が言い張っているだけということになるのである。

「大豆御書」を弘安期とするための十二の御書

さて、次なる問題はＦ「大豆御書《だいずごしょ》」である。Ｆ「大豆御書」の場合はＡ「初穂御書」のように、影写本もなく御執筆年を簡単に弘安期とするわけにはいかない。

まず、Ｆ「大豆御書」の全文を拝してみよう。

「大豆一石かしこまって拝領し了。法華経の御宝前に申上候。一渧の水を大海になげぬれば、三災にも不ㇾ失。一華を五浄によせぬれば劫火にもしぼまず。一豆を法華経になげぬれば法界みな蓮なり。恐惶謹言。

十月廿三日　　　日　蓮　花押

御書御返事」*24

A「初穂御書」と同様に、この御消息文の内容によって御執筆の年次を判断することは不可能である。

そこで時代を遡《さかのぼ》ってみると、建立日諦（水戸檀林能化）の『祖書目次』（安永八〈一七七九〉年）、玄修院日明の『新撰校正祖書』（文化十一〈一八一四〉年）、小川泰堂の『高祖遺文録』（慶応元〈一八六五〉年）、創価学会発行の『日蓮大聖人御書全集』でも、このF「大豆御書」を文永七年のものとし、境持院日通（伊豆玉沢妙法華寺三十三世）の『境妙庵御書目録』（明和七〈一七七〇〉年）では文永十一年としている。

さらに、鈴木が編纂に携わった『昭和定本』においては、「弘安三、庚辰一〇、二〇（或文永七）」と表記されている。また、いま検証している鈴木の著書『日蓮聖人遺文の文献学的研究』においては、「弘安元年以後にをくべきである」と断定されている。

鈴木はこのF「大豆御書」について弘安元年以後であると推断《すいだん》する。しかしながら、この鈴木説と異なる説が存在する。しかもこの御書は「真蹟曽存」、すなわち明治八年の大火で真蹟が焼失してしまっている。真蹟がなくなり、文全体も先に紹介したように取り立てて時代を反映する内容は含まれておらず、詳細な検討などできようはずもない。しかしながら鈴木はこの御書に「法華経の御宝前に申上候」との表記があるがゆえに弘安元年以後の御執筆であると断定してしまっているのである。

もしこのF「大豆御書」が、真蹟を見ている者も含めた先人《せんじん》の多くが支持するように文永期のものであるならば、「阿仏房御書」について弘安期の御執筆とする鈴木の説自体が成り立たないことになる。

では鈴木はどのようにしてF「大豆御書」を弘安元年以後のものと判断したのであろうか。鈴木はこの御書に文永七年説と同十一年説があることを紹介した上で次のように述べる。

「私は次のような根拠で弘安元年以後に移すべきであると思う。

1．冒頭の供養物に対する感謝の言葉として『法華経の御宝前に申上候』（一八〇九）とある。この語例は弘安に入ってからの遺文にのみ見られるのである」[*25]

鈴木はこのように記した後、「阿仏房御書」の御執筆年を確定した場合と同様に、ご供養に関する「儀礼的言辞」のある御書を新たに十二例、提示する。

それを左に列記する。ただしこのうちの五例は「阿仏房御書」について検討する際、すでに出されてきたものである。その重複して出された五例については、御書の通し番号と御書名に傍線を引いた。

二七四「松野殿御返事」（建治四、二、三《ママ》）真蹟断片現存

御志定て法華経十羅刹も知食候覧。（一四四一）

二九九「種々物御消息」（弘安元、七、七《ママ》）真蹟現存

みなみなのものをくり給て法華経にまいらせて候。（一五二九）

三二四「十字御書」（弘安元、一二、二一）真蹟現存

十字三十、法華経の御宝前につみまいらせ候ぬ。（一六二〇）

三二六「上野郷主等御返事」（弘安二、正、一一）真蹟現存

二十枚の金のもちゐ（飯）を法華経の御宝前にさゝげたり。（一六二二）

三三二「新池御返事」（弘安二、五、二）

八木三石送給候。今一乗妙法蓮華経の御宝前へ備へ奉り、南無妙法蓮華経と只一遍唱へまいらせ候。（一六三九）

三四〇「四条金吾殿御返事」（弘安二、九、一五）真蹟曽存

銭一貫文給て、頼基がまいらせ候とて、法華経の御宝前に申上て候。（一六六五）

三五三「兵衛志殿女房御返事」（弘安二、一一、二九）真蹟現存

兵衛志女房、絹片裏給候了。此御心は法華経の御宝前に申上て候。（一七一一）

三五四「中興入道御消息」（弘安二、一一、三〇）

鵞目一貫文送給候了。妙法蓮華経の御宝前に申上候了。（一七一二）

三五九「上野殿御返事」（弘安三、正、一一）真蹟断現存

十字六十枚・清酒一筒・薯蕷五十本・柑子二十・串柿一連送給候了。法華経御宝前にかざり進らせ候。（一七二九）

三六四「富城入道殿御返事」（弘安三、四、一〇）真蹟現存

鵞目一結給了。御志者挙申法華経候了。（一七四六）

三七一「千日尼御返事」（弘安三、七、二）真蹟現存

鵞目一貫五百文・のり・わかめ・ほしい（干飯）・しなじなの物給候了。法華経の御宝前に申上て候。（一七五九）

三九三「智妙房御返事」（弘安三、一二、一八）＝真蹟現存

鵞目一貫文送給て、法華経の御宝前に申上候了。（一八二六）＊26

このようにご供養に関する十二例の御書を引用するのだが、鈴木は引用に際して「法華経の御宝前に申上候」という「語例」を挙げると言っていながら、どう読んでも二七四の「松野殿

御返事」は鈴木のいうところの「語例」に当てはまらない。

二七四「松野殿御返事」　御志定て法華経十羅刹も知食候覧。

二七四の「松野殿御返事」は、信仰者が「法華経十羅刹」になんらかの動作、あるいは想念をなすのではなく、「法華経十羅刹」が行為をなす側の者として書かれている。鈴木は「法華経の御宝前に申上候」という「語例」を挙げると言っていながら、主体と客体が入れ替わった「語例」を出し転倒の論を展開していることとなる。

しかしながら鈴木は、頓着なく強弁をなす。

「かかる用例は弘安以前には見当らない。弘安以後に現れる供養物感謝の一つの表現なのである。従って前掲の『初穂御書』、及びこの『大豆御書』はこの系列の中に加わるべき消息であり、弘安元年以後にをくべきである[*27]」

F「大豆御書」は従来、文永七年、または文永十一年の御執筆とされてきた。このことは鈴木にとって極めて不都合なことである。この御書には「儀礼的言辞」の模範ともいえる「法華経の御宝前に申し上候」の文言がある。この御書を文永とするならば、鈴木の立論自体がその根底より崩れることになる。そこで鈴木は「これらには系年の根拠につき説明されていない」[*28]と述べ、自分は根拠を挙げられると言って、十二の御書を類例として動員し、Fの「大豆御書」を弘安期のものとした。

鈴木は「阿仏房御書」を佐渡期から弘安期に移動させるために、七つの御書を類例として提示した。その七つの御書の中には、Aの「初穂御書」とFの「大豆御書」という二つの御書があった。しかしこの二つの御書は「阿仏房御書」を弘安期の御執筆とするための根拠としては、極めて弱いものであった。そこで鈴木は、その二つの御書を弘安期に移動し、さらに「阿仏房御書」の御執筆年の移動に正当性を持たせるために新たに七例を出した。

しかしながら鈴木が類例を二十挙げようが三十挙げようが、「佐前佐渡」期に「法華経の御宝前に申し上候」といった「儀礼的言辞」が書かれた御書は絶対に存在しえないと断言することはできないのである。

よって「阿仏房御書」に鈴木の指摘するような「儀礼的言辞」があるからといって、この御書の御執筆年を文永九年から「弘安元年とすべきであろうか」と、安易に結論することはできない。

鈴木が狙《ねら》いを定《さだ》めた御書を一つずつ挙げて、その御書と類似する「儀礼的言辞」を含む一群の御書と比較し、次々と弘安期に送り込むといった作業は、まったくもって恣意的《しいてき》なものであるとしか言いようがない。この手法であれば、弘安期の御書は増え弘安期以外の御書は減じ、鈴木の論が大勢を占めていくこととなる。

『昭和定本』に基づき、弘安期において「儀礼的言辞」であると思われるもの、そうでないものの数を確認する。「儀礼的言辞」であると思われるものは十九例、それがないものが七十五例である。四倍もの差がある。

この現実を知れば、鈴木が「儀礼的言辞」を口実に御書の御執筆年を他の期から弘安期に移している作業自体が虚《むな》しく感じる。

人為的に破棄された御書

『昭和定本』において、佐前期、佐渡期の御書のうちご供養に関する記述があるものは、佐前期七例、佐渡期九例である。

そもそも「佐前佐渡」期における御消息文《ごしょうそくもん》がこれほど少ないのはなぜなのであろうか。それは、竜の口法難、佐渡流罪と続く大法難に直面した弟子たちが退転したことにより、ほとんどが破棄、焼却されたからだと思われる。

「かまくら《鎌倉》にも御勘気の時・千が九百九十九人は堕ちて候」*29

それに加え、「佐前佐渡」期であるかどうかにかかわらず、日蓮大聖人の御消息文の大半が現存していない大きな理由がある。日蓮大聖人亡き後、五老僧たちが日蓮大聖人の御消息文を軽んじて、漉《す》き返《かえ》したり、焼却したりしたからである。

「一、聖人御書の事　付けたり十一ケ条
彼の五人一同の義に云く、聖人御作の御書釈は之無き者なり、縦令《たとえ》少少之有りと雖も或は在家の人の為に仮字《かな》を以て仏法の因縁を粗《ほぼ》之を示し、若は俗男俗女の一毫《いちごう》の供養を捧《ささ》ぐる消息《しょうそく》の返札《へんさつ》に施主分を書いて愚癡《ぐち》の者を引摂《いんじょう》したまえり、而るに日興、聖人の御書と号して之を談《だん》じ之を読む、是れ先師の恥辱《ちじょく》を顕す云云、故に諸方に散在する処の御筆を或はスキカエシに成し或は火に焼《や》き畢んぬ」*30

そもそも「佐前佐渡」期という期間は、日蓮大聖人が数え三十二歳で立宗された時に始まり、五十歳で佐渡流罪に遭《あ》われ、五十三歳で赦免《しゃめん》になるまでの二十一年余りを指す。この間、ご供養について記述された御消息文は先述したとおり、十六通しかない。それなのに、「佐前佐渡」期におけるご供養返礼の記述形態について、こういう形式のものがあるとかないとか、鈴木のように独断的に主張する者がいるならば、それこそ物怪《もっけ》の論《ろん》と言わざるをえない。

「佐前佐渡」期におけるご供養について記述された御消息文が現状、十六通しか残っていないというのはあまりにも少ない。同様のことは身延期についてもいうことができる。『昭和定本　日蓮聖人遺文』によれば、身延にご供養が届けられたことに対し、日蓮大聖人が自ら筆を運ばれ御礼を述べられている御消息文はおよそ百六十例ある。

身延の日蓮大聖人のもとへ直接、ご供養を届けた者もいるであろうが、鎌倉にいらした時と比べれば、距離の遠さ、不便さのゆえに身延期の場合は施主が直接、届ける数は圧倒的に少ないと思われる。したがって、ご供養の施主が使いを立てて日蓮大聖人のもとに届けるということになる。そうなれば、そのご供養の御礼を記された御消息文の数は、鎌倉の時よりも割合として多いと推測される。にもかかわらず八年間で百六十通、年平均で約二十通の御消息文しか現在、確認できないのである。

今日まで伝えられている御消息文の数が、実際に日蓮大聖人が書かれたものより極端に少ない状況において、鈴木のように「儀礼的言辞」を根拠にして弘安期に限られるなどと主張することは、非合理的であるとの謗《そし》りを免《まぬか》れない。

しかしながら鈴木の説は蔓延《はびこ》り、御消息文に「法華経」「御宝前」、そして何らかの所作を表わす語句があれば、鈴木に追従《ついしょう》しその御書は弘安期だと言う者までいる。

鈴木の指摘する「儀礼的言辞」をもつ御書が弘安期に移されていくことにより、皮肉なことに、もともと根拠がなかった鈴木の説が補強されるという現象が見られるのである。

鈴木の学説は「阿仏房御書」により自壊

鈴木は「阿仏房御書」を日蓮大聖人が御執筆された年について、「弘安元年」と結論している。

「定本遺文は一往建治二年にかけたが、以上の理由により弘安元年とすべきであろうか」

なお「以上の理由」とは、先述したように「阿仏房御書」の冒頭にあるご供養についての「儀礼的言辞」が弘安期独特のものだということと、日蓮大聖人が佐渡に着かれたわずか五カ月後に阿仏房を「北国の導師」と評価されたのは時期尚早で不自然であるというものである。

しかしながら鈴木が「阿仏房御書」の御執筆年を「弘安元年」としたことにより、鈴木の御執筆年特定の作業がただ鈴木の思い込みでなされてきたことが判明する。

鈴木の説の矛盾を露呈《ろてい》させるのは、弘安元年七月に御執筆された「千日尼御前御返事」である。この御書は真蹟が佐渡・妙宣寺にある。この御書に記されていることと、「阿仏房御書」が弘安元年の御執筆であるとする鈴木の主張とは、まったく相容《あいい》れない。

日蓮大聖人はこの「千日尼御前御返事」の本文中に次のように記されている。

「今年弘安元年[*31]」

この文言により「千日尼御前御返事」が書かれた年が「弘安元年」であることは間違いない。

そして日蓮大聖人はこの「千日尼御前御返事」の文末に「七月二十八日[*32]」と記されている。したがってこの御書の書かれた年月日が「弘安元年」の「七月二十八日」であることに疑念を差し挟む余地はない。

この御書で日蓮大聖人は阿仏房にこの数箇年、会うことができずなにか起こったのかと心配されていたこと、会えて嬉しかったことを率直に記されている。

「抑《そもそも》去去《おととし》・去《こぞ》・今年《ことし》のありさまは・いかにか・ならせ給いぬらむと・をぼつかなさに法華経にねんごろに申し候いつれども・いまだいぶか《不審》しく候いつるに七月二十七日の申《さる》の時に阿仏房を見つけて・尼ごぜんは・いかに・こう《国府》入道殿はいかにと・まづとい《問》て候いつれば・いまだやまず、こう入道殿は同道にて候いつるが・わせ《早稲》は・すでに・ちかづきぬ、こ《子》わなし・いかんがせんとて・かへられ《帰》候いつると・かたり《語》候いし時こそ盲目の者の眼のあきたる・死し給える父母の閻魔宮《えんまぐう》より御をとづれの・夢の内に有るをゆめ《夢》にて悦ぶがごとし、あわれあわれふしぎ《不思議》なる事かな」*33（傍線は著者）

日蓮大聖人が阿仏房を始めとする佐渡の人々のことについていかほど心配されていたかということが、実によくわかる文である。日蓮大聖人がこれほどの心配をされ、そして阿仏房の姿を見た時、いかほどに喜ばれたかが伝わってくる。ここ数年（「去去《おととし》・去《こぞ》」については後出の第二項末を参照）、日蓮大聖人は阿仏房のみならず佐渡の者たちとも会っておらず、何かあったのかと大変に心配されていた。この日蓮大聖人の心情を記した弘安元年の「七月二十八日」付の「千日尼御前御返事」と「三月十三日」と記された「阿仏房御書」とが、同じ年に書かれたものであることは絶対にありえない。

「三月十三日」付の「阿仏房御書」は、阿仏房が日蓮大聖人へ宝塔についての教学的質問をしたことへの返書となっている。もしこの御書が弘安元年の三月の文であるならば、日蓮大聖人は阿仏房の健在をこの御書を書かれた時に確認されていることとなる。その日蓮大聖人が先に引用した「千日尼御前御返事」に明示されたような「七月二十七日の申《さる》の時に阿仏房を見つけて・尼ごぜんは・いかに・こう入道はいかに」といった心配をされることはない。

「阿仏房御書」を、「弘安元年」の御執筆と推断した鈴木の説は、根《ね》も葉《は》もない嘘《うそ》だということになる。

＊1『日蓮大聖人御書全集』「阿仏房御書」一三〇四ページ
＊2『日蓮聖人遺文の文献学的研究』三五八ページ
＊3『日蓮聖人遺文の文献学的研究』三五九ページ
＊4『日蓮聖人遺文の文献学的研究』一七九ページ
＊5 同前
＊6『日蓮聖人遺文の文献学的研究』二一一ページ
＊7『日蓮聖人遺文の文献学的研究』二一三ページ
＊8 同前
＊9『日蓮大聖人御書全集』「阿仏房御書」一三〇四ページ

＊10『日蓮聖人遺文の文献学的研究』三五九ページ
＊11『日蓮大聖人御書全集』「阿仏房御書」一三〇四ページ
＊12『日蓮聖人遺文の文献学的研究』三五八ページ
＊13 同前
＊14 同前
＊15『日蓮聖人遺文の文献学的研究』三五九ページ
＊16『日蓮大聖人御書全集』「阿仏房御書」一三〇四ページ
＊17『日蓮大聖人御書全集』「千日尼御返事」一三二二ページ
＊18『日蓮大聖人御書全集』「千日尼御前御返事」一三〇九ページ
＊19『日蓮大聖人御書全集』「智妙房御返事」一二八六ページ
＊20『日蓮大聖人御書全集』「中興入道消息」一三三二ページ
＊21『日蓮聖人遺文の文献学的研究』三八一ページ
＊22 同前
＊23『日蓮聖人遺文の文献学的研究』三八二ページ
＊24 同前
＊25 同前
＊26『日蓮聖人遺文の文献学的研究』三八三ページ
＊27『日蓮聖人遺文の文献学的研究』三八四ページ
＊28『日蓮聖人遺文の文献学的研究』三八二ページ
＊29『日蓮大聖人御書全集』「新尼御前御返事」九〇七ページ

＊30『日蓮大聖人御書全集』「富士一跡門徒存知の事」一六〇四ページ
＊31『日蓮大聖人御書全集』「千日尼御前御返事」一三一四ページ
＊32『日蓮大聖人御書全集』「千日尼御前御返事」一三一五ページ
＊33『日蓮大聖人御書全集』「千日尼御前御返事」一三一四ページ

第二項 阿仏房を「北国の導師」とするのは時期尚早と見る鈴木説

自界叛逆難の的中

それでは「阿仏房御書《あぶつぼうごしょ》」に認《したた》められた「北国《ほっこく》の導師《どうし》」という表記に論点を絞り述べていきたい。鈴木一成は佐渡期において「北国の導師」と日蓮大聖人が阿仏房を評価することは時期《じき》尚早《しょうそう》でありえないとする。第一項で論じた「儀礼的言辞」に続く論点である。

「阿仏房しかしながら北国の導師とも申しつべし。(一一四五)
この言葉は文永九年三月十三日即ち彼が入信間もない塚原三昧堂時代に与えられた讃辞とは考えられない。身延入山後少くとも弘安期に入ってからの言表であろう」*1

私は、第三章第一節で詳述したように、阿仏房は日蓮大聖人が塚原に到着された文永《ぶんえい》八(一二七一)年十一月一日から間もなく、日蓮大聖人に帰伏したと考えている。阿仏房並びに千日尼は日蓮大聖人の人柄に触れ、信仰に目覚め、日蓮大聖人の命を何としても助けようとの思いを抱くに至った。この阿仏房夫妻の信心がなければ、日蓮大聖人は佐渡における初めての激寒の冬を乗り越えることはできなかった。日蓮大聖人からすれば、阿仏房夫妻は命の恩人であった。しかも阿仏房夫妻はそれを命懸けで行なったのである。阿仏房夫妻は次のような迫害を受けたが、難に負けず信仰を貫いた。

「或は所をい或はくわれう《科料》をひき或は宅を・とられなんどせしに・ついに・とをらせ給いぬ」*2

阿仏房は現在の妙満寺あたりから、所払《ところばら》いされた。所払いの先は今日《こんにち》において「阿仏房元屋敷」と呼称されているところである。その「阿仏房元屋敷」から後年、阿仏房の子孫は所払いされる前の元々の土地に戻った。*3

弾圧に耐えながら、御本仏日蓮大聖人を命懸けでひと冬護り抜いた阿仏房夫妻の信仰心の強さには感服せざるをえない。

日蓮大聖人の着島よりひと冬が去り、北の島にも春風が薫る頃となった三月十三日、日蓮大聖人は「宝塔《ほうとう》」について書状で質問をしてきた阿仏房に返状を書かれた。その日蓮大聖人が文の中で「北国の導師とも申しつべし」と、心からの御礼の気持ちと期待感をもって呼びかけられたとしても過分《かぶん》な表現とは言えない。

日蓮大聖人は文永九年一月十六日の塚原問答の直後、本間重連《ほんましげつら》に対し自界叛逆難《じかいほんぎゃくなん》が近々、起こることを予言された。それは約一カ月後の二月十八日に佐渡に急報が届いたことによって、現実のものとして本間らの知るところとなった。

本間は「いざ鎌倉」と佐渡を出立する際、念仏を捨てることを日蓮大聖人に誓った。本間は島を離れるにあたり、日蓮大聖人の安全をはかった。そのため日蓮大聖人は、本間が信頼する「預りたる名主《みょうしゅ》」の手に委ねられた。直接、面倒を見たのは「宿の入道」である一谷入道《いちのさわにゅうどう》であった。

日蓮大聖人は塚原を離れるにあたり、阿仏房に御本尊を授与された。御本尊をいただいた阿仏房は、日を置かずして一谷におられる日蓮大聖人のもとに使いを立てた。阿仏房はなぜ直接お伺いしないで使いを立てたのか。その理由は大きく二つあると思う。一つは、阿仏房が所払いなどの処罰をされて日が浅かったこと。二つ目に考えられるのは、塚原問答の勝利があったとはいえ、島の空気が日蓮大聖人と阿仏房との自由な往来をいまだ許すまでには至っていなかったことなどである。

ともあれ阿仏房は使いの者にご供養を持たせ、日蓮大聖人に「宝塔」についての質問をした。日蓮大聖人は、命の恩人ともいえる阿仏房に対し、真情あふれる返状を認められた。それが「阿仏房御書」である。

この私の見方は鈴木のそれとは相容《あいい》れないものである。

日蓮大聖人はまず阿仏房に御本尊を授けられた。授けられた阿仏房は、認《したた》められている御本尊の相貌《そうみょう》が「宝塔」であることを、おそらくは日蓮大聖人に随行している僧より教わった。阿仏房が誰かに解説をされることもなく、御本尊に「宝塔」が顕わされていると感得することはありえない。当然のことながら「宝塔」であると教わった阿仏房は、「宝塔」であると教えた僧にそれがどのような意味をなすのか聞いたと思われる。阿仏房はその解説を聞いても判然としないものがあり日蓮大聖人に直接、文を出し聞いた。その返信が「阿仏房御書」である。阿仏房が日蓮大聖人に「宝塔」について聞く契機となったのは、「宝塔」について教えてくれた僧が、日蓮大聖人に直接、お伺いすることを勧めたとも考えられる。

日蓮大聖人はこの「阿仏房御書」において甚深《じんじん》の法門《ほうもん》を説かれた。

それ以外にも日蓮大聖人は「阿仏房しかしながら北国の導師とも申しつべし」と認められている。日蓮大聖人はこのように述べられながらも、この御書の文末において「宝塔をば夫婦ひそかにをがませ給へ」と記されている。この箇所を読めば、阿仏房夫妻に対する迫害の炎が、依然として治まっていないことが窺える。

阿仏房はおそらくは、日蓮大聖人が佐渡において最初に正法に導かれた郷人《きょうじん》であろう。しかもひと冬の来《こ》し方《かた》を見ても、その信心はいかにも強盛である。したがって日蓮大聖人は阿仏房に御本尊を授け「北国の導師」と呼びかけられた。ところがその阿仏房に対し日蓮大聖人は、御本尊を拝むことについては「夫婦ひそかに」と述べられている。佐渡の状況は、日蓮大聖人並びに帰伏した者たちにとって、依然として厳しかったのである。

佐渡期に出された三回の「虚御教書」

日蓮大聖人の佐渡流罪時、日蓮大聖人並びに佐渡で帰伏した者たちは、どのような状況にあったか。それを概《おおむ》ね掌握しておく必要があるだろう。佐渡着島時の状況がよく記されているのは、阿仏房の妻である千日尼宛の書状である。弘安元年七月二十七日、阿仏房が身延山に来た折《おり》、日蓮大聖人はこの千日尼宛の御書を阿仏房に託した。

「而るに日蓮・佐渡の国へ流されたりしかば彼の国の守護等は国主の御計らいに随いて日蓮をあだむ・万民は其の命《おおせ》に随う、念仏者・禅・律・真言師等は鎌倉よりも・いかにもして此れへ・わたらぬやう計ると申しつかわし・極楽寺の良観房等は武蔵《むさし》の前司《ぜんじ》殿の私の御教書《みきょうしょ》を申して弟子に持たせて日蓮を・あだみなんど・せしかば・いかにも命《いのち》たすかるべきやうは・なかりしに・天の御計らいは・さてをきぬ、地頭・地頭・念仏者・念仏者等・日蓮が庵室《あんしつ》に昼夜に立ちそいてか《通》よう人もあるを・まどわさんと・せめしに・阿仏房にひつ《櫃》を・しお《背負》わせ夜中に度度・御わたりありし事いつの世にか・わすらむ、只悲母の佐渡の国に生れかわりて有るか」*4（傍線は著者）

この御書を厳密に読めば、執権《しっけん》・北条時宗《ときむね》から佐渡の守護・大仏宣時《おさらぎのぶとき》を経由して本間重連に伝達された正規の命令書の流れがある。正規の命令書には、日蓮大聖人を流罪にするとの主文が書かれていたと思われる。この命令書には、先述したように副状があった。

次に島の者たちに対し、鎌倉の念仏者・禅・律・真言師等より、日蓮大聖人が鎌倉に戻ることのないように謀《はか》ると伝えられていた。これが日蓮大聖人を迫害する二番目の流れである。

これらの流れとは別に三番目の迫害の意思伝達があった。極楽寺の良観房《りょうかんぼう》等が「武蔵《むさし》の前《ぜん》司《じ》」（守護の大仏宣時）に哀願《あいがん》して出してもらった第一回目の「虚御教書《そらみぎょうしょ》」である。本来、御教書は執権の裁可を得て発されるものであるが、宣時は執権・時宗の許可を得ることもなく御教書を出したのである。

日蓮大聖人が塚原の堂に入られた時、この三つの迫害の波が日蓮大聖人の命を絶とうと動き始めた。

佐渡の有力者たちが塚原の堂に籠《こも》られている日蓮大聖人を餓死《がし》、あるいは凍死させようと謀ったのである。その動きに対抗して阿仏房夫妻は、夜中に庵室へ日蓮大聖人を訪ね食べ物を運んだ。

この「千日尼御前御返事」では、秦《しん》の始皇帝《しこうてい》の忠臣でありながら「王の相」ありとしてゆえなく命を狙われる羽目になった「沛公《はいこう》」が、山中に籠った時に「沛公」の妻が食を運び命を助けたことが綴られている。日蓮大聖人はこの逸話《いつわ》を引きながら、夫に対する妻の情を述べられている。しかしながら、阿仏房夫妻が日蓮大聖人を助けたのは、夫と妻との愛情などといった次元のものではなく、信仰の極致に関わることであった。

日蓮大聖人曰《いわ》く。

「此れは後世をぼせずば・なにしにか・かくは・おはすべき、又其の故に或は所ををい或はくわれう《科料》をひき或は宅を・とられなんどせしに・ついに・とをらせ給いぬ、法華経には過去に十万億の仏を供養せる人こそ今生には退せぬとわ・みへて候へ、されば十万億供養の女人なり」*5

阿仏房夫妻は塚原の堂を深夜、訪ね、餓死と凍死の危機に瀕《ひん》している日蓮大聖人の命を助けた。そのために阿仏房夫妻は迫害を被《こうむ》った。どのような迫害であったかといえば、「或は所ををい或はくわ《科》れう《料》をひき或は宅を・とられなんどせし」といったものであった。その結果、どうなったかといえば、阿仏房夫妻は迫害に屈せず「ついに・とをらせ給いぬ」という大境界に至った。阿仏房夫妻は法難に耐えたのだった。死をも恐れぬ不退の弟子ができたということは、末法の御本仏である日蓮大聖人にとって「出世《しゅっせ》の本懐《ほんかい》」を全うしたということになる。

それゆえに日蓮大聖人は阿仏房に御本尊を授けられたのである。その御本尊を頂いた阿仏房は、「宝塔」のことについて日蓮大聖人に教えを請うた。それに応えたのが「阿仏房御書」である。

「然れば阿仏房さながら宝塔・宝塔さながら阿仏房・此れより外の才覚無益なり」*6

「あまりに・ありがたく候へば宝塔をかきあらはし・まいらせ候ぞ、子にあらずんば・ゆづる事なかれ信心強盛の者に非ずんば見する事なかれ、出世の本懐とはこれなり」*7

「阿仏房しかしながら北国の導師とも申しつべし、浄行菩薩うま《生》れかわり給いてや・日蓮を御とぶらい給うか不思議なり不思議なり、此の御志をば日蓮はしらず上行菩薩の御出現の力にまかせ《任》たてまつり候ぞ、別の故はあるべからず・あるべからず、宝塔をば夫婦ひそかにをがませ給へ*8」

そして宛名書きは、「阿仏房上人所《もと》へ」となっている。「阿仏房上人」は本文中とこの宛名書きの箇所の二箇所に認《したた》められている。日蓮大聖人が「阿仏房上人」と記されているのだから、「阿仏房」は上人号をいただいたのである。

日蓮大聖人はこの阿仏房に送られた書状の中で、「出世の本懐」という言葉を使われている。仏の出世の本懐は衆生をして「如我等無異《にょがとうむい》」(法華経方便品《ほうべんほん》第二)という境界に至らしめることと、そこに仏の喜びがある。「今者已満足《こんじゃいまんぞく》」(同)という心境である。

佐渡の空気を一変させた塚原問答

先述したように塚原に日蓮大聖人が入られる前後、三つの迫害の流れがあった。

一番目は執権、守護、守護代を経た正、副の状。二番目は佐渡の念仏者・禅・律・真言師らに鎌倉の者たちが、鎌倉において日蓮大聖人の赦免を出さぬよう謀ると伝えたもの。三番目は良観房が守護の大仏に頼んで出させた第一回目の「虚御教書」。島の者たちは「虚御教書」を根拠に、日蓮大聖人を殺そうとした。
しかしながら執権が守護、守護代に託した正規の命令書の副状には、日蓮大聖人を殺すことについて厳しく誡《いまし》められていた。

「聞ふる阿弥陀仏の大怨敵・一切衆生の悪知識の日蓮房・此の国にながされたり・なにとなくとも此の国へ流されたる人の始終いけ《活》らるる事なし、設《たと》ひいけ《活》らるるとも・かへ《帰》る事なし、又打ちころしたりとも御とが《咎》めなし、塚原と云う所に只一人ありいかにがう《剛》なりとも力つよ《強》くとも人なき処なれば集りていころ《射殺》せかしと云うものもありけり、又なにとなくとも頸を切らるべかりけるが守殿《こうどの》の御台所《みだいどころ》の御懐妊《ごかいにん》なれば・しばらくきられず終には一定ときく、又云く六郎左衛門尉殿に申してきら《切》ずんば・はからうべしと云う、多くの義の中に、これについて守護所に数百人集りぬ、六郎左衛門尉云く上《かみ》より殺しまうすまじき副状下りてあなづ《蔑》るべき流人にはあらず、あやまち《過》あるならば重連《しげつら》が大なる失《とが》なるべし、それよりは只法門にてせめ《攻》よかしと云いければ念仏者等・或は浄土の三部経・或は止観・或は真言等を小法師等が頸にかけさせ或はわき《腋》にはさ《挟》ませて正月十六日にあつまる」*9（傍線・副状）

文永九年一月十六日に塚原配所の前の大庭に集まり問答がなされた。問答は日蓮大聖人の一方的な勝利で終わった。

日蓮大聖人を流罪にするという命令は、当然のことながら時宗から宣時を経て本間に伝えられた。この命令には「副状」が付いていた。その「副状」の内容は先に紹介した御書に記されているとおりである。

代官所に日蓮大聖人を殺害せよと迫ってきた島民に、本間はその「副状」の内容を披瀝《ひれき》して、それを押しとどめている。「副状」と「虚御教書」の内容は、明らかに矛盾している。「副状」は日蓮大聖人の安全を計るように命じている。他方、「虚御教書」は日蓮大聖人の「断罪」を良観が大仏宣時に依頼したことを元に出されている。その良観について日蓮大聖人は「天魔の入れる僧」であると本質を突かれている。

「抑《そもそも》生草《いきぐさ》をだに伐《き》るべからずと六斎日夜説法に給われながら法華正法を弘むる僧を断罪に行わる可き旨申し立てらるるは自語相違に候はずや如何・此僧豈《あに》天魔の入れる僧に候はずや」*10

正月十六日の塚原問答の後、日蓮大聖人は本間を呼び止め次のように述べられた。

「日蓮不思議一《ひとつ》云はんと思いて六郎左衛門尉を大庭よりよび《呼》返して云くいつか鎌倉へのぼ《登》り給うべき、かれ答えて云く下人共に農せさせて七月の比《ころ》と云云、日蓮云く弓箭《ゆみや》とる者は・をやけの御大事にあひて所領をも給わり候をこそ田畠つくるとは申せ、只今いくさ《軍》のあらんずるに急ぎうちのぼり高名して所知を給らぬか、さすがに和殿原《わどのばら》はさがみ《相模》の国には名ある侍《さむらい》ぞかし、田舎にて田つくり・いくさに・はづ《外》れたらんは恥なるべしと申せしかば・いかにや思いけめあはてて《急遽》ものもいはず、念仏者・持斎・在家の者どもも・なにと云う事ぞやと恠《あや》しむ*11」

この塚原問答の頃までには、日蓮大聖人の露命《ろめい》を助けてきた阿仏房に対する所払いなどの処分は決定されていたと思われる。根拠は阿仏房に対する処分が重すぎるからである。もしその処分が塚原問答のあと、あるいは二月騒動のあとであれば、ここまで処罰が重くなることはなかったと思われるのである。

同年二月十八日に島に急報が届いた。自界叛逆難が起こるとの日蓮大聖人の予言が的中したのである。本間は驚き、念仏を捨てることを日蓮大聖人に祈請《きしょう》した。本間は島を離れるにあたり、日蓮大聖人の命を護るため可及的速やかにより安全な一谷に移すことを指示したと思われる。

日蓮大聖人が文永八年十月二十八日に佐渡に着かれてからのひと冬は、死線を彷徨《さまよ》うような厳しいものであった。しかしながら本間の態度の変化でもわかるように、日蓮大聖人着島以来続いていたこの緊張感は、自界叛逆難の惹起《じゃっき》という現証《げんしょう》により、一瞬やや緩んだと考えられる。三月十三日付の「阿仏房御書」は、このような時に認められたものであろう。

ところが塚原問答の波及的効果により、日蓮大聖人の教線が島全体に徐々に及ぶに従い、他宗の僧らの反感はなお一層、強いものとなった。他宗の僧らは日蓮大聖人に帰伏する島民が増えることにより、衣食《えじき》の道が断たれることを怖れた。ためにその者たちは、鎌倉の極楽寺良観などに哀訴《あいそ》した。結果、佐渡の守護である大仏（北条）宣時は、日蓮大聖人の信者に対する弾圧を命ずる御教書を発した。大仏宣時が独断で出したものであった。いわゆる「虚御教書」である。この第二回目の「虚御教書」について日蓮大聖人は、極楽寺良観が大仏宣時を動かし発令させたものであると言われている。

日蓮大聖人は「種種御振舞御書」においても「虚御教書」について触れられている。

「又念仏者集りて僉議《せんぎ》す、かう《斯》てあらんには我等かつえ《餓》し《死》ぬべし・いかにもして此の法師を失はばや、既に国の者も大体つきぬ・いかんがせん、念仏者の長者の唯《ゆい》阿弥陀仏・持斎の長者の性諭房・良観が弟子の道観等・鎌倉に走り登りて武蔵守殿に申す、此の御房・島に候ものならば堂塔一宇も候べからず僧一人も候まじ、阿弥陀仏をば或は火に入れ或は河にながす、夜もひるも高き山に登りて日月に向つて大音声を放つて上《かみ》を呪咀《じゅそ》し奉る、其の音声・一国に聞ふと申す、武蔵前司殿・是をきき上《かみ》へ申すまでもあるまじ、先ず国中のもの日蓮房につくならば或は国をおひ《逐》或はろう《牢》に入れよと私の下知を下す、又下文《くだしぶみ》下るかくの如く三度其の間の事申さざるに心をもて計りぬべし、或は其の前をとをれ《通》りと云うて・ろうに入れ或は其の御房に物をまいらせ《進》けりと云うて国をおひ或は妻子をとる、かくの如くして上へ此の由を申されければ」*12（傍線は著者）

この御書を拝すると、塚原問答の後に日蓮大聖人の佐渡における教線が延びたことによって、他宗の僧らが危機感を持ち鎌倉に走ったことが窺える。加えて「夜もひるも高き山に登りて日月に向つて大音声を放つて上《かみ》を呪咀《じゅそ》し奉る」と記されていることから、第二回目の「虚御教書」が出たのは、文永九年の秋のころではないかと思われる。その根拠は、正月の塚原問答を境目として佐渡における教線拡大の契機を得たこと、そして鎌倉に赴《おもむ》いた僧らが、「山に登って呪詛している」と述べているからである。この虚言が説得力を持つのは積雪のない秋までである。

二度にわたる「虚御教書」が発せられたことにより、日蓮大聖人のいる前を通っただけで牢に入れられたり、ご供養しようとしたということで国を追われたり、妻子を取られ売られたりした。

第三回目の「虚御教書」は御書によりその内容を知ることができる。

「而るに文永十年十二月七日・武蔵の前司殿より佐土の国へ下す状に云く自判之在り。
佐渡の国の流人の僧日蓮弟子等を引率《いんそつ》し悪行を巧《たく》むの由其の聞え有り所行の企《くわだ》て甚だ以て奇怪《きかい》なり今より以後彼僧に相い随わん輩《やから》に於ては炳誡《へいかい》を加えしむ可し、猶以て違犯せしめば交名《きょうみょう》を注進せらる可きの由の所に候なり、仍《よっ》て執達件《しったつくだん》の如し。
文永十年十二月七日　沙門観恵《かんえ》上《たてまつ》る
依智六郎左衛門尉殿等云云[*13]」

このように新たに第三回目の「虚御教書」が発せられ、日蓮門下に対する弾圧が行なわれた。

第一回目、第二回目の「虚御教書」は守護の大仏宣時が「私の下知を下」したもので、幕府に届けられることはなかった。しかしこの第三回目の「虚御教書」には、「交名を注進せらる可き」となっており、一網打尽の弾圧を見込んだものであった。だが自界叛逆難に続き、他国侵逼難の予言が的中したことにより、幕府も日蓮大聖人の存在をまったく無視することができなくなっていた。その幕府内の日蓮大聖人に対する評価が大きく変わってきていることを、大仏宣時は当然のことながら察していたと思われる。それゆえに大仏宣時は日蓮大聖人及びその弟子らへの迫害を、幕府の了解なしで断行したということになれば責任の一切を自らが負うということになる。大仏宣時はそのことは避けたかったのであろう。大仏宣時は第三回目の「虚御教書」については、幕府の裁可を得て一斉に弾圧に及ぼうとした。

「かくの如くして上《かみ》へ此の由を申されければ案に相違して去《いぬ》る文永十一年二月十四日の御赦免の状・同三月八日に島につきぬ[*14]」

大仏宣時が「此の由」を上に報告し、何らかの対応を期待したのであったが、宣時や他宗の者たちの思惑と真反対のことが起きたのである。日蓮大聖人の赦免を仏の法に照らして見れば、それは日天子の働きである。日天子とはこの場合、執権の時宗である。日蓮大聖人は中興《なかおき》入道の妻に対し、佐渡流罪と三光天子について書かれている。

「科《とが》なき事すでに・あらわれて・いゐし事もむなしからざりけるかの・ゆへに、御一門・諸大名はゆる許《》すべからざるよし申されけれども・相模守殿の御計らひばかりにて・つい終《》に許《》ゆりて候いて・の登《》ぼりぬ*15」

時宗は竜の口の法難において日蓮大聖人の命を助け、佐渡流罪にした。この佐渡流罪は極刑を求める家臣たちの日蓮大聖人に対する怒りを当座、少しでも回避しようとしたものであったとも言える。日蓮大聖人は「種種御振舞御書」等において、竜の口における斬首を止めたのは月天子であるとされ、依智において日蓮大聖人の身柄の安全をはかるための命令を明星天子の計《はか》らいとされた。そして日蓮大聖人は佐渡の地において赦免状をもたらす日天子を待たれた。これら三つの天子は、具体的には「相模守殿」であり執権でもある北条時宗である。「中興入道消息」は、これら三天子の所作の本質を明示したものである。

日蓮大聖人は、降りかかる大難より自らを救う者は最高権力者である時宗と見抜かれていた。

平頼綱らとの面談

文永十一年三月八日、佐渡に赦免状が着いた。日蓮大聖人がまず向かわれたのは鎌倉であった。四月八日、日蓮大聖人は幕府要人と面談する。その時の様子は次のようなものであった。同趣旨の内容が複数の御書に記述されている。以下に五つの御書を紹介する。

「又去年の四月八日に平左衛門尉に対面の時蒙古国は何比《いつごろ》かよせ候べきと問うに、答えて云く経文は月日をささず但し天眼のいかり頻《しき》りなり今年をばすぐべからずと申したりき」*16

「去年の二月に御勘気をゆり《許》て三月の十三日に佐渡の国を立ち同月の二十六日にかまくら《鎌倉》に入る、同四月の八日平左衛門尉にあひたりし時・やうやうの事ども・とひ《問》し中に蒙古国は・いつよす《寄》べきと申せしかば、今年《ことし》よすべし」*17

「同じき四月八日に平左衛門尉に見参す、本より・ごせし事なれば日本国のほろびんを助けんがために三度いさめんに御用いなくば山林に・まじわるべきよし存ぜしゆへに同五月十二日に鎌倉をいでぬ」*18

「三月十三日に島を立ちて同三月二十六日に鎌倉へ打ち入りぬ。同四月八日平左衛門尉に見参しぬ、さき《前》には・にるべくもなく威儀を和《やわ》らげて・ただし《正》くする上・或る入道は念仏をとふ・或る俗は真言をとふ・或る人は禅をとふ・平左衛門尉は爾前得道の有無をとふ・一一に経文を引いて申しぬ、平の左衛門尉は上《かみ》の御使の様にて大蒙古国はいつか渡り候べきと申す、日蓮答えて云く今年は一定なり」*19

「去る文永十一年二月に佐土の国より召返されて同四月の八日に平金吾に対面して有りし時理不尽の御勘気の由委細に申し含めぬ、又恨むらくは此の国すでに他国に破れん事のあさましさよと歎き申せしかば金吾が云く何《いつ》の比《ころ》か大蒙古は寄せ候べきと問いしかば経文には分明に年月を指したる事はなけれども天の御気色を拝見し奉るに以ての外に此の国を睨みさせ給うか今年は一定寄せぬと覚ふ若し寄するならば一人も面を向う者あるべからず此れ又天の責なり、日蓮をばわどのばら《和殿原》が用いぬ者なれば力及ばず、穴賢穴賢・真言師等に調伏行わせ給うべからず若し行わするほどならいよいよ悪かるべき由申付けてさて帰りてありしに上下共に先の如く用いざりげに有る上《うえ》本より存知せり国恩を報ぜんがために三度までは諫暁すべし用いずば山林に身を隠さんとおもひしなり、又上古の本文にも三度のいさめ用いずば去れといふ本文にまかせて且《しばら》く山中に罷り入りぬ[20]」

日蓮大聖人は、四月八日に国諫《こっかん》をなされた後、身延に入られた。日蓮大聖人が身延に入られたのは、「光日房御書」や「下山御消息」にその理由を述べられているとおり、時の権力者に対して三度の諫《いさ》めを行なったにもかかわらず、権力者がそれを用いなかったからである。

そしてこの年の十月、壱岐対馬《いきつしま》に蒙古が来襲した。日蓮大聖人が平左衛門尉頼綱に対して、半年前の四月に公けの場で述べられた他国侵逼難が的中したのである。言うまでもないが、日蓮大聖人の予言的中により、世間の空気も変わった。翌文永十二年二月の御書には次のように認められている。

「かまくら《鎌倉》にも御勘気の時・千が九百九十九人は堕ちて候人人も・いまは世間やわらぎ《和》候かのゆへに・くゆる人人も候[21]」

日蓮大聖人が身延に入られた翌年にあたる文永十二年の二月には、退転した者も悔いて、日蓮大聖人のもとに戻ってきたいと思い始めている様子が窺われる。

「阿仏房御書」とは違い折伏を督励

この年の四月には改元が行なわれ、文永十二（一二七五）年は建治《けんじ》元年となったが、その九月三日、日蓮大聖人は阿仏房の妻である千日尼に対し、信心に励み、仏法の道理を人に説くよう強く御教示されている。

「弥《いよいよ》信心をはげみ給うべし、仏法の道理を人に語らむ者をば男女僧尼必ずにくむべし、よしにくまばにくめ法華経・釈迦仏・天台・妙楽・伝教・章安等の金言に身をまかすべし、如説修行の人とは是れなり、法華経に云く『恐畏《くい》の世に於て能く須臾《しゅゆ》も説く』云云」*22

さらに日蓮大聖人は千日尼を励まされる。

「此の度大願を立《た》て後生を願はせ給へ・少しも謗法《ほうぼう》不信のとが候はば無間大城疑いなかるべし」*23

そして、この御書の最後を次のように締《し》め括《くく》られている。

「相構えて相構えて力あらん程は謗法をばせめさせ給うべし、日蓮が義を助け給う事・不思議に覚え候ぞ不思議に覚え候ぞ」*24

建治元（文永十二）年、日蓮大聖人は千日尼に対し、徹底した折伏をするよう督励されている。もちろんのことながら、身延を訪れた阿仏房にも同趣旨の話があったことだろう。

「阿仏房御書」と「阿仏房尼御前御返事」の御執筆年

「阿仏房御書」が認《したた》められた背景事情と「阿仏房尼御前御返事」が認められたそれとは、大きな違いがあることが確認される。状況の変化のゆえに日蓮大聖人は「阿仏房御書」の末尾に授与した御本尊を「夫婦ひそかにをがませ給へ」と書かれ、「阿仏房尼御前御返事」には「相構えて相構えて力あらん程は謗法をばせめさせ給うべし」と明記されているのである。

弘安は建治四年二月の改元の後の元号である。つまり鈴木一成の説によれば、日蓮大聖人が阿仏房の妻である千日尼に対して、「阿仏房尼御前御返事」をもって直々に折伏を命じられた三年半後に、阿仏房夫妻に御本尊を与えられ、「夫婦ひそかにをがませ給へ」と「阿仏房御書」

に記したのだと言っていることになる。これでは事《こと》の次第《しだい》がおかしくなる。

日蓮正宗大石寺が平成十四年に発行した『平成校定日蓮大聖人御書』は「阿仏房御書」の御執筆年を文永十二年三月十三日としている。昭和四十一年の同寺発行の『昭和新定日蓮大聖人御書』では文永九年三月十三日としていたのだが、それをわざわざ変更《へんこう》したのである。その理由については定かではなかった。ところが同宗の機関紙『大白法』（平成六年三月一日号）においての「阿仏房御書」の御執筆年について、次のような見解を表明していた。

「本抄では大聖人様が御本尊授与に言及されていますが、それと阿仏房が賜わった建治元年（文永十二年）四月の御本尊との関連が想定されることなどから、本抄は文永十二年三月十三日の御著述と推定されます[*25]」

なにやら曖昧《あいまい》な表現であるが、「阿仏房が賜わった建治元年（文永十二年）四月の御本尊」とは、どこの寺に格護《かくご》されている御本尊なのであろうか。

『日蓮聖人真蹟集成』第十巻本尊集（法蔵館）によれば、文永十二年四月に御図顕された御本尊は五幅ある。

堺・妙國寺が一幅（89.1×48.5cm）、鎌倉・妙本寺が一幅（89.4×44.4cm）、佐渡・妙宣寺

が二幅（88.5×43.9cm　90.9×45.8cm）、静岡・妙立寺が一幅（87.3×43.3cm）を格護している。しかし、これらの御本尊には授与された人の名前が記されていない。すなわち阿仏房との関連は明らかでないのである。[*26]

また、この五幅の御本尊を所持している各寺のうち、佐渡の妙宣寺は「阿仏房妙宣寺」と名乗っている。そして妙宣寺には阿仏房の系図とされるものが確かにあるのだが、これは後代《こうだい》に作出《さくしゅつ》されたもので、もともとは国府入道由来の世尊寺の大檀那である「遠藤氏」が自讃《じさん》のため作成させた系図である。よってこの系図は「遠藤氏」と縁の深い世尊寺にあった。

これらのことについては、第三章第一節で詳述したのでそれを参考にしてもらいたい。

妙宣寺は、豊臣秀吉の時代に建立され「阿仏房」を名乗ることで隆盛し、日蓮大聖人由来の真筆御本尊などを集めて自らの所持するところとした。したがって、妙宣寺にある御本尊だからといって、それをたちまちに阿仏房に由来するものと即断することは極めて危ういことである。

さて先に紹介した『大白法』は、建治元（文永十二）年四月の御本尊と「阿仏房御書」との間に関連が想定されるという。その主旨に立ち入れば、〃建治元年四月の御本尊が阿仏房御書に記された阿仏房授与の御本尊である〃と言っていることになる。それ以外の意味には取れない。

しかし、それもまたおかしな話になる。
「阿仏房御書」が認められた日付は、日蓮正宗においては日蓮大聖人が身延に入られた翌年の文永十二年の三月十三日となっており、日蓮正宗がこの御書と関係があるとしている御本尊は「文永十二年卯月日」、つまり文永十二年四月と認められている。ということは、日蓮大聖人が「阿仏房御書」（三月十三日付）を御執筆になってより、半月から一カ月半を経て、日蓮大聖人より阿仏房に対し御本尊が授けられたことになる。
しかし、「阿仏房御書」を拝すれば、阿仏房はすでに御本尊を賜《たまわ》っている。それがために「ひそかに拝せ給え」と末尾に記されている。そして賜っているからこそ阿仏房は宝塔について日蓮大聖人に質問したのである。

「多宝如来・涌現《ゆげん》の宝塔・何事を表し給うや[*27]」

ところが日蓮正宗の見解は、「阿仏房御書」が認められた後に、日蓮大聖人から阿仏房に御本尊が授けられたとするものである。御本尊を手許にしていないのに、「宝塔」すなわち御本尊について日蓮大聖人に阿仏房が質問をすることはありえない。また「宝塔をば夫婦ひそかにをがませ給へ」との表現は、阿仏房夫妻が御本尊を賜っているがゆえである。

御執筆が建治二年ではない理由

身延山久遠寺第十一世の行学院日朝の写本には、「阿仏房御書」の御執筆年について「建治二年三月十三日」と書かれている。この建治二年と同三年、阿仏房ら佐渡の者は身延に行っていない。日蓮大聖人は、阿仏房らが音信不通であることを心配されていた。したがって、この両年、日蓮大聖人は阿仏房についての消息を把握していない。それは「千日尼御前御返事」に書かれている。

「弘安元年太歳戊寅《つちのえとら》七月六日・佐渡の国より千日尼と申す人、同じく日本国甲州・波木井《はきり》郷の身延山と申す深山《みやま》へ同じき夫の阿仏房を使として送り給う」*28

「去ぬる文永十一年より今年《ことし》弘安元年まではすでに五箇年が間・此の山中に候に佐渡の国より三度まで夫をつかはす」*29

この御書の表記によれば、阿仏房が身延に参詣したのは、弘安元年七月であったことがわかる。加えて日蓮大聖人が身延に入られてからの五年間に阿仏房が三度にわたり身延に参ったことが確認される。なおこの弘安元年には、阿仏房は閏《うるう》十月にも身延に参詣している。

「抑去年今年のありさまは・いかにか・ならせ給いぬらむと・をぼつかなさに法華経にねんごろに申し候いつれども・いまだいぶか《不審》しく候いつるに七月二十七日の申《さる》の時に阿仏房を見つけて・尼ごぜんは・いかに・こう《国府》入道殿はいかにと・まづとい《問》て候いつれば・いまだやまず、こう入道殿は同道にて候いつるが・わせ《早稲》は・すでに・ちかづきぬ・こ《子》わなし・いかんがせんとて・かへ《帰》られ候いつると・かたり《語》候いし」*30（傍線は著者）

この「千日尼御前御返事」には、もう一箇所、阿仏房の身延参詣の年を確定する重要な記述がある。右の引用文の傍線の箇所である。

昭和五十二年一月に『日蓮聖人真蹟集成』（第三巻）が出版された。日蓮大聖人の真筆を写真に撮り収録したものである。この出版により「千日尼御前御返事」などの写本の間違いが確認された。昭和五十二年七月に発行された創価学会の『日蓮大聖人御書講義』第二十九巻においては、真蹟と対照し逐条的に誤りが正された。

これまで伝わってきた誤った表記
「抑《そもそも》　去年今年《こぞことし》」
真蹟により正しく読んだ表記
「抑《そもそも》　去去《おととし》・去《こぞ》・今年《ことし》」＊31

「千日尼御前御返事」には、文中「今年弘安元年」と書かれており、この「弘安元年」から見て「去去・去」は阿仏房は身延に来ていなかったことがはっきりする。「去去・去」は建治二年、建治三年の二箇年を指す。したがって阿仏房が身延に参詣していない建治二年、三年に御本尊を賜った、あるいは「阿仏房御書」を頂くといったことはありえない。

また先に紹介した「去ぬる文永十一年より今年《ことし》弘安元年まではすでに五箇年が間・此の山中に候に佐渡の国より三度まで夫をつかはす」、そして「抑去去・去・今年のありさまは・いかにか・ならせ給いぬらむと・をぼつかなさに法華経にねんごろに申し候いつれども・いまだいぶかしく《不審》候いつるに」という御書の記述を合わせ考えれば、文永十一年、文永十二年（建治元年）には阿仏房は、身延の日蓮大聖人の所を訪ねているということになる。

「阿仏房御書」の最古の写本には、御執筆年を「建治二年」とする筆録がある。しかしこれは御書に照らして誤りである。

『日蓮聖人真蹟集成』の「千日尼御前御返事」

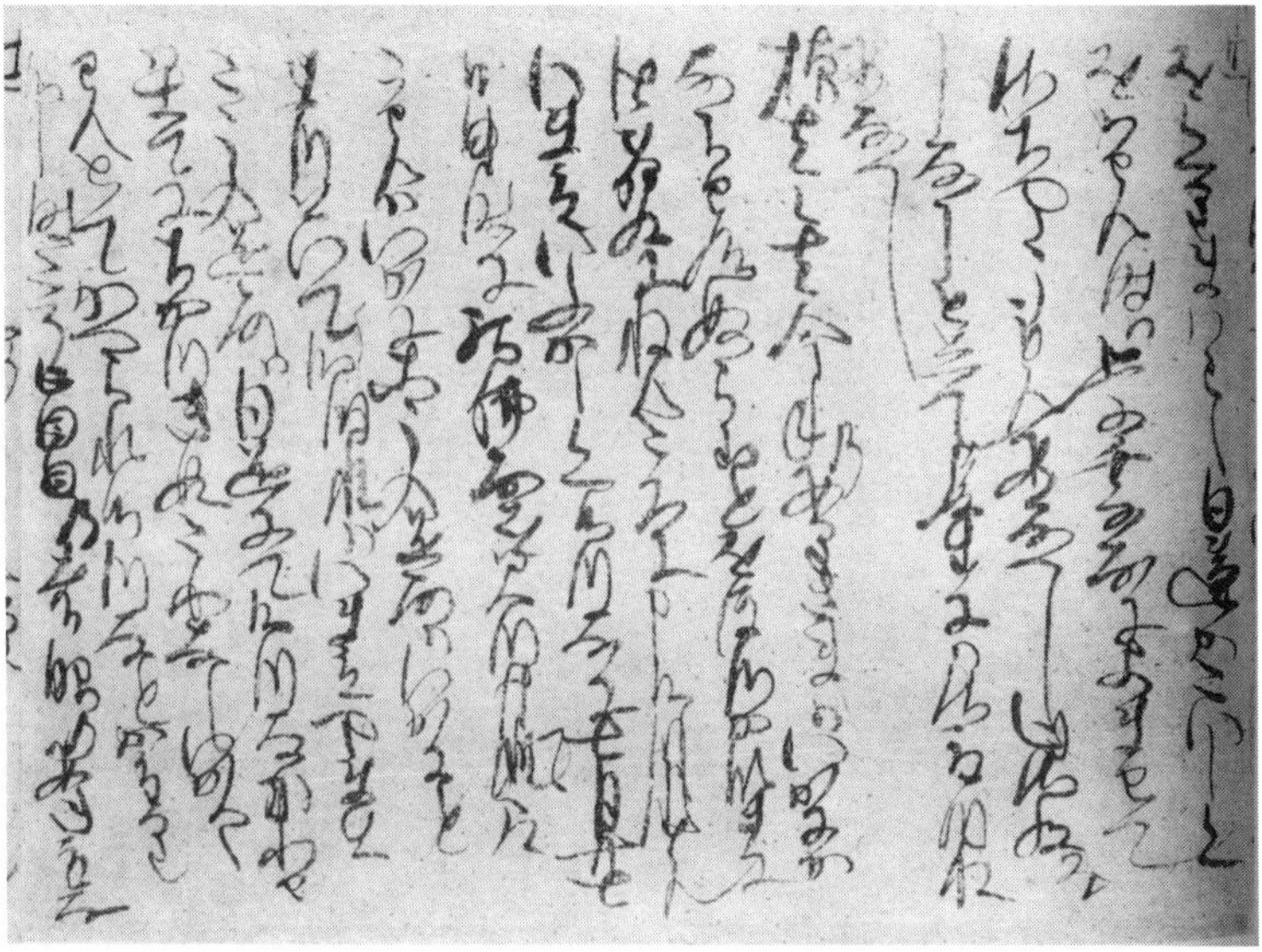

↑

この行に「抑去々去今年」と記されている

＊1『日蓮聖人遺文の文献学的研究』三五九ページ
＊2『日蓮大聖人御書全集』「千日尼御前御返事」一三一四ページ
＊3『新版日蓮と佐渡』一〇三ページ
＊4『日蓮大聖人御書全集』「千日尼御前御返事」一三一三ページ
＊5 同前
＊6『日蓮大聖人御書全集』「阿仏房御書」一三〇四ページ
＊7 同前
＊8 同前
＊9『日蓮大聖人御書全集』「種種御振舞御書」九一七ページ
＊10『日蓮大聖人御書全集』「頼基陳状」一一五七ページ
＊11『日蓮大聖人御書全集』「種種御振舞御書」九一八ページ
＊12『日蓮大聖人御書全集』「種種御振舞御書」九二〇ページ
＊13『日蓮大聖人御書全集』「法華行者逢難事」九六六ページ
＊14『日蓮大聖人御書全集』「種種御振舞御書」九二〇ページ
＊15『日蓮大聖人御書全集』「中興入道消息」一三三三ページ
＊16『日蓮大聖人御書全集』「法蓮抄」一〇五三ページ

＊17『日蓮大聖人御書全集』「高橋入道殿御返事」一四六〇ページ
＊18『日蓮大聖人御書全集』「光日房御書」九二八ページ
＊19『日蓮大聖人御書全集』「種種御振舞御書」九二一ページ
＊20『日蓮大聖人御書全集』「下山御消息」三五七ページ
＊21『日蓮大聖人御書全集』「新尼御前御返事」九〇七ページ
＊22『日蓮大聖人御書全集』「阿仏房尼御前御返事」一三〇八ページ
＊23 同前
＊24 同前
＊25『大白法』(四〇四号)
＊26『日蓮聖人真蹟集成』第十巻本尊集　第二〇～第二四
＊27『日蓮大聖人御書全集』「阿仏房御書」一三〇四ページ
＊28『日蓮大聖人御書全集』「千日尼御前御返事」一三〇九ページ
＊29『日蓮大聖人御書全集』「千日尼御前御返事」一三一四ページ
＊30 同前
＊31『日蓮大聖人御書講義』第二十九巻　一八五ページ

第三項「阿仏房御書」の真実の御執筆年

佐渡の人びとに与えられた御書

鈴木一成ならずとも、「阿仏房御書」の御執筆年を建治、弘安に移動させようとする人たちがいる。それゆえに、文永《ぶんえい》、建治《けんじ》、弘安《こうあん》の一年ごとに「阿仏房御書」が認《したた》められる可能性を見ていく。その上で、日蓮大聖人が佐渡の人びとに認められた御書の内、阿仏房《あぶつぼう》・千日尼《せんにちあま》夫妻、国府入道《こうにゅうどう》・同尼、中興《なかおき》入道、一谷《いちのさわ》入道宛のものに絞り御執筆年を考え、書状の内容を精査していきたい。

日蓮大聖人に流罪の赦免状が出たのは、文永十一年二月十四日。その赦免状が島に着いたのが、三月八日。日蓮大聖人が一谷《いちのさわ》を発たれたのが三月十三日。鎌倉に入られたのが三月二十六日。

四月八日、日蓮大聖人は平左衛門尉《へいのさえもんのじょう》らと話をした。

「同四月八日平左衛門尉に見参しぬ、さき《前》には・にるべくもなく威儀を和《やわ》らげて・ただし《正》

くする上・或る入道は念仏をとふ・或る俗は真言をとふ・或る人は禅をとふ・平左衛門尉は爾前得道の有無をとふ・一一に経文を引いて申しぬ、平の左衛門尉は上《かみ》の御使の様にて大蒙古国はいつか渡り候べきと申す、日蓮答えて云く今年は一定なり」[*1]

その後、日蓮大聖人は鎌倉を五月十二日に発たれ、甲州身延《みのぶ》に入られた。その意図するところは、次のようなものであった。

「国恩を報ぜんがために三度までは諫暁すべし用いずば山林に身を隠さんとおもひしなり、又上古の本文にも三度のいさめ用いずば去れといふ本文にまかせて且《しばら》く山中に罷り入りぬ」[*2]

だが日蓮大聖人は身延に入られて、隠棲《いんせい》されたのではない。日蓮大聖人は身延を布教の要《かなめ》の地とされた。直接、あるいは御書により、弟子や信徒に法を説かれた。信徒はご供養を携《たずさ》え訪れたり、使いを送って食物を届けたり、ある者は滞在して薪《まき》を割ったりして労《ろう》を尽《つ》くした。

まず日蓮大聖人が佐渡に流罪になってから身延に入られ、御入滅されるまでの一年ごとの主な出来事を再確認しておきたい。

文永八年　佐渡流罪　塚原《つかはら》に入られる
文永九年　二月騒動（自界叛逆難《じかいほんぎゃくなん》）「開目抄」
文永十年「観心本尊抄」「諸法実相抄」
文永十一年　佐渡流罪赦免《しゃめん》　文永の役（他国侵逼難《たこくしんぴつなん》）
文永十二年（建治元年　四月二十五日改元）
建治二年
建治三年
建治四年（弘安元年　二月二十九日改元）
弘安二年　阿仏房没
弘安三年
弘安四年　弘安の役（他国侵逼難）
弘安五年　日蓮大聖人御入滅《ごにゅうめつ》

この間に、日蓮大聖人が佐渡の阿仏房、国府入道、中興入道、一谷入道などの夫妻に認められたとされる御書は十二通ある。これらの御書に基づいて「阿仏房御書」の御執筆年についての検討をする。

なお便宜を図るため御書名の上に通し番号をつけた。

①「阿仏房御書」（真蹟《しんせき》なし。「三月十三日」）
②「妙法曼荼羅供養事《みょうほうまんだらくようのこと》」（真蹟なし。年月日なし）
③「国府入道殿御返事」（真蹟あり。「四月十二日」）
④「一谷入道御書」（真蹟あり。「五月八日」）
⑤「国府尼御前御書」（真蹟あり。「六月十六日」）
⑥「阿仏房尼御前御返事」（真蹟なし。「九月三日」）
⑦「阿仏房御返事」（真蹟なし。「建治三年六月三日」）
⑧「千日尼御前御返事」（真蹟あり。文中に「今年弘安元年」と表記。「七月二十八日」）
⑨「千日尼御前御返事」（真蹟なし。「弘安元年後十月十九日」）
⑩「中興入道消息」（真蹟なし。文中に「今弘安二年十一月」と表記。「十一月三十日」）
⑪「断簡二二二」千日尼宛（真蹟あり）
⑫「千日尼御返事」（真蹟あり。阿仏房の亡くなった月日について「こぞの三月の二十一日

に・わかれにしが」と表記。「七月二日」)

「法華経十巻」という共通点

①の「阿仏房御書」は、先程来、真の御執筆年を確認しようと検証してきた御書である。

②の「妙法曼荼羅供養事」は、女人成仏《にょにんじょうぶつ》のことが書かれていることにより、千日尼宛に文永十年に与えられたとされる説があるが、いま一つ対告衆《たいごうしゅ》並びに御執筆年を確定できるものはない。

③の「国府入道殿御返事」は、実際には国府入道の妻宛に書かれた御書である。日蓮大聖人が身延に入られて数年を経ていることは、「国も・へだたり年月もかさなり」との表記で明らかである。日付は「四月十二日」となっている。ただし御執筆年は文永十二年が大方となっている。

④の「一谷入道御書」は、佐渡の一谷で日蓮大聖人の身柄を預った「宿の入道」である一谷入道の妻に宛てた御書である。この御書の中で日蓮大聖人は、法華経十巻を「うば」に渡すとされている。手紙の文は、念仏を捨てるに至らない一谷入道を厳《きび》しく誡《いまし》めた内容となっている。

⑤の「国府尼御前御書」は、国府入道が身延を訪れた際、日蓮大聖人が国府入道の妻宛に御礼を認めたものである。また御書の冒頭に記された追伸には、阿仏房の妻である千日尼宛にご供養の御礼が書かれている。

「阿仏御房の尼ごぜん《御前》よりぜに《銭》三百文、同心なれば此の文を二人して人によませて・きこしめせ」*3

このことにより、国府入道が身延に日蓮大聖人を訪ねるにあたり、阿仏房夫妻より「ぜに《銭》三百文」をご供養として預かり日蓮大聖人のもとに届けたということがわかる。

⑥の「阿仏房尼御前御返事」は、身延に来た阿仏房に千日尼宛の手紙を日蓮大聖人が託されたものである。

この⑥「阿仏房尼御前御返事」の御執筆年を考えるにあたって、どうしても切り離せない御書がある。それは④の「一谷入道御書」である。

どのような点において密接な関係性を指摘できるかといえば、この二つの御書にはいずれも、日蓮大聖人が身延から一谷入道側に与えられた「法華経十巻」についての記載があるということである。なお、「法華経十巻」とは、法華経八巻に開経《かいきょう》である「無量義経《むりょうぎきょう》」と結経《けっきょう》である「観普賢菩薩行法経《かんふげんぼさつぎょうほうきょう》」のそれぞれ一巻を加えたもの。

⑥「阿仏房尼御前御返事」には「法華経十巻」に触れ、次のように認められている。

「一谷《いちのさわ》の入道の事・日蓮が檀那と内には候へども外は念仏者にて候ぞ・後生は・いかんとすべき、然れども法華経十巻渡して候いしなり」*4

④「一谷入道御書」を読めば、この御書も「法華経十巻」を一谷入道に渡すにあたり認められたものであることが窺われる。すなわち「法華経十巻」の贈呈と、「一谷入道御書」を認められた時期は、ほぼ一緒と思われる。そのことは次に引用する同御書の文からも窺える。

「入道・地獄に堕つるならば還つて日蓮が失《とが》になるべし、如何《いか》んがせん如何んがせんと思いわづらひて今まで法華経を渡し奉らず、渡し進せんが為にまうけ《儲》まいらせて有りつる法華経をば・鎌倉の焼亡に取り失ひ参せて候由申す、旁《かたがた》入道の法華経の縁はなかりけり、約束申しける我が心も不思議なり、又我とは・すすまざりしを鎌倉の尼の還りの用途に歎きし故に口入《くにゅう》有りし事なげかし、本銭《もとせん》に利分を添えて返さんとすれば・又弟子が云く御約束違《たが》ひなんど申す、旁《かたがた》進退極りて候へども人の思わん様《よう》は狂惑《おうわく》の様なるべし、力及ばずして法華経を一部十巻・渡し奉る、入道よりもうばにて・ありし者は内内心よせなりしかば是を持ち給へ[*5]」

日蓮大聖人は本意に反して「法華経十巻」を、一谷入道の「うば」宛に渡された。本来は一谷入道に借りたお金の返済として法華経を渡すのであるから、法華経を渡すのは一谷入道宛でなければ筋が通らない。とはいえ日蓮大聖人の思いとしては、一谷入道は念仏に心を寄せている者であるから、「法華経十巻」を渡すわけにはいかない。そのため最終的判断として日蓮大聖人は一谷入道の「うば」に「法華経十巻」を渡された。

この④「一谷入道御書」を見れば、この御書と同時に法華経が一谷入道側に渡っていることが確認される。その上で、日蓮大聖人は法華経が放置されることを恐れ、一人の僧に読んでもらうよう述べられている。

「此の法華経をば学乗房に常に開かさせ給うべし[*6]」

日蓮大聖人は一谷入道に「法華経十巻」を渡すことについて、非常に考え抜かれ、また躊《ちゅう》躇《ちょ》されていることが④「一谷入道御書」から窺われる。日蓮大聖人は一谷入道に「法華経十巻」を渡されることなく、結局「うば」に渡されることにされた。

とはいえ、日蓮大聖人は「うば」宛に渡された「法華経十巻」のことが気がかりなようで、千日尼宛の⑥「阿仏房尼御前御返事」においてもそのことに触れられている。「法華経十巻」のことは、日蓮大聖人の頭から、このころ毫《ごう》も離れることはなかった。よってこの二つの御書は、極めて近接した時期に御執筆されたものであることは疑いのないところである。この一谷入道に法華経を渡したことを書かれた二つの御書の内容からわかるように、まず一谷入道女房宛の④「一谷入道御書」が書かれた後に⑥「阿仏房尼御前御返事」が書かれている。

ちなみに④「一谷入道御書」の文末には日蓮大聖人が「五月八日」と認められている。また⑥「阿仏房尼御前御返事」の文末には、同様に「九月三日」とある。しかも、両御書の内容からして、④「一谷入道御書」は法華経を一谷入道側に渡すにあたって認められたものであることがわかる。

その後に⑥「阿仏房尼御前御返事」が認められた。

この二つの御書は、同じ年のうちに御執筆されたと見るべきであろう。したがって、いずれかの御書の御執筆年が特定できれば、他方の御書の御執筆年もおのずと確定する。

御執筆年の前限と後限

そこで④「一谷入道御書」の内容を拝してみると、次のような記述がある。

「去《いぬ》る文永十一年太歳甲戌十月に蒙古国より筑紫《つくし》によせて有りしに対馬《つしま》の者かため《固》て有りしに・宗総馬尉《そうそうまのじょう》逃ければ百姓等は男をば或は殺し或は生取《いけどり》にし・女をば或は取り集めて手をとをし《通》て船に結《ゆ》い付け・或は生け取にす・一人も助かる者なし、壱岐《いき》によせても又是くの如し、船おしよせて有りけるには奉行入道・豊前前司《ぶぜんのぜんじ》は逃げて落ちぬ、松浦党《まつらとう》は数百人打たれ或は生け取にせられしかば・寄せたりける浦浦の百姓ども壱岐対馬《いきつしま》の如し」*7（傍線は著者）

この文中に「去る文永十一年太歳甲戌十月」とあり、文永の役の様子が記されていることから、④「一谷入道御書」が文永十一年十月以降に書かれたものであることは間違いない。これがこの御書の御執筆年を考える場合の前限となる。

したがって「五月八日」の日付のある④「一谷入道御書」は、文永の役の翌年の文永十二年五月（四月に改元して建治元年）以降に書かれたものであるということができる。

そこでこの④「一谷入道御書」の中において、同御書の御執筆年の後限を示す記述の有無を探ってみた。すると、豈《あに》はからんや、先に引用した箇所そのものに、この御書の御執筆年の後限を示す事情が書かれていたのである。

日蓮大聖人は佐渡流罪中、一谷を訪ねてきた「鎌倉の尼」が「還りの用途」すなわち鎌倉に帰るお金が足りないというので、一谷入道に対して金銭貸借の「口入《くにゅう》」すなわち口利きをされた。日蓮大聖人は手許不如意《ふにょい》だったのであろう。とはいえ信者にお金を借りることは僧としてありうべからざること。仕方なく日蓮大聖人の身柄を預っていた「宿の入道」である一谷入道に相談した。日蓮大聖人と一谷入道との間に、どのようなやり取りがあったのか、その詳細は知るところではないが、日蓮大聖人は「鎌倉の尼」のために借金の口利きをし、返済に替えて「法華経十巻」を渡す約束をすることになった。一谷入道は、貸したお金を回収することよりも、日蓮大聖人より「法華経十巻」を頂くことを願ったのであろう。日蓮大聖人も、それを承諾された。

ところが一谷入道は、心の中では法華経を信ずるようではあったが、世間を怖れ、外向きには念仏者であった。ゆえに日蓮大聖人は「法華経十巻」を渡すことを躊躇された。たしかに郷人《きょうじん》から見れば、それは日蓮大聖人が念仏者に「法華経十巻」を渡されたことになる。そのことも気になさったことだろう。日蓮大聖人は「本銭《もとせん》に利分を添えて返さん」とまで考えられた。しかし、弟子の中に「御約束違《たが》ひなん」という者もいて、日蓮大聖人は「法華経十巻」を渡す約束を履行しようとされる。しかしそれでも気がかりで、日蓮大聖人は「法華経十巻」を一谷入道の「うば」であった者に渡されることにした。一谷入道よりも、その「うば」のほうが信心が確かであったからである。

しかし、日蓮大聖人のこの苦渋の選択もすんなりと決まったものではなかった。なにしろ当初、一谷入道との約束を果たすため、貴重なものであった「法華経十巻」を手配したのだが、それが鎌倉で焼けてしまったのである。

このような経過から、日蓮大聖人は一谷入道に「法華経十巻」を渡すことを躊躇されながらも、「うば」宛にそれを渡すことによって、一谷入道からの借金「口入」の代償とされたのであった。

こうなると、この尼は鎌倉に戻った後、大聖人に「口入」してもらった旅費を返済しなかったのであろうかと、いま時分の者としては考えざるをえない。

その後の事情はどうあれ、一谷入道としては、日蓮大聖人の信用で、日蓮大聖人に貸し付けた思いであっただろうし、もとよりお金の返済など望まず、「法華経十巻」を所望したと思われるから、「法華経十巻」が「うば」のところに行ったことについては、なんとも割り切れない思いを抱いたのではあるまいか。そのことは日蓮大聖人も気にされていたと思われる。

遡《さかのぼ》ること文永十一年三月、赦免《しゃめん》になった日蓮大聖人は、一谷入道に「法華経十巻」を渡されないまま佐渡の島を離れることになった。日蓮大聖人の立てられた大願《たいがん》と比べれば、あまりに些細《ささい》なことではあるが、日蓮大聖人は赦免後も一谷入道との約束をずっと気に懸けておられた。その日蓮大聖人の心の様は、先に引用した④「一谷入道御書」に綴《つづ》られている。

この日蓮大聖人の心理が④「一谷入道御書」の御執筆年を際限なく後に伸ばすことを阻《はば》む。そうなると後限は、常識的に考えて身延に入られた翌年までと考えられる。前限が文永十一年十月（文永の役）であることを勘案《かんあん》すると、「五月八日」付となっている④「一谷入道御書」の御執筆年は、佐渡を離れられて約一年二カ月後の、建治元年（文永十二年）「五月八日」であると窺われる。

阿仏房は実事の上で「北国の導師」

以上のように、④「一谷入道御書」は、同御書に記された二つの要素によって御執筆年が確定した。つまり前限は④「一谷入道御書」に記された「去る文永十一年太歳甲戌十月」という元寇《げんこう》の記述。そして後限は日蓮大聖人の心中に絶えずあった法華経のこと。後限を特定するのは、④「一谷入道御書」⑥「阿仏房尼御前御返事」という、二つの御書に記された日蓮大聖人の心《しん》証《しょう》である。④「一谷入道御書」が認められた後、いまだ一谷入道に渡された「法華経十巻」

について気にされていた日蓮大聖人は、千日尼に対して⑥「阿仏房尼御前御返事」を認められ、「一谷《いちのさわ》の入道の事・日蓮が檀那と内には候へども外は念仏者にて候ぞ・後生は・いかんとすべき、然れども法華経十巻渡して候いしなり」と言及された。

したがって「九月三日」の日付になっている⑥「阿仏房尼御前御返事」も、「一谷入道御書」と同様、建治元年の御執筆と確定する。

この二つの御書が認められた建治元年について、もう少し考えてみよう。

前年（文永十一年）の二月に鎌倉幕府より赦免状が出、同年三月十三日には日蓮大聖人は佐渡より鎌倉に向かわれた。日蓮大聖人が流罪赦免になっただけでも、佐渡の信者たちは歓喜《かんき》雀躍《じゃくやく》したことだろう。その上、四月八日には平左衛門尉頼綱ら幕府要人を前に、同年中には蒙古が攻めてくることを予言。その他国侵逼難の予言は的中し、十月には蒙古が九州に来襲した。

したがって建治元（文永十二）年は、日蓮大聖人一門にとって、またとない折伏《しゃくぶく》の好機であった。④「一谷入道御書」⑥「阿仏房尼御前御返事」ともに、当時の日本の社会情勢を反映した文である。佐渡流罪時に認められた①「阿仏房御書」とは、一読《いちどく》しただけでも歴然《れきぜん》たる違《ちが》いがある。建治元年御述作のこの二つの御書には、かつて阿仏房夫妻に対し御本尊を「夫婦ひそかにをがませ給へ」などと御教示された状況のかけらも見出《いだ》せない。

建治元年の⑥「阿仏房尼御前御返事」（九月三日）において、日蓮大聖人は千日尼に折伏を督励《とくれい》している。

それゆえに「夫婦ひそかにをがませ給へ」と念を押された①「阿仏房御書」が建治元年三月十三日に身延より佐渡の阿仏房のもとに出された可能性などまったくないことがわかる。

さらに前年の文永十一年三月十三日は、赦免により日蓮大聖人が鎌倉に向けて一谷から移動を開始された日である。当然のことながら日蓮大聖人は鎌倉に到着後、鎌倉幕府の枢要《すうよう》な人々に日本国救済の仏の法を説くことが予想されていた。これもまた日蓮大聖人の「出世《しゅっせ》の本懐《ほんかい》」である。よって、この日に日蓮大聖人が①「阿仏房御書」を認めることは不審にして、御書の内容ともそぐわない。

⑥「阿仏房尼御前御返事」の御執筆年が建治元年と特定されることにより、①「阿仏房御書」の御執筆年は佐渡期の文永九年、同十年に絞られる。日蓮大聖人の弟子らに対する弾圧《だんあつ》の苛烈《かれつ》さは、「虚御教書《そらみぎょうしょ》」が三度、出されたことからも窺える。

建治二年と三年に身延に来られなかった理由

先に掲げた十二の御書のうち御執筆年を明確に特定できるのは、⑧「千日尼御前御返事」である。この御書については、先に引用した。御書は次のように始まる。

「弘安元年太歳戊寅《つちのえとら》七月六日・佐渡の国より千日尼と申す人、同じく日本国甲州・波木井《はきり》郷の身延山と申す深山《みやま》へ同じき夫の阿仏房を使として送り給う御文《ふみ》に云く、女人の罪障は・いかがと存じ候へども御法門に法華経は女人の成仏を・さきとするぞと候いしを万事は・たのみ・まいらせ候いて等云云」*8

日蓮大聖人に対し千日尼は「弘安元年七月六日」に「女人の成仏」について質問の書状を書いた。その書状は阿仏房により身延の日蓮大聖人のもとまで届けられた。日蓮大聖人が返信を書かれたのは「七月二十八日」の日付となっている。

この御書には次のような記述がある。阿仏房がしばらく身延に来なかったことを心配されている様子が窺われる。

「抑《そもそも》去去《おととし》・去《こぞ》・今年《ことし》のありさまは・いかにか・ならせ給いぬらむと・をぼつかなさに法華経にねんごろに申し候いつれども・いまだいぶかし《不審》く候いつるに七月二十七日の申《さる》の時に阿仏房を見つけて・尼ごぜんは・いかに・こう《国府》入道殿はいかにと・まづとい《問》て候いつれ

ば・いまだやまず、こう入道殿は同道にて候いつるが・わせ《早稲》は・すでに・ちかづきぬ、こ《子》
わなし・いかんがせんとて・か《帰》へられ候いつると・かた《語》り候いし」[*9]

この引用箇所の始まりである「抑去去・去・今年」は、先に解説したように長年、間違った読み方がされてきた。しかしこの御書の正しい読み方がわかったことにより、阿仏房が身延の日蓮大聖人のもとを訪ねた年が確定した。

阿仏房が身延に来なかったのは一昨年（去去）と昨年（去）ということになる。そして今年（建治四年・弘安元年）は「七月二十七日」に身延に来たということになる。阿仏房はなぜ建治二年、建治三年に身延に参らなかったのか。その理由を考えるに、人間が共食《ともぐ》いをするまでの大変な飢渇《けかち》を見逃《みのが》すわけにはいかない。

「日本国数年の間打ち続きけかち《飢渇》ゆきて衣食たへ・畜るひをば食いつくし・結句人をくらう者出来して或は死人或は小児或は病人等の肉を裂取《さきどり》て魚鹿等に加へて売りしかば人是を買いくへ《啖》り此の国存の外に大悪鬼となれり」[*10]

人びとは極限的な飢えの中で煩悶《はんもん》していた。人びとの苦しみを見透《みす》かして、死人、子ども、病人などの肉を切り取って、魚や鹿などの肉に混ぜて売る者もいた。これが原因となって、疫病《えきびょう》が国中に爆発的に蔓延《まんえん》した。

この疫病について、日蓮大聖人は筆を続けて次のようにも書かれている。

「又去年《こぞ》の春より今年《ことし》の二月中旬まで疫病国に充満す、十家に五家・百家に五十家皆やみ死し或は身はやまねども心は大苦に値へりやむ者よりも怖《おそろ》し、たまたま生残《いきのこり》たれども或は影の如くそ添いし子もなく眼の如く面《かお》をならべし夫妻もなく・天地の如く憑《み》し父母もをはせず生きても何にかせん・心あらん人人争か世を厭はざらん、三界無安とは仏説き給て候へども法に過ぎて見え候」*11

このような社会情勢であったので、日蓮大聖人は七月に阿仏房の姿を見るまでは、一方ならぬご心配をされていた。

「去《い》ぬる文永十一年より今年《ことし》弘安元年まではすでに五箇年が間・此の山中に候に佐渡の国より三度まで夫をつかはす」*12

この文は極めて重要である。日蓮大聖人が身延に入山されたのは「文永十一年」、「今年」は「弘安元年」。その間、五箇年。

五箇年のうちに阿仏房が身延に訪れたのは三度。五箇年とは文永十一年、文永十二年(建治元年)、建治二年、建治三年、建治四年(弘安元年)。このうち建治二年、建治三年は、先程来、記しているように、阿仏房は身延に行っていない。日蓮大聖人がこのような記憶をもたれているということであれば、その二箇年の前の年である建治元年は、阿仏房は身延に行っているということになる。そしてこのたび弘安元年、身延を訪れた。このように特定していくならば、阿仏房は文永十一年、文永十二年(建治元年)の二箇年、いずれの年も身延に行っている。

「阿仏房御書」には「三月十三日」と日付が書かれている。文永十一年の春は赦免状が出て、まさにこの三月十三日に日蓮大聖人は佐渡を離れられている。すると「三月十三日」という日付を持つ「阿仏房御書」は、文永九年か文永十年に書かれたこととなる。

ここまでは⑧「千日尼御前御返事」に「五箇年が間」に「三度」阿仏房を身延に参詣させたという表記に基づき、時《とき》を遡《さかのぼ》り年ごとの検証をしてきた。

阿仏房の死去と子息・藤九郎の身延参り

以降は弘安元年より、主に阿仏房夫妻の動静を、年ごとに検証していきたい。

まず⑨「千日尼御前御返事」を拝する。

なお念を押しておくが、この御書は⑧の「千日尼御前御返事」と同名になっている。しかしまったく別の御書で、⑧は弘安元年七月、⑨は同年閏十月に書かれたもの。

「佐渡の国より此の国までは山海を隔てて千里に及び候に女人の御身として法華経を志しましますによりて年年に夫《おっと》を御使として御訪《とぶら》いあり定めて法華経釈迦多宝十方の諸仏・其の御心をしろしめすらん」*13

⑨の「千日尼御前御返事」が「弘安元年後十月十九日」付である。この⑨の御書が認められた翌年の三月二十一日に阿仏房は死去したと思われる。そしてその死去した年の七月二日、焼骨《しょうこつ》を携《たずさ》え、子息である藤九郎《とうくろう》が身延に来た。日蓮大聖人は佐渡の者たちが身延に来た時には、留守を守っている家族に宛てた文を来た者に託している。阿仏房に対しては千日尼宛の文を託してこられた。その経過からして、藤九郎もそうであったろうと考えられる。しかしながらその御書は、今日まで特定されていなかった。私は『昭和定本』に掲載されている⑪「断

簡二二二」が、藤九郎に託された千日尼宛の御書ではなかったかと思う。

「方便現涅槃而實不滅度トとかれて八月十五夜の満月の雲にかくれて□るがごとくいまだ滅し給はず候なれ。人こそ雲□られてみまいらせず候とも、月は佛眼佛耳をもつてきこしめし御ら□らむ。其上故阿佛房は一心欲見佛の者なり。あに臨終の時釋迦佛を見まいらせ□む。其上[*14]」

弘安二年十一月三十日付の⑩「中興入道消息」を読めば、中興入道がすでに亡くなっていることがわかる。

「然るに貴辺は故《こ》次郎入道殿の御子にて・をはするなり・御前は又よめ《嫁》なり・いみじく心かしこかりし人の子と・よめとにをはすればや、故《こ》入道殿のあとをつぎ国主も御用いなき法華経を御用いあるのみならず・法華経の行者をやしな《養》はせ給いて・としどし《年年》に千里の道をおくりむかへ《送迎》[*15]」

日蓮大聖人は亡き中興入道とその一族に対し好印象を持たれていた。

「中興《なかおき》の次郎入道と申せし老人ありき、彼の人は年ふりたる上心かしこく身もたの《楽》しくて国の人にも人と・をもはれたりし人の・此の御房は・ゆへある人にやと申しけるかのゆへに・子息等もいたう《甚》もにくま《憎》ず、其の已下の者ども・たいし《大旨》彼等の人人の下人にてありしかば内内あやまつ事もなく*16」

阿仏房逝去の年の確定

翌弘安三年七月一日、藤九郎は再び、身延山を訪れ、父・阿仏房の墓に参った。この墓参に来た年の七月二日、日蓮大聖人は⑫の「千日尼御返事」を書かれ藤九郎に渡された。

「阿仏上人は濁世《じょくせ》の身を厭《いと》いて仏になり給いぬ、其の子藤九郎守綱は此の跡をつぎて一向法華経の行者となりて・去年は七月二日・父の舎利を頸《くび》に懸《か》け、一千里の山海を経て甲州・波木井《はきり》身延山に登りて法華経の道場に此れをおさめ、今年は又七月一日《ふづきついたち》身延山に登りて慈父のはかを拝見す、子にすぎたる財《たから》なし・子にすぎたる財なし*17」

同抄には、日蓮大聖人が千日尼を思いやり情を筆端《ひったん》に染《そ》めて激励されている。この「こぞの三月《やよい》の二十一日」という記述と文面を見ると、千日尼の心の傷はいまだ癒《い》えていない。

「こぞの三月《やよい》の二十一日に・わかれにしが・こぞ《去年》もまち《待》くらせどまみゆる事なし、今年《ことし》もすでに七《なな》つき《月》になりぬ、たとい・われこそ来らずとも・いかにをとづれ《音信》はなかるらん、ちりし花も又さきぬ・おちし菓《このみ》も又なりぬ、春の風も・かわらず・秋のけしきも・こぞ《去年》のごとし、いかに・この一事のみ・かわりゆきて本のごとく・なかるらむ、月は入りて又いでぬ・雲はきへて又来る、この人人の出でてかへ《帰》らぬ事こそ天も・うらめしく地もなげかしく候へ、さこそをぼすらめ・いそぎ・いそぎ法華経をらうれう《粮料》と・たのみまいらせ給いて、りやうぜん《霊山》浄土へ・まいらせ給いて・みまいらせさせ給うべし」*18

第三章第二節と第三節において、阿仏房が亡くなった年について、弘安二年として論を進めた。ここにおいて再び複数の御書をもとに、阿仏房が亡くなった年は弘安何年であるかにつき、検討をしていきたい。

「後十月十九日」の⑨「千日尼御前御返事」は弘安元年で確定している。その後に認められた千日尼宛の書状は⑪「断簡二二二」と⑫「千日尼御返事」である。⑫「千日尼御返事」には「こぞの三月の二十一日」に阿仏房が亡くなったことが記されており、その年の七月に藤九郎が御骨を携えて身延山まで来たことが書かれている。そして翌年の七月に再び藤九郎が身延山を訪ね墓参したことを、日蓮大聖人は書かれ、藤九郎を褒《ほ》められている。⑫「千日尼御返事」にはこれら二箇年に渡る記述がなされている。

阿仏房の死は、必ずこの⑨「千日尼御前御返事」(弘安元年)と⑫「千日尼御返事」の間に起きた出来事である。弘安元年閏十月には阿仏房は存命であるから、⑫の「千日尼御返事」は弘安三年以降、日蓮大聖人が御入滅される弘安五年までの「七月二日」に書かれたということになる。

すなわち阿仏房が亡くなった「こぞの三月二十一日」の「こぞ」とは、弘安二年か三年か四年である。

阿仏房が亡くなる前に身延に詣でたのは、弘安元年のことであった。その後、阿仏房が身延の日蓮大聖人のもとに行ったことを裏づけるものはない。だが、阿仏房が生きていた場合、必ず阿仏房は身延の日蓮大聖人の下を訪ねたであろう。弘安二年以降の御書の中に、阿仏房の存在が記されていないということは、「こぞの三月二十一日」が弘安二年であることを示していると見るべきであろう。

ここにおいて本項の初期の目的を、達成することができた。一連の御書をもって時を遡り「阿仏房御書」が、佐渡流罪中の文永九年、文永十年のいずれかの年に出されたものであることを証した。そしてここでは時を下り阿仏房が死去した弘安二年までを検証した。これらの作業により、①「阿仏房御書」が弘安期に認められた可能性はないということが明らかとなった。佐渡流罪期より身延に至るまで年ごとに消去法をもって検証することにより、①「阿仏房御書」は文永九年か文永十年の御執筆になるものであることがわかった。

「阿仏房御書」の御執筆年を一年ごとに再検討

弘安元年七月二十八日に認められた⑧「千日尼御前御返事」は、日蓮大聖人が赦免後の佐渡の人びと、なかんずく阿仏房夫妻の動向を知る上で極めて重要である。この御書を基軸として、それより後の御書の御執筆年を特定した。その作業は、何のためであったか。それは、これまで文永九年三月の御書とされてきた①「阿仏房御書」の御述作年を、できるだけ後年に持っていこうとする風潮が間違いであることを証するためである。

①「阿仏房御書」の御述作年を佐渡期より後ろに移動したい者たちの本音は、この御書の中において日蓮大聖人が阿仏房に御本尊を授与されたこと、「北国の導師」と呼称されたことが

書かれており、それは時期的に尚早過ぎると権威的に判断するからである。時流に任せ見過ごしていれば、それまでのこと。しかしながらそれを漫然《まんぜん》と放置《ほうち》すれば、日蓮大聖人の本意と真反対の信仰の権威化《けんいか》が進む。そこでまず文永九年から弘安五年までの主に阿仏房夫妻を中心とした佐渡の信者の動向を押さえる必要があると判断した。

これまで検討してきたことにより、文永九年、文永十年以外に①「阿仏房御書」が認められたと考えられる年のないことがわかった。

そこで再び文永十一年から弘安期にかけて、①「阿仏房御書」が書かれていないことを以下、総括的に再確認しておきたい。

文永十一年三月十三日は、日蓮大聖人が赦免になり一谷より鎌倉に向かわれた日。その日に①「阿仏房御書」が認められ阿仏房に授けられたということは考えづらい。

建治元年（文永十二年）は⑥「阿仏房尼御前御返事」の中で折伏《しゃくぶく》を督励《とくれい》されているので、①「阿仏房御書」の中で御本尊を「夫婦ひそかにをがませ給へ」と言われている内容とは矛盾する。しかもそのことは、①「阿仏房御書」が⑥「阿仏房尼御前御返事」よりも必ず前に認められたものであることを示す。これはゆるぎない事実関係である。この二つの御書を比較すれば①「阿仏房御書」が佐渡期に認められたものであることは間違いない。

さらに念のため弘安期以降に佐渡の信者に向けて書かれた御書について検討を加えたい。

日蓮大聖人は、弘安元年（建治四年）に書かれた⑧「千日尼御前御返事」の中で、一昨年、昨年と佐渡の阿仏房たちの消息がわからず心配していたと書かれている。つまり建治二年、建治三年は、日蓮大聖人と佐渡の者たちとの間の交信はなかった。すると日蓮大聖人は阿仏房が五箇年の内、身延へ三度、来たと言われているのだから、先述したように文永十一年と建治元年（文永十二年）ともに必ず阿仏房は身延に来ていることになる。

弘安元年（建治四年）には、前記した七月二十八日付の⑧「千日尼御前御返事」があり、さらに「後十月十九日」付の⑨「千日尼御前御返事」がある。この年に①「阿仏房御書」が認められたとするには無理がある。

以上をもってわかるように、文永十一年、建治元年（文永十二年）、建治二年、建治三年、弘安元年（建治四年）、弘安二年の六箇年の間に①の「阿仏房御書」を差し込み、他の御書と整合性を保つことはできない。「阿仏房御書」は身延において書かれたものではなく、佐渡において認められたものであると結論される。

＊1『日蓮大聖人御書全集』「種種御振舞御書」九二一ページ

＊2『日蓮大聖人御書全集』「下山御消息」三五八ページ
＊3『日蓮大聖人御書全集』「国府尼御前御書」一三二四ページ
＊4『日蓮大聖人御書全集』「阿仏房尼御前御返事」一三〇八ページ
＊5『日蓮大聖人御書全集』「一谷入道御書」一三二九ページ
＊6『日蓮大聖人御書全集』「一谷入道御書」一三三〇ページ
＊7『日蓮大聖人御書全集』「一谷入道御書」一三二九ページ
＊8『日蓮大聖人御書全集』「千日尼御前御返事」一三〇九ページ
＊9『日蓮大聖人御書全集』「千日尼御前御返事」一三一四ページ
＊10『日蓮大聖人御書全集』「松野殿御返事」一三八九ページ
＊11 同前
＊12『日蓮大聖人御書全集』「千日尼御前御返事」一三一四ページ
＊13『日蓮大聖人御書全集』「千日尼御前御返事」一三一六ページ
＊14『昭和定本日蓮聖人遺文』第四巻「断簡二二二」二九三三ページ
＊15『日蓮大聖人御書全集』「中興入道消息」一三三四ページ
＊16『日蓮大聖人御書全集』「中興入道消息」一三三三ページ
＊17『日蓮大聖人御書全集』「千日尼御返事」一三二二ページ
＊18『日蓮大聖人御書全集』「千日尼御返事」一三二〇ページ

第四節　佐渡における大法弘通

佐渡に所在する御本尊

佐渡の藤沢子山《ふじさわしざん》（享保《きょうほう》十六〈一七三一〉年〜寛政《かんせい》十〈一七九八〉年）が編集した『子山佐渡志』がある。『子山佐渡志』には、佐渡にある寺院の当時の什宝《じゅうほう》などが記されている。根本寺は「曼荼羅一幅日蓮書」や「消息一□日蓮書」（著者註　□は欠字）を格護《かくご》していることが記録されている。*1

阿仏房妙宣寺には「日蓮自筆首題数幅」「日蓮消息一幅」が格護されている。また妙宣寺の末寺として阿仏房の彦《ひこ》（孫または ひ孫）である日満《にちまん》と縁が深い妙満寺の名が確認される。*2

妙宣寺は、天正《てんしょう》十七（一五八九）年に現在地に創建された。なお、この妙宣寺はもともと阿仏房元屋敷と呼ばれる地域にあった安仏寺が移設されたものである。また阿仏房元屋敷は塚原より阿仏房が「所払《ところばら》い」された先であるとの説もある。*3

妙宣寺が所持する「開山日得《にっとく》系図」は、もともとは国府入道由来の世尊寺の大檀那であった柳屋遠藤家の系図が作られるにあたり、摂津渡辺党の末裔《まつえい》として粉飾されたものである。それが妙宣寺にわたったことにより、さらに阿仏房の系図として転用された。妙宣寺は由来としても、場所としても阿仏房とは何ら縁がない。*4

世尊寺は、『子山佐渡志』において「駿河本門寺末」として確認されるが、什物《じゅうぶつ》にこれといったものは記録されていない。*5

また大正十一（一九二二）年に文学博士の荻野由之《おぎのよしゆき》によって『佐渡國誌』が編まれた。『佐渡國誌』には、妙照寺の什宝として「曼荼羅　二幅」が確認できる。*6

妙宣寺の什宝としては「十八枚繼大曼陀羅　祖師自筆」や「寶塔之本尊」が認められる。*7

世尊寺には「宗祖本尊　三幅」「日興本尊　十三幅」「観心本尊得意　一通」の他にも「国府入道御返事」の後半部分数行の御真筆《ごしんぴつ》が存在した。*8

この真蹟断簡《しんせきだんかん》は現在、愛知県の妙勝寺が所持している。

以上、『子山佐渡志』『佐渡國誌』の二誌を見てきた。

両書ともに、佐渡に所在する寺院には、「曼荼羅《まんだら》」の本尊のほかに「首題」の本尊や「寶塔之本尊」が存在するとしている。この「首題」の本尊、「寶塔之本尊」とは、どのような相貌《そうみょう》をしているのであろうか。

『日蓮聖人真蹟集成』（第十巻）本尊集を見れば、日蓮大聖人は「十界《じっかい》」の「曼荼羅」（十界宛《えん》然《ぜん》の曼荼羅）を顕《あら》わされる以前に「宝塔《ほうとう》」の「曼荼羅」ともいえる御本尊を顕わされていたことが確認される。

なお、論を進める便宜上、御本尊を「宝塔」の「曼荼羅」と「十界」の「曼荼羅」とに区別する。ただし、これはあくまで相貌の違いによって呼称を変えているだけで、「宝塔」の「曼荼羅」、「十界」の「曼荼羅」ともに大曼荼羅《だいまんだら》であり仏である。

「宝塔」の「曼荼羅」は一律ではないが、その中央に南無妙法蓮華経、その左右に釈迦牟尼仏《しゃかむにぶつ》と多宝如来《たほうにょらい》、紙幅の中ほどの両脇には梵字《ぼんじ》の不動明王《ふどう》と愛染明王《あいぜん》、そして「日蓮」と「花押《かおう》」が紙幅の下、左右に認《したた》められているといった簡素な相貌のものが多い。

それに対し「十界」の「曼荼羅」の相貌は、「観心本尊抄」に明かされた次のようなものである。


「其の本尊の為体《ていたらく》本師の娑婆の上に宝塔《ほうとう》空に居し塔中の妙法蓮華経の左右に釈迦牟尼仏・多宝仏・釈尊の脇士《きょうじ》上行等の四菩薩・文殊弥勒《みろく》等は四菩薩の眷属《けんぞく》として末座に居《こ》し迹化他方の大小の諸菩薩は万民の大地に処して雲閣月卿《うんかくげっけい》を見るが如く十方の諸仏は大地の上に処し給う迹仏迹土を表する故なり」*9

さて「宝塔」の「曼荼羅」が最初に認められたのは依智《えち》であった。日蓮大聖人は文永八年九月十二日に竜の口において頸《くび》の座に臨まれたが、その夜、相州・依智の本間重連《ほんましげつら》邸に移送され、その後、処分は佐渡流罪と決定された。依智から佐渡に向けての出発は十月十日であるが、その前日の九日、預けられていた本間の館において、日蓮大聖人は「宝塔」の「曼荼羅」を顕わされている。

この「宝塔」の「曼荼羅」には、首題《しゅだい》の南無妙法蓮華経が中央、向かって左に愛染明王、右に不動明王が梵字で顕わされ認められているのみ。釈迦牟尼仏、多宝如来は認められていない。ただし左下に「日蓮」「花押」、右下に「文永八年太才辛未十月九日　相州本間依智郷　書之」と記されている[*10]（『集成』所収の第一、京都立本寺蔵）。

『集成』に「第二」として収録されている「宝塔」の「曼荼羅」には「文永九年太才壬申六月十六日　於佐渡國　圖之」と脇書《わきがき》がされている。

また御図顕《ごずけん》の日付が書かれていない「宝塔」の「曼荼羅」の写真が、『集成』には七体、掲載されている。現在、格護されている寺院は、京都・本能寺（第三）、小泉・久遠寺（第四）、三条・本成寺（第五）、巣鴨・本妙寺（第六）、京都・頂妙寺（第七）、佐渡・妙宣寺（第一二）、身延・本遠寺（第二五）である。さらに『集成』は「宝塔」の「曼荼羅」が、他にも佐渡・妙宣寺に一体、京都・妙蓮寺に一体あることを以下のように記している。

「當御本尊と全く同型の聖筆御本尊を、左記の諸山に格護しているが、事情があって本集に謹収することができなかった。
一、新潟県佐渡郡眞野町阿佛房　妙宣寺（寸法略）
二、京都市上京區寺ノ内大宮　妙蓮寺（寸法略）」[*11]

以上、『集成』によれば、依智で認められた「宝塔」の「曼荼羅」を含め九体が写真で収録され、それ以外にも二体の「宝塔」の「曼荼羅」が存在することがわかる。

平成十六（二〇〇四）年五月に新潟県三条市の本成寺で、既知の「宝塔」の「曼荼羅」以外に新しくもう一体、日蓮大聖人が認められた「宝塔」の「曼荼羅」が存在していることが確認されている。

したがって、現存する「宝塔」の「曼荼羅」は十二体である。

『集成』は、佐渡で顕わされた「宝塔」の「曼荼羅」について「佐渡百幅の御本尊」と記している。それは日蓮大聖人が佐渡流罪中、百幅に及ぶ御本尊を佐渡の信者らに授けられたということを意味している。日蓮大聖人は文永十一年五月十七日に身延《みのぶ》に入られたが、それ以降、「宝塔」の相貌をした「曼荼羅」が顕わされたことは確認されていない。

「佐渡百幅の御本尊」

阿仏房が流罪地・佐渡において日蓮大聖人に帰伏した最初の弟子であるということに疑念を差し挟む余地はない。したがって「佐渡百幅の御本尊」と言われる「宝塔」の「曼荼羅」を最初に阿仏房夫妻が頂いたと推断される。阿仏房はのち佐渡において展開される折伏戦の中核となる。阿仏房が「北国の導師」との自覚に立たなければ、佐渡における布教はままならなかった。阿仏房と国府入道が揃って身延に向かっている姿を想起すれば、国府入道を信仰に導いたのは阿仏房ではないかと考えられる。その国府入道もまた塚原《つかはら》の配所におられた日蓮大聖人のもとに、制裁を覚悟で心のこもった供養をした。

日蓮大聖人とひと冬をともに越え、素直な信心をしている阿仏房夫妻が文永九年の初めに御本尊を頂くまでの信心でなければ、「佐渡百幅の御本尊」に象徴される佐渡の布教はできなかったことだろう。

佐渡で顕わされた「宝塔」の「曼荼羅」

阿仏房に授けられた「第一二」の御本尊には「佐渡國法花東梁阿佛房彦如寂房日滿相傳 之」

と添書《そえがき》が右下に書かれている。阿仏房の孫（ひ孫）・如寂房日満が、日蓮大聖人が亡くなられた後に、日興上人に添書をしてもらい改めて授与されたものである。この御本尊こそ「阿仏房御書」に書かれていた「宝塔」である。阿仏房は佐渡流罪になった日蓮大聖人の命を助け迫害にも耐えた。そしておそらくは最初に帰伏し、文永九年春のころ、法華経を信ずるがゆえに宅を取られるなどといった迫害《はくがい》に遭《あ》った。それでも阿仏房は信仰を捨てることはなかった。日蓮大聖人は、その阿仏房を愛《め》でて御本尊を与えた。さらにその阿仏房由来の御本尊を日満が相伝《そうでん》し、それに日興上人が添書をしたのである。

日蓮大聖人が阿仏房に与えられたこの御本尊には、首題・南無妙法蓮華経、日蓮、花押、釈迦、多宝、上行《じょうぎょう》・無辺行《むへんぎょう》、浄行《じょうぎょう》・安立行《あんりゅうぎょう》、不動、愛染が認《したた》められている。佐渡期において日蓮大聖人が顕わされた御本尊で、四菩薩が認められているのは、この御本尊のみと思われる。日蓮大聖人はこの御本尊を下賜《かし》するにあたり「夫婦ひそかにをがませ給へ」[*12]と述べられた。ちなみにこの御本尊の大きさはタテ42・7㎝、ヨコ29・1㎝で小さい。この他に佐渡の妙宣寺には注目すべき御本尊がある。この御本尊にも四菩薩が認められている。しかしながらこの御本尊の大きさは先の御本尊より格段に大きく、タテ157㎝、ヨコ103㎝である。相貌、運筆などから拝するに、この御本尊は佐渡の法華折伏の旗印《はたじるし》として、日蓮大聖人が身延に入られて間もない建治年間に認められたものと思われる。

なお日蓮大聖人は阿仏房の仏法上の立場について次のように述べられている。

「浄行菩薩う《生》まれかわり給いてや・日蓮を御とぶらい給うか不思議なり不思議なり、此の御志をば日蓮はしらず上行菩薩の御出現の力にまか《任》せたてまつり候ぞ、別の故はあるべからず・あるべからず[*13]」

日蓮大聖人は、阿仏房について四菩薩のうち浄行菩薩の生まれ変わりであると述べられている。浄行菩薩が、餓死《がし》、凍死の危機にあった塚原における日蓮大聖人を救った。この阿仏房の救護《くご》について、総じて窺うならば、上行菩薩の出現の力によるものであろうと日蓮大聖人は述べられている。

この御本尊に年月日が認められていれば、論議は結論を得る。だが、残念ながら『集成』において、文永九年御図顕の御本尊で年月日が書かれているのは、「文永九年六月十六日」の御本尊だけである。ただしこの御本尊を頂いた者の名前はわからない。

阿仏房の信仰の深さ貢献などからすれば、佐渡において「宝塔」の「曼荼羅」を最初に下賜《かし》されたのは阿仏房以外の誰人でもない。そして「阿仏房御書」を読めば、阿仏房が「宝塔」について聞いていること、日蓮大聖人が「夫婦ひそかにをがませ給へ」と述べられていることとなどから、同御書は阿仏房が御本尊を頂いた直後に書かれたものであることに疑念を差し挟む余地はない。

そしていまここに「文永九年六月十六日」付で認められた御本尊が『集成』に収められている。阿仏房に与えられた御本尊と「文永九年六月十六日」付で認められた御本尊とは、いずれが先に認められたものであろうか。塚原の状況を見ればおのずと明らかとなる。阿仏房授与の御本尊が先である。阿仏房授与の御本尊は日興上人が添書をされた日満格護の御本尊である。すると阿仏房に授けられた御本尊は「文永九年六月十六日」より前に顕わされたと考えるのが至当である。「阿仏房御書」もまた同様である。

日興上人の添書

もともと阿仏房の頂いていた御本尊に、日興上人が添書をされ阿仏房の孫（ひ孫）へ正式に相伝を許された。このことにより阿仏房の孫（ひ孫）が、阿仏房の意を帯し日興門流《にっこうもんりゅう》として教法流布《きょうほうるふ》に励んでいることが確認される。阿仏房の頂いていた御本尊の相伝にあたり日興上人の添書をもらっていることは、最蓮房《さいれんぼう》こと日興上人と阿仏房ならびにその子孫との法縁《ほうえん》が非常に強かったことを示す。

この「宝塔」の「曼荼羅」に「佐渡國法花東梁《とうりょう》阿佛房」と日興上人が添書をされている。日興上人は最蓮房として佐渡、そして駿河で活躍し、文永九年春には「生死一大事血脈抄《しょうじいちだいじけつみゃくしょう》」や「草木成仏口決《そうもくじょうぶつくけつ》」などの重書をいただいている。阿仏房の信心、そして迫害についても間近で見聞きしている。したがって日興上人はこの御本尊が文永九年の春に日蓮大聖人より阿仏房に授けられたものであることとの由縁《ゆえん》を知っている。それゆえに「宝塔」の「曼荼羅」に日興上人が阿仏房について「佐渡國法花東梁」であるとの由縁を明示されている。またこのように書かれていることは佐渡の教法流布にあたり、阿仏房が折伏《しゃくぶく》の中心者としての役割を果たしてきたことを示している。佐渡の国の布教が短期間に発展したのは、阿仏房が「いびす」だったことも影響していると思われる。支配をする鎌倉幕府に対峙《たいじ》する結束が、島の「いびす」の人びとの心底にあったのだろう。

日興上人は、日蓮大聖人と阿仏房の縁の深さを次のように記している。日興上人が亡くなる前年の元弘《げんこう》二（一三三二）年のことであった。

「右佐渡阿闍梨日満は学文授法に於ては日興が弟子たりと雖も代々の由緒有るに依て日蓮聖人の御弟子なり」「其の故は聖人佐渡国流罪の御時尋ね参るの処一二の功に依て本弟子六人之を定め置かる、然りと雖も阿仏房に於ては而も直の御弟子、聖人号を蒙て仏法の恵命を相続し一切衆生を助くる仁法花の大棟梁なり、然れば阿仏房の跡相続の子孫は北陸道の法燈たるべきの由、日蓮聖人の御筆跡の旨に任せて日満阿闍梨は北陸道七箇国の法花の大別当たるべき者なり」[*14]（傍線は著者）

日満は日興上人の弟子であるが、由緒あるがゆえに日蓮大聖人の弟子である。阿仏房は「直の御弟子」であり、しかも生前、聖人号をいただいていること、日蓮大聖人より「法花の大棟梁」と評価されていた。それゆえにその子孫であり自らも強盛な信心をしている日満もまた、日興上人より阿闍梨号《あじゃりごう》を頂き、日蓮大聖人の意に沿い「北陸道七箇国の法花の大別当」であると闡明《せんめい》されたのである。

日興上人が「日蓮聖人の御筆跡の旨に任せ」と書かれていることにより、日興上人は日蓮大聖人が阿仏房について「北国の導師」と称されていたことを知っていたということになる。

＊1『佐渡叢書』第五巻　七七ページ

＊2『佐渡叢書』第五巻　七八ページ

＊3『新版日蓮と佐渡』一〇〇ページ
＊4『新版日蓮と佐渡』一一五ページ
＊5『佐渡叢書』第五巻　八〇ページ
＊6『佐渡國誌』四七四ページ
＊7『佐渡國誌』四七一ページ
＊8『佐渡國誌』四八〇ページ
＊9『日蓮大聖人御書全集』「観心本尊抄」二四七ページ
＊10『日蓮聖人真蹟集成』第十巻本尊集「解説」九ページ
＊11 同前
＊12『日蓮大聖人御書全集』「阿仏房御書」一三〇五ページ
＊13『日蓮大聖人御書全集』「阿仏房御書」一三〇四ページ
＊14『富士日興上人詳伝』六八二、六八四ページ

第五節 「阿仏房御書」と「船守弥三郎許御書」

阿仏房と法華経

「阿仏房御書」において日蓮大聖人は、「阿仏房しかしながら北国の導師とも申しつべし」と呼びかけられた。このことをもって、「阿仏房御書」は日蓮大聖人が佐渡流罪を経て身延に入られた後に著わされたものだと言う者がいる。

その根拠《こんきょ》はといえば、主観的なものでしかない。文永八年十一月一日に日蓮大聖人が佐渡の塚原の堂に入られてから四カ月余しか経っていないのに、佐渡において帰伏した信者に対し、「北国の導師」と言われるのは時期尚早であるというのである。

そのため、ある者は「阿仏房御書」の御執筆年について「弘安期」だと言い、またある者は「建治」だと言う。果ては何ら根拠を示すことなく、身延に入られてから数年のうち、などと言う。要するに、これらの者たちは客観的な根拠があって言っているのではなく、ただ主観的な迷妄《めいもう》に依拠《えきょ》して繰り言を述べているだけなのである。

阿仏房は、地縁血縁を断たれることのみならず、一命《いちめい》をも日蓮大聖人に奉《たてまつ》る決意をもってお仕えした。日蓮大聖人の御一生を通して竜の口法難と比肩《ひけん》しうるこの大法難において、阿仏房は命懸けの働きをし、日蓮大聖人を助けたのである。その陰には妻である千日尼の助力もあった。

日蓮大聖人は、流罪先の「北国」で出会った阿仏房とその妻に対し、全幅の期待を寄せられた。さらに法華経に照らし、阿仏房のみならず千日尼も、仏縁《ぶつえん》浅からぬことを感じられた。かくたる因縁があってこそ、日蓮大聖人の一命を助けるという大役を夫妻は今生《こんじょう》において仰せつかったのである。

法師品《ほっしほん》第十に曰《いわ》く。

「若《も》し我が滅度《めつど》の後《のち》に　能《よ》く此の経を説かば　我れは化《け》の四衆《ししゅ》　比丘比丘尼《びくびくに》　及び清信《しょうしん》士女《じにょ》を遣わして　法師を供養せしめ　諸《もろもろ》の衆生を引導《いんどう》して　之《こ》れを集めて法を聴かしめん　若し人は悪《あく》　刀杖《とうじょう》及び瓦石《がしゃく》を加えんと欲《ほっ》せば　則ち変化《へんげ》の人《ひと》を遣わして　之《こ》れが為《ため》に衛護《えご》と作《な》さん*1」

普賢菩薩勧発品《ふげんぼさつかんぼっぽん》第二十八に曰く。

「若《も》し是の法華経を受持《じゅじ》・読誦《どくじゅ》し、正憶念《しょうおくねん》し、修習《しゅじゅう》し書写《しょしゃ》すること有らば、当《まさ》に知るべし、是《こ》の人は則ち釈迦牟尼仏《しゃかむにぶつ》を見る。仏口《ぶっく》従り此の経典を聞くが如し。当に知るべし、是の人は釈迦牟尼仏を供養す。当に知るべし、是の人は、仏に善《よ》き哉《かな》と讃《ほ》めらる。当に知るべし、是の人は釈迦牟尼仏の手《みて》に、其の頭《こうべ》を摩《ま》せられん。当に知るべし、是の人は釈迦牟尼仏の衣の覆《おお》う所と為《な》らん」[*2]

同じく普賢菩薩勧発品第二十八に曰く。

「若《も》し是の経典を受持せん者を見ば、当《まさ》に起《た》って遠く迎うべきこと、当に仏を敬《うやま》うが如《ごと》くすべし」[*3]

日蓮大聖人が法華経勧持品《かんじほん》第十三の二十行の偈《げ》に説かれた「数数見擯出《さくさくけんひんずい》」の文を身読《しんどく》されようとしている。まさにその時、日蓮大聖人の御命を助けた者は、我ら愚鈍《ぐどん》の凡夫《ぼんぷ》には計り知ることのできない使命をもって、この今生に現れ出《いで》た者たちである。

日蓮大聖人は阿仏房について述べられている。

「浄行菩薩うまれかわり《生》給いてや・日蓮を御とぶらい給うか不思議なり不思議なり、此の御志をば日蓮はしらず上行菩薩の御出現の力にまかせ《任》たてまつり候ぞ」＊4

船守弥三郎夫妻の場合

伊豆《いず》、佐渡《さど》の流罪《るざい》は、日蓮大聖人が末法の法華経の行者であることを証してあまりある。この二つの法難において、その都度、日蓮大聖人を命を懸けて護る夫妻が現われた。伊豆流罪では船守弥三郎《ふなもりやさぶろう》夫妻、佐渡流罪では阿仏房《あぶつぼう》夫妻である。この夫妻の類似性を確認するならば、阿仏房夫妻が流罪ほどなく日蓮大聖人に称讃の言葉をいただき御本尊を賜《たまわ》ったことに、何らの不思議さを感じることはない。

日蓮大聖人は弥三郎の功績に対し、どのような讃辞を与えられているのだろうか。それを知ることは、日蓮大聖人が阿仏房に対し、どのような評価をされていたかを窺うことに繋《つな》がる。

日蓮大聖人は弘長《こうちょう》元（一二六一）年五月十二日に流罪のため伊豆の川奈《かわな》の津《つ》に着かれた。日蓮大聖人が数えの四十歳の時である。この時の様子を日蓮大聖人は、次のように「船守弥三郎許御書《もとごしょ》」に認《したた》められている。

「日蓮去《いぬ》る五月《さつき》十二日流罪の時その津《つ》につきて候しに・いまだ名をもきき《聞》をよびまいらせず候ところに・船よりあがり《上》くるしみ《苦》候いきところに・ねんごろ《懇》にあたらせ給い候し事は・いかなる宿習《しゅくじゅう》なるらん」*5

さらに弥三郎の妻が日蓮大聖人の足を洗うなどのお世話をしている。

「たとひ《仮令》男は・さもあるべきに女房の身として食をあたへ洗足《せんぞく》てうづ《手水》其の外さも事ねんごろなる事・日蓮はしらず不思議とも申すばかりなし」*6

日蓮大聖人は、川奈の津に着かれた時、船酔いに苦しまれていた。その時、日蓮大聖人のお世話をしたのが弥三郎夫妻であった。この時のことが縁で、日を置かずして弥三郎夫妻は日蓮大聖人を尊敬し奉り、日蓮大聖人の教法《きょうほう》に帰依《きえ》していく。このことも「船守弥三郎許御書」によってわかる。

「ことに三十日あまりありて内心に法華経を信じ日蓮を供養し給う事いかなる事のよしな

るや」[*7]

この御書の末尾には「弘長元年六月二十七日」と記されている。この「船守弥三郎許御書」の文脈からしても、この御書が出会いよりわずか一カ月の後に認《したた》められたものであることは明明白白《めいめいはくはく》である。

この御書は、弥三郎が日蓮大聖人のもとにご供養を届けたことについての返状である。冒頭には次のようにある。

「わざと使を以てちまき《粽》さけ《酒》ほしひ《干飯》さんせう《山椒》かみ《紙》しなじな給《たび》候い畢んぬ、又つかひ《使者》申され候は御かくさせ給へと申し上げ候へと日蓮心得申べく候」[*8]

日蓮大聖人にご供養をするにあたって、弥三郎は使いを立てたが、その使者から日蓮大聖人に対し、「このご供養について内緒にしておいてほしい」との伝言がなされた。これに対し日蓮大聖人は「日蓮心得申べく候」と答えられている。弥三郎は隠密裏《おんみつり》に信仰をしていたのだ。

加えて、日蓮大聖人に尽くす弥三郎夫妻に対して法華経法師品第十を引かれながら、その振る舞いについて次のように誉《ほ》められている。

「法華経第四に云く『及《ぎゅう》清信《しょうしん》士女《じにょ》供養《くよう》於《お》法師《ほっし》』と云云、法華経を行ぜん者をば諸天善神等或はをとこ《男》となり或は女となり形をかへさまざま《様様》に供養してたすく《助》べしと云う経文なり、弥三郎殿夫婦の士女《しじょ》と生れて日蓮法師を供養する事疑なし」*9

また日蓮大聖人は同御書の中で、法義《ほうぎ》を一重《いちじゅう》深く、次のように展開されている。

「我等衆生無始よりこのかた生死海の中にありしが・法華経の行者となりて無始《むし》色心《しきしん》・本《ほん》是理性《ぜりしょう》・妙境《みょうきょう》妙智《みょうち》・金剛《こんごう》不滅《ふめつ》の仏身とならん事あにかの仏にかわる《異》べきや、過去久遠五百塵点《じんてん》のそのかみ《当初》唯我《ゆいが》一人《にん》の教主釈尊とは我等衆生の事なり、法華経の一念三千の法門・常住《じょうじゅう》此説法《しせっぽう》のふるまいなり、かかるたうと《尊》き法華経と釈尊にてをはせども凡夫はしる事なし」*10

当然のことながら、この御書は総別《そうべつ》の二義《にぎ》に拝すべきだろう。「過去久遠五百塵点のそのかみ」すなわち久遠元初《くおんがんじょ》の「唯我一人の教主釈尊」とは、別《べつ》しては日蓮大聖人のことである。日蓮大聖人こそ末法《まっぽう》の衆生を救うために御出現された仏である。その御姿は凡夫僧《ぼんぷそう》である。総《そう》じては我等衆生もまた、向仏合掌《こうぶつがっしょう》・境智冥合《きょうちみょうごう》し、日蓮大聖人の教法《きょうほう》を流布《るふ》するがゆえに、同じく仏身《ぶっしん》とならん。

日蓮大聖人は次のようにも仰せになっている。

「凡夫即仏なり・仏即凡夫なり・一念三千我実成仏これなり」*11

この文を拝すれば、誰しもが「阿仏房御書」を思い出すことだろう。

「阿仏房さながら宝塔・宝塔さながら阿仏《あぶつ》房・此れより外の才覚無益《むやく》なり」*12

伊豆伊東の流罪と佐渡流罪、日蓮大聖人は数えの四十歳と五十歳。その間には十年の隔たりがある。しかしながら日蓮大聖人の思考も感性も寸分違《すんぶんたが》わない。

この法華経の行者として振る舞われ、法難《ほうなん》に遭《あ》っている日蓮大聖人の眼からみれば、法難の最中にその命を助ける者の本地《ほんち》は明らかである。

隠密性をともなう法難時の信仰

日蓮大聖人は、この「船守弥三郎許御書」の末尾を次のように締《し》め括《くく》られている。

「夫婦二人は教主大覚世尊の生れかわり給いて日蓮をたすけ《助》給うか、伊東とかわな《川奈》のみちのほど《程》はちかく候へども心はとを《遠》し・後のためにふみ《文》をまいらせ候ぞ」[*13]

日蓮大聖人はこの御書を、伊豆伊東流罪という大難の中で大功をなした弥三郎夫妻に、後世《こうせい》の証《あかし》として授けられたのである。しかもそのことについて、他言しないよう念を押されている。

「人にかたら《語》ずして心得させ給へ・すこしも人しるならば御ためあしかり《悪》ぬべし、むね《胸》のうちにをき《置》てかたり給う事なかれ」[*14]（傍線は著者、以下同）

法難時《ほうなんじ》における信仰活動は、隠密性《おんみつせい》をともなうのである。ましてや日蓮大聖人御本人の身柄が権力の管理下にある状況においては、非常時ならではの慎重さが要求された。

ここに示した「船守弥三郎許御書」の末尾は、次に示す「阿仏房御書」と同じような文の括りとなっている。

「あまりに・ありがたく候へば宝塔をかきあらはし・まいらせ候ぞ、子にあらずんば・ゆづる事なかれ信心強盛の者に非ずんば見する事なかれ〈中略〉宝塔をば夫婦ひそかにをがませ給へ」*15

さてさて、弥三郎夫妻は弘長元年五月十二日に船酔いの日蓮大聖人を介抱し奉る。一カ月半あまりの御奉公をして、この「船守弥三郎許御書」を頂いたのは同年六月二十七日。その御書の末尾で日蓮大聖人は弥三郎夫妻を次のようにお褒《ほ》めになっている。

「夫婦二人は教主大覚世尊の生れかわり給いて日蓮をたす《助》け給うか」*16

文永八年から同九年にかけてのひと冬の間、日蓮大聖人は伊豆伊東とは比べものにならない危機的状況下にあった。餓死《がし》、凍死のみならず、打ち殺され射殺《いころ》される危険性すらあった。

その時、一命《いちめい》をもって阿仏房は、日蓮大聖人をお助け申し上げた。

「阿仏房しかしながら北国の導師とも申しつべし」[17]

この日蓮大聖人の讃辞《さんじ》が、どうして時期尚早《じきしょうそう》とされるのであろうか。どうして過分《かぶん》な評価とされるのであろうか。

＊1『妙法蓮華経並開結』「法師品第十」三六九ページ
＊2『妙法蓮華経並開結』「普賢菩薩勧発品第二十八」六七四ページ
＊3『妙法蓮華経並開結』「普賢菩薩勧発品第二十八」六七七ページ
＊4『日蓮大聖人御書全集』「阿仏房御書」一三〇四ページ
＊5『日蓮大聖人御書全集』「船守弥三郎許御書」一四四五ページ
＊6 同前
＊7 同前
＊8 同前
＊9 同前
＊10『日蓮大聖人御書全集』「船守弥三郎許御書」一四四六ページ

＊11 同前
＊12『日蓮大聖人御書全集』「阿仏房御書」一三〇四ページ
＊13『日蓮大聖人御書全集』「船守弥三郎許御書」一四四六ページ
＊14 同前
＊15『日蓮大聖人御書全集』「阿仏房御書」一三〇四ページ
＊16『日蓮大聖人御書全集』「船守弥三郎許御書」一四四六ページ
＊17『日蓮大聖人御書全集』「阿仏房御書」一三〇四ページ

第六節　宝塔の中で阿仏房が東向きに坐っている理由

藤九郎の身延への参詣

阿仏房は弘安《こうあん》二（一二七九）年三月二十一日に逝《い》った。

その年の七月二日、子息の藤九郎が阿仏房の遺骨を抱いて、身延の日蓮大聖人のもとを訪ねた。遺骨は身延山《みのぶさん》に埋葬された。翌弘安三年の七月一日、再び藤九郎は日蓮大聖人のいらっしゃる身延を訪《とぶら》い、阿仏房の墓参りをした。日蓮大聖人は、藤九郎が二年続けて元気な姿を見せたことを喜ばれた。この藤九郎の身延への参詣は、千日尼の強い意志によるものであったろう。

千日尼は、阿仏房が生きている時もそうであった。

夫の阿仏房を日蓮大聖人のもとに送るために心を砕いていた。日蓮大聖人もそのことをよくご存知だった。千日尼は、文永《ぶんえい》十一（一二七四）年から弘安元年七月までの五年間のうちに、三度、阿仏房を身延の日蓮大聖人のもとに送り出している。

これに対し、日蓮大聖人は次のように仰せになっている。

「佐渡の国より此の国までは山海を隔てて千里に及び候に女人の御身として法華経を志しましますによりて年年に夫《おっと》を御使として御訪《とぶら》いあり定めて法華経釈迦多宝十方の諸仏・其の御心をしろしめすらん〈中略〉我等は穢土《えど》に候へども心は霊山《りょうぜん》に住《すむ》べし、御面《かお》を見てはなにかせん心こそ大切に候へ、いつかいつか《早晩》釈迦仏のをはします霊山会《え》上にまひりあひ候はん」[*1]

日蓮大聖人のもとに年々、阿仏房を送り出した千日尼のひたむきな信心――。それを称《たた》えられた日蓮大聖人は、千日尼が佐渡にいたとしても心は身延に来ていると述べられた。そして自分たちが穢土《えど》にいたとしても、心は霊鷲山《りょうじゅせん》に住することができるのだと教えられ、その上で、いずれ霊山会にて逢うことを約しておられる。

さて阿仏房は、弘安二年三月に亡くなったが、その年の七月に藤九郎が身延に納骨に来て、翌年の七月にも身延を訪ねた。このことは前記した。この藤九郎が二度目に身延を訪れた翌日の弘安三年七月二日、日蓮大聖人は長文の「千日尼御返事《せんにちあまごへんじ》」を認《したた》められている。

その御書の中で日蓮大聖人は、寡婦《かふ》となった千日尼の寂寞《じゃくばく》たる思いを、千日尼になりかわり切々と綴《つづ》られている。

「こぞの三月《やよい》の二十一日に・わかれにしが・こぞ《去年》もまち《待》くらせどまみゆる事なし、今年《ことし》もすでに七《なな》つき《月》になりぬ、たとい・われこそ来らずとも・いかにをとづれ《音信》はなかるらん、ちりし花も又さきぬ・おちし菓《このみ》も又なりぬ、春の風も・かわらず・秋のけしきも・こぞ《去年》のごとし、いかに・この一事のみ・かわりゆきて本のごとく・なかるらむ、月は入りて又いでぬ・雲はきへて又来る、この人人の出でてかへ《帰》らぬ事こそ天も・うらめしく地もなげかしく候へ」*2

日蓮大聖人は千日尼の心のひだの中にまで入り込み、同苦《どうく》されながら励まされている。この御書の末尾は、次のように括《くく》られる。

「子にすぎたる財《たから》なし・子にすぎたる財なし南無妙法蓮華経・南無妙法蓮華経」*3

日蓮大聖人としては、阿仏房を亡くし悲嘆《ひたん》に暮《く》れている千日尼の気持ちを子に向け、少しでも心を癒《い》やされようとしていらっしゃるようだ。また、過去に囚《とら》われるのではなく、未来に希望を見出《いだ》すように教え導かれているのがわかる。

阿仏房の聖霊の所在

日蓮大聖人は文中、次のようにも仰せになっている。

「いそぎ・いそぎ法華経をらうれう《粮料》と・たのみまいらせ給いて、りやうぜん《霊山》浄土へ・まいらせ給いて・みまいらせさせ給うべし」[*4]

ここで日蓮大聖人は、千日尼に対し、何を見てきなさいとおっしゃっているのだろうか。それはこの文の少し前に、次のように書かれていることを指している。

「故阿仏房の聖霊は今いづくにか・をはすらんと人は疑うとも法華経の明鏡をもつて其の影をう《浮》かべて候へば霊鷲山《りょうじゅせん》の山の中に多宝仏の宝塔の内に東むき《向》にをはすと日蓮は見まいらせて候」[*5]

では、なぜ阿仏房は宝塔の中において東に向いているのか。それには法華経の会座《えざ》において、釈迦《しゃか》・多宝《たほう》・四菩薩《しぼさつ》及び諸々の大衆が、どのように着座していたのかを確認する必要がある。

周知のように釈迦は法華経を二処三会《にしょさんえ》において説く。まず霊鷲山会《りょうじゅせんえ》で説き、次に虚空会《こくうえ》で説き、そして後に再び霊鷲山会に戻り説く。

法華経は、開経《かいきょう》である無量義経《むりょうぎきょう》も序品第一も冒頭は、次のように始まる。

「是《かく》の如きを我れ聞きき。一時、仏は王舎城《おうしゃじょう》の耆闍崛山《ぎしゃくっせん》の中に住したまい」*6

釈迦は法華経を「王舎城の耆闍崛山」すなわち霊鷲山で説き始めた。この釈迦がどちらを向いて説法しているのかがはっきりするのは、序品《じょほん》第一の時である。

まずは釈迦が結跏趺坐《けっかふざ》し、心身不動《しんしんふどう》の様相をなす。

「諸《もろもろ》の菩薩の為《た》めに大乗経の無量義と名づけ、菩薩を教うる法にして、仏に護念《ごねん》せらるるを説きたまう。仏は此《こ》の経を説き已《おわ》って、結跏趺坐し、無量義処三昧《むりょうぎしょさんまい》に入りて、身心動《どう》じたまわず」*7

この時、天から曼陀羅華《まんだらけ》などが降り、大地は六種《ろくしゅ》に震動《しんどう》する。法華経の会座の聴衆は、この未曾有《みぞう》の兆候《ちょうこう》を見て歓喜合掌《かんきがっしょう》する。釈迦はそれに応じた。

「爾《そ》の時、仏は眉間白毫相《みけんびゃくごうそう》の光を放ちて、東方の万八千の世界を照《て》らしたまうに、周遍《しゅへん》せざること靡《な》し」*8

結跏趺坐した仏は、眉間より光を放って東方の世界を遍《あまね》く照らした。このことにより、釈迦は、霊鷲山の会座《えざ》において東方を向いていたことが明らかとなった。

さらに進んで、法華経見宝塔品《けんほうとうほん》第十一、その冒頭。

「爾《そ》の時、仏前に七宝《しっぽう》の塔《とう》有りて、高さ五百由旬《ゆじゅん》、縦広《じゅうこう》二百五十由旬にして、地従《よ》り涌《ゆ》出《じゅつ》して、空中に住して、種種の宝物もて之《こ》れを荘校《しょうきょう》せり」*9

ここに「仏前」とある。仏たる釈迦は東面《とうめん》しているのであるから、この宝塔は釈迦の向いている東の地より涌出し、空中に浮いたことがわかる。当然のことながら、この宝塔は釈迦の側を向いているのだから、西面《せいめん》していることになる。この宝塔の涌出をもって、虚空会の始めとなす。

涌出した宝塔の中より、大音声が響く。

「爾《そ》の時、宝塔《ほうとう》の中より大音声を出《いだ》して、歎《ほ》めて言《のたま》わく、
『善《よ》き哉《かな》、善き哉。釈迦牟尼世尊《しゃかむにせそん》は、能《よ》く平等大慧《びょうどうだいえ》、菩薩を教うる法にして、仏に護念《ごねん》せらるる妙法華経を以て、大衆の為《た》めに説きたまう。是《かく》の如し、是の如し。釈迦牟尼世尊の説きたまう所の如きは、皆《み》な是《こ》れ真実《しんじつ》なり』と」*10

この大音声の主《ぬし》は多宝如来《たほうにょらい》で、大宝塔の中にいた。この多宝如来もまた、東面する釈迦と対面している状況にあるから、宝塔と同じく西面《せいめん》。

この後、釈迦は宝塔を開いたことによって、多宝如来の姿を見ることができた。釈迦も宝塔の中に入る。

「爾《そ》の時、多宝仏《たほうぶつ》は宝塔の中に於《お》いて、半座《はんざ》を分《わ》かちて、釈迦牟尼仏《しゃかむにぶつ》に与えて、是《こ》の言《ことば》を作《な》したまわく、
『釈迦牟尼仏よ。此の座に就《つ》きたまう可《べ》し』と。

即時に釈迦牟尼仏は、其《そ》の塔中に入り、其の半座に坐《ざ》して、結跏趺坐《けっかふざ》したまう」*11

東面していた釈迦も、塔中で多宝如来と並んだことにより、西面する。法華経はさらに展開し、従地涌出品第十五《じゅうじゆじゅっぽん》へ。

ここで釈迦は、滅後《めつご》に娑婆世界《しゃばせかい》において布教を担う眷属《けんぞく》があることを明かす。

「仏は是《こ》れを説きたまう時、娑婆世界の三千大千の国土は、地皆《じみ》な震裂《しんれつ》して、其《そ》の中於《よ》り無量千万億の菩薩摩訶薩《ぼさつまかさつ》有って、同時に涌出《ゆじゅつ》せり」*12

地涌《じゆ》の菩薩《ぼさつ》が地のあらゆるところを割《さ》いて出現した。しかも同時に涌《わ》き出《いで》た。この地涌の菩薩は次のような行動をとる。

「是《こ》の諸《もろもろ》の菩薩は、地従《よ》り出《い》で已《おわ》って、各おの虚空の七宝の妙塔《みょうとう》の多宝如来・釈迦牟尼仏の所《みもと》に詣《もう》ず。到り已って、二世尊に向かいたてまつりて、頭面《ずめん》に足《みあし》を礼《らい》し、乃《すなわ》ち諸の宝樹の下の師子座《ししざ》の上の仏の所《みもと》に至りて、亦《ま》た皆《み》な礼《らい》を作《な》して、右に遶《めぐ》ること三帀《さんそう》して、合掌恭敬《がっしょうくぎょう》し、諸の菩薩の種種の讃法《さんぽう》を以て、以て讃歎《さんたん》したてまつり、一面に住《じゅう》在《ざい》し、欣楽《ごんぎょう》して二世尊を瞻仰《せんごう》す*13」

地涌の菩薩たちはまず塔中に入り、二世尊の足元に額《ぬか》づき、のち虚空の師子座にいる諸仏の前で礼を尽くして法を讃じ、再び宝塔に帰り「一面に住在」した。この間、五十小劫《しょうこう》という時が過ぎた。

さて、地涌の菩薩は一団となり、西面する二世尊を「瞻仰」したのであるから、この時点で宝塔の中に東面し坐したことになる。

虚空会の儀式は、法華経の肝心《かんじん》・寿量品《じゅりょうほん》第十六を経て、別付嘱《べつふぞく》たる結要付嘱《けっちょうふぞく》の行なわれる如来神力品《にょらいじんりきほん》第二十一に移っていく。そして嘱累品《ぞくるいほん》第二十二で総付嘱《そうふぞく》が行なわれた後、釈迦は次のように述べる。

「諸仏よ。各おの安んずる所に随いたまえ。多宝仏の塔は、還《かえ》って故《もと》の如くしたまう可《べ》し*14」

この一言で宝塔は閉じられ、地涌の菩薩並びに多宝如来も法華経の会座を去る。

次の薬王菩薩本事品《やくおうぼさつほんじほん》第二十三から普賢菩薩勧発品《ふげんぼさつかんぼっほん》第二十八まで、法華経は霊鷲山において説かれる。

先の虚空会の儀式においては、釈迦・多宝は西面し、聴衆である四菩薩以下の者たちは東面した。このことから日蓮大聖人は、阿仏房について「多宝仏の宝塔の内に東む《向》きにをはすと日蓮は見まいらせて候」[*15]と述べられている。すなわち、日蓮大聖人は千日尼に対し、阿仏房が虚空会の儀式に参じていると断言《だんげん》されているのだ。これほどの誉《ほま》れはない。

とはいえ、阿仏房が宝塔の中で「東むき」に坐っていることについて、千日尼が法華経の会座の有り様から、そのことを正確に理解したとは思われない。ただ言えることは、西方に向かって死者が座しているという念仏の観念を、日蓮大聖人は根元《こんげん》から断《た》ち切《き》ろうとされたことは確かだと思う。当時の子女の有り様として、主人が東向きであるならば、それに従うのが道。千日尼は沈みゆく夕陽に心を奪われ、過去にひきずられることなく、夫と共ども東に向かい、旭日に未来を見たことだろう。そこには我が子・藤九郎の未来がある。千日尼の未来もある。

釈迦の坐った半座の左右

話は少しそれるが、この際、確認しておきたい。見宝塔品第十一において宝塔が涌出し、釈迦が塔を開き、多宝が半座《はんざ》を分《わ》かつ。その半座に釈迦が坐るのであるが、釈迦は多宝から見て右側、左側、いずれに坐ったのであろうか。そのことは法華経には記されていない。しかし、法華経において右と左、どちらが尊ばれるのかを推測することはできる。
法華経見宝塔品第十一には、釈迦が多宝の塔を開ける場面がある。

「是《ここ》に於《お》いて釈迦牟尼仏は、右の指を以《もっ》て、七宝塔の戸を開きたまう」*16

釈迦が、多宝の塔という尊きものを開けるのに「右手の指」を使っていることは着目すべきである。また、このことが時代を超えて口承《くしょう》され、連綿と伝えられてきた。そして仏典《ぶってん》が結《けつ》集《じゅう》された際に文字化された。釈尊が法華経を説かれた時の聴衆も右手にこだわりを持ち、その後、長い時を経て口承し続けた者たちも、右手にこだわりを持っていた。
また、嘱累品第二十二の冒頭には、次のように記されている。

「爾《そ》の時、釈迦牟尼仏は法座従《よ》り起ちて、大神力《だいじんりき》を現《げん》じたまう。右の手《みて》を以て、無量の菩《ぼ》薩《さつ》摩《ま》訶《か》薩《さつ》の頂《いただき》を摩《な》でて、是《こ》の言《ことば》を作《な》したまわく」*17

釈迦は菩薩たちの頭を右手で摩頂《まちょう》している。古来、インドにおいては右手が左手よりも尊いと考えられていたことがわかる。現代も同じ。

中国ではどうか。『漢語新辞典』（鎌田正・米山寅太郎著 大修館書店発行）、『世界大百科事典』（平凡社）などによれば、戦国《せんごく》、秦《しん》、漢《かん》の時代が右尊左卑《うそんさひ》で、その後は基本的に左尊右卑《さそんうひ》だが、元《げん》の時代は右尊左卑だということである。となると、日蓮大聖人の時代は、中国の北方を領し、版図を東アジア全域に拡大しつつあった元が右尊左卑、この時期に滅《ほろ》びていった南宋《なんそう》が左尊右卑だったことになる。

日本の場合は時代を超えて左尊右卑。

それでは日蓮大聖人は、多宝如来が多宝からみて右側、左側、いずれの半座を釈尊に分かったと見ておられたのであろうか。その日蓮大聖人のお考えは、御本尊《ごほんぞん》の相貌《そうみょう》に見てとることができる。多宝如来が釈迦に譲《ゆず》った半座は、多宝如来の右側である。

御本尊を拝する私たちから見れば、南無妙法蓮華経の左に釈迦牟尼仏、右に多宝如来が認《したた》められている。インドにおける作法は右尊左卑である。したがって南無妙法蓮華経という宝塔の中で、釈尊は右に坐り多宝は左に坐り西面している。虚空会の儀式に臨んでいる私たちに向き合っているのである。

では、日蓮大聖人は右と左のどちらを尊いものとして考えられていたのであろうか。「報恩《ほうおん》抄《しょう》」には、次のように認められている。

「月氏には教主釈尊・宝塔品にして一切の仏を・あつめさせ給て大地の上に居せしめ大日如来計り宝塔の中《うち》の南の下座にす居へ奉りて教主釈尊は北の上座につかせ給う」*18

多宝塔中《たほうとうちゅう》においては、先述したように、釈迦、多宝は西面している。西面している釈迦、多宝からみれば、左側が南。またインドは右尊左卑であるから、左は下座《しもざ》。右は上座《かみざ》。よって、日蓮大聖人が御本尊を認められるにあたり、「月氏《がっし》」の右尊左卑を念頭におかれ、釈迦を右、すなわち北側の上座に位置づけられていることがわかる。

しかしながら、釈迦が上座とはいえ、大日如来が宝塔中の下座にいるとは、いかなることであろうか。

日蓮大聖人がこのように記された肝要《かんよう》は、次下《つぎしも》の文に認められている。

「此の大日如来は大日経の胎蔵界《たいぞうかい》の大日・金剛頂経の金剛界の大日の主君なり、両部の大日如来を郎従《ろうじゅう》等と定めたる多宝仏の上座に教主釈尊居せさせ給う此れ即ち法華経の行者なり天竺かくのごとし」*19

さて「此の大日如来」は胎蔵界と金剛界《こんごうかい》という両界の大日如来の「主君」であると仰せになっている。この前提となっている概念規定こそが、日蓮大聖人が釈尊の下座にいる者を「大日如来」と記されることを可能としている。

日蓮大聖人は「両部の大日如来を郎従《ろうじゅう》等と定めたる多宝仏」と、この文の後半において述べられ、その「上座に教主釈尊居せさせ給う」と明記されている。両界の大日如来を従える「此の大日如来」とは、「多宝仏」すなわち多宝如来そのものであったのだ。

多宝如来は、三身論《さんじんろん》に立ってみれば、法身仏《ほっしんぶつ》である。したがって爾前権経《にぜんごんきょう》の法身仏である両界の大日如来を従えていると、日蓮大聖人は述べられたのである。底意《そこい》は真言批判《しんごんひはん》にある。

ともあれ「報恩抄」の表記をみても、日蓮大聖人が虚空会の場を右尊左卑として描写されていることがわかる。

釈迦、多宝と対面する四菩薩もまた、右尊左卑の作法を踏んで認められている。

従地涌出品第十五には、次のように記されている。

「一に上行《じょうぎょう》と名づけ、二に無辺行《むへんぎょう》と名づけ、三に浄行《じょうぎょう》と名づけ、四に安立行《あんりゅうぎょう》と名づく」[*20]

「一」の上行菩薩と「二」の無辺行菩薩は、御本尊の首題《しゅだい》の南無妙法蓮華経の向かって右に、「三」の浄行菩薩と「四」の安立行菩薩は左に認められている。これまた右尊左卑。御本尊の中においても釈迦、多宝と四菩薩は相対している。

日蓮大聖人と阿仏房の絆

では「千日尼御返事」に戻ろう。

日蓮大聖人は、阿仏房が「宝塔」の中で「東むき《向》」にいることが「法華経の明鏡」にはっきり映っていると述べられている。この次下に日蓮大聖人が認《したた》められた文は激越《げきえつ》である。日蓮大聖人の阿仏房に対する思いは、余人《よじん》の容喙《ようかい》を許さない。

「若し此の事そらごとにて候わば日蓮が・ひがめにては候はず、釈迦如来の世尊法久後《せそんほうくご》・要当説真実《ようとうせつしんじつ》の御舌も・多宝仏の妙法華経・皆是真実の舌相も四百万億那由佗《なゆた》の国土にあさ《麻》のごとく・いね《稲》のごとく・星のごとく・竹のごとく・ぞく《簇》ぞく《簇》と・すきまもなく列《つら》なつてをはしましし諸仏如来の一仏も・かけ《欠》給はず、広長舌を大梵王《ぼんのう》宮に指し付けて・をはせし御舌どものくぢら《鯨》の死にてくされ《腐》たるがごとく・いわし《鰯》のよりあつまりて・くされたるがごとく・皆一時にくち《朽》くされて十方世界の諸仏・如来・大妄語の罪にをとされて・寂光の浄土の金るり《琉璃》大地はたと・われて提婆《だいば》がごとく・無間《むけん》大城にかつぱと入り・法蓮香比丘尼《ほうれんこうびくに》がごとく身より大妄語の猛火ぱと・いでて・実報華王《じっぽうけおう》の花のその・一時に灰燼《かいじん》の地となるべし、いかでか・さる事は候べき、故《こ》阿仏房一人を寂光の浄土に入れ給はずば諸仏は大苦に堕ち給うべし、ただ・をいて物を見よ・ただをいて物を見よ、仏のまこと《実》そら《虚》事は此れにて見奉るべし[*21]」

阿仏房は、日蓮大聖人の佐渡流罪時に、日蓮大聖人の命をまぎれもなく救い、迫害にも負けず、信仰を全うした者である。この御書を読めば、歴然としてそのことがわかる。阿仏房の不《ふ》惜身命《しゃくしんみょう》の助力《じょりょく》があったからこそ、日蓮大聖人は法華経勧持品《かんじほん》第十三に記された「数数見擯出《さくさくけんぴんずい》」の大難を身読《しんどく》し、生還《せいかん》できた。

それゆえに阿仏房が虚空会《こくうえ》の儀式《ぎしき》に列座《れつざ》していないならば、釈迦の未来記《みらいき》たる法華経は虚事《そらごと》となるとまで言われているのだ。日蓮大聖人の数多《あまた》いる檀越《だんのつ》の中で、ここまでの称讃《しょうさん》を受けた者がいるであろうか。

日蓮大聖人と阿仏房の絆《きずな》が三世《さんぜ》にわたることを決したのは、文永八年から九年にかけてのひと冬であった。

＊1『日蓮大聖人御書全集』「千日尼御前御返事」一三一六ページ

＊2『日蓮大聖人御書全集』「千日尼御返事」一三二〇ページ

＊3『日蓮大聖人御書全集』「千日尼御返事」一三二二ページ

＊4『日蓮大聖人御書全集』「千日尼御返事」一三二〇ページ

＊5『日蓮大聖人御書全集』「千日尼御返事」一三一九ページ

＊6『妙法蓮華経並開結』「無量義経徳行品第一」四ページ「序品第一」七〇ページ

＊7『妙法蓮華経並開結』「序品第一」七五ページ

＊8『妙法蓮華経並開結』「序品第一」七七ページ

＊9『妙法蓮華経並開結』「見宝塔品第十一」三七二ページ

＊10『妙法蓮華経並開結』「見宝塔品第十一」三七三ページ

＊11『妙法蓮華経並開結』「見宝塔品第十一」三八五ページ

＊12『妙法蓮華経並開結』「従地涌出品第十五」四五二ページ

＊13『妙法蓮華経並開結』「従地涌出品第十五」四五四ページ

＊14『妙法蓮華経並開結』「嘱累品第二十二」五八〇ページ

＊15『日蓮大聖人御書全集』「千日尼御返事」一三一九ページ

＊16『妙法蓮華経並開結』「見宝塔品第十一」三八四ページ

＊17『妙法蓮華経並開結』「嘱累品第二十二」五七七ページ

＊18『日蓮大聖人御書全集』「報恩抄」三一〇ページ

＊19 同前

＊20『妙法蓮華経並開結』「従地涌出品第十五」四五五ページ

＊21『日蓮大聖人御書全集』「千日尼御返事」一三一九ページ

あとがき

『日蓮大聖人《にちれんだいしょうにん》と最蓮房《さいれんぼう》』（平安出版）を著《あら》わしてから十年余が経つ。様々な反響が寄せられた。中には九十歳を超えた方が、出版社に電話をしてこられ、「驚きました」「よくわかりました」と端的な感想を寄せられたこともあった。また出家《しゅっけ》の方からも『不動《ふどう》・愛染感見記《あいぜんかんけんき》』に長年にわたり疑念《ぎねん》を持っていたが、このたび偽書であるとの論を読み、その合理的な説明に納得した」とのお話しがあった。執筆者冥利《みょうり》に尽きることであった。

先に記した拙書《せっしょ》の出版以来、最蓮房についてはさらに真実に迫る書を著わそうと思っていた。

今回は、最蓮房については「諸法実相抄《しょほうじっそうしょう》」の「錯簡《さっかん》」とされる箇所（「高橋殿御返事《たかはしどのごへんじ》」）がメインテーマとなった。読者の方々も本書の内容により深く入るならば、必ずこの箇所が「諸法実相抄」の「分文《ぶんぶん》」であることに気づかれると思う。「分文」であることがわかれば、自然と最蓮房は日興上人《にっこうしょうにん》の佐渡期の異名《いみょう》であることに得心《とくしん》されるであろう。

阿仏房《あぶつぼう》はこれまで途方もない年寄りとされてきた。いつのころからそうなったのか。このたび私は歴史的史料にあたりそれを明らかにした。これであまりにも稚拙《ちせつ》な嘘《うそ》を喧伝《けんでん》する妖《あや》しげな人たちの跳梁跋扈《ちょうりょうばっこ》も、少しは動きを止めるであろう。

最蓮房や阿仏房に長年にわたり纏《まと》わりついてきた虚偽《きょぎ》を剝《は》がしていく作業は、正しい信仰を求める者には不可避《ふかひ》のことである。真実を知ることにより、より純真で強い信仰心を培《つちか》うべきであろう。

本書を著わすにあたり、私の経営する報恩社の社員が、様々な形で執筆の応援をしてくれたことを感謝する。

平成二十九年十月吉日

北林芳典

引用・参照文献一覧

＊『他受用御書』（慶安二年）京都平楽寺発行
＊『録内御書』（寛文九年）法華宗門書堂発行
＊『録外御書』（寛文九年）法華宗門書堂発行
＊『日蓮大聖人御書全集』（昭和二十七年）創価学会発行
＊『富士日興上人詳伝』堀日亨著（昭和三十八年）創価学会発行
＊『仏教哲学大辞典』第四巻（昭和四十三年）創価学会発行
＊『富士宗学要集』第五巻（昭和五十三年）創価学会発行
＊『日蓮大聖人御書講義』第二十九巻（昭和五十二年）聖教新聞社発行
＊『日蓮大聖人御書講義』第三十三巻（昭和五十七年）聖教新聞社発行
＊『妙法蓮華経並開結』（平成十四年）創価学会発行
＊『高祖遺文録』第十四巻・第二十九巻（明治十三年）身延山久遠寺発行
＊『昭和定本日蓮聖人遺文』第一巻・第四巻（昭和二十七年・昭和三十四年）身延山久遠寺発行
＊『昭和新定日蓮大聖人御書』第二巻（昭和四十六年）富士學林発行
＊『日蓮聖人遺文辞典　歴史篇』（昭和六十年）身延山久遠寺発行

＊『本化別頭仏祖統紀』（昭和四十八年）本山本満寺発行
＊『日蓮聖人伝記集』（昭和四十九年）本山本満寺発行
＊『録内啓蒙』下（昭和五十年）本山本満寺発行
＊『録外考文』（昭和五十年）本山本満寺発行
＊『御書鈔下』（昭和五十一年）本山本満寺発行

＊『本化聖典大辞林』（大正九年）師子王文庫発行
＊『日蓮大聖人御書新集』「高祖遺文録眞僞決畧評」佐藤慈豊編纂（昭和四年）日蓮大聖人御書新集刊行会
＊『日蓮聖人遺文全集講義』第十二巻（昭和十年）ピタカ発行
＊『日蓮聖人遺文全集講義』第十巻（昭和十二年）ピタカ発行
＊『日蓮上人遺文大講座第九巻 佐渡期御書』小林一郎著（昭和十一年）平凡社発行
＊『日蓮聖人御遺文講義第八巻』石川海典著（昭和三十三年）日蓮聖人遺文研究会発行
＊『昭和新修日蓮聖人遺文全集別巻』浅井要麟編著（昭和四十五年）平楽寺書店発行
＊『日蓮聖人真蹟集成』第二巻（昭和五十一年）法蔵館発行
＊『日蓮聖人真蹟集成』第三巻（昭和五十二年）法蔵館発行
＊『日蓮聖人真蹟集成』第十巻「本尊集」（昭和五十二年）法蔵館発行

＊『大正新脩大蔵経』第十二巻（大正十四年）大正新脩大蔵経刊行会発行

＊『日蓮上人』熊田宗次郎著（明治四十四年）報知社発行・復刻版（平成二年）宗教社会史研究会発行

＊『熱原法難史』堀慈琳著（平成元年）中国報編集室発行
＊『小川泰堂全集論義篇』『日蓮大士真実伝』（平成三年）展転社発行
＊『日蓮とその弟子』宮崎英修著（平成九年）平楽寺書店発行
＊『新版日蓮と佐渡』田中圭一著（平成十六年）平安出版発行
＊『日蓮大聖人と最蓮房』「註解」北林芳典著（平成十六年）平安出版
＊『日蓮大聖人御伝記』小林正博著（平成二十四年）USS出版発行
＊『日蓮宗宗学全書第二巻　興尊全集・興門集』（昭和三十四年）日蓮宗宗学全書刊行会発行
＊『日蓮宗宗学全書第十八巻 史伝旧記部（一）』（昭和三十四年）日蓮宗宗学全書刊行会発行
＊『日亨上人講述 追考 聖訓一百題』改訂再版（昭和四十八年）蓮興山正教寺発行
＊『日興上人全集』（平成八年）興風談所発行
＊『日興上人御本尊集』（平成八年）興風談所発行
＊『日蓮聖人遺文の文献学的研究』鈴木一成著（昭和四十年）山喜房佛書林発行
＊『御義口伝の研究』執行海秀著（平成十八年）山喜房仏書林発行
＊『續國史体系』第一巻「続史愚抄巻一」（明治三十五年）経済雑誌社発行
＊『鎌倉遺文　古文書編』第十四巻（昭和五十三年）東京堂出版発行
＊『全譯吾妻鏡』第三巻（昭和五十二年）新人物往来社発行
＊『新訂 承久記』松林靖明著（昭和五十七年）現代思潮社発行

＊『古事類苑　法律部一』（昭和五十八年）吉川弘文館発行
＊『曾我物語』日本古典文学大系第八八（昭和四十一年）岩波書店発行
＊『平家物語上』日本古典文学大系第三二（昭和三十四年）岩波書店発行
＊『信濃史料叢書』第三巻（大正二年）信濃史料編纂会発行
＊『中世法制史料集』第一巻「鎌倉幕府法」（昭和三十年）岩波書店発行
＊『国史大辞典』第二巻（昭和五十五年）吉川弘文館発行
＊『国史大辞典』第六巻（昭和六十年）吉川弘文館発行
＊『国史大辞典』第十二巻（平成三年）吉川弘文館発行

＊『法華』第十七巻第十号・第十一号（昭和五年）法華會発行
＊『大白法』四〇四号（平成六年）日蓮正宗法華講連合会発行
＊『日蓮教学研究所紀要』創刊二〇周年記念号（平成五年）立正大学日蓮教学研究所発行
＊『興風』二十一号（平成二十一年）興風談所発行
＊『印度學佛教學研究』第六十一巻第一号（平成二十四年）日本印度学仏教学会発行
＊『佐渡國誌』新潟県佐渡郡役所編（昭和四十八年）名著出版発行
＊『佐渡叢書』第五巻（昭和四十九年）佐渡叢書刊行会発行
＊さど観光ナビ：https://www.visitsado.com/spot/detail0110/

［著者略歴］
北林芳典（きたばやし・よしのり）
1947年11月22日、広島県呉市に生まれる。71年、東京理科大学理学部を中退し、㈱新社会研究所に入社。月刊誌『情報パック』の編集にあたる。74年、社団法人日本宗教放送協会発行の月刊誌『宗教評論』の編集長。79年、月刊宗教情報紙『現代宗教研究』を創刊。80年以降はフリーのジャーナリストとして活動。83年、㈱報恩社を設立し代表取締役に就任、葬祭業を始める。著書に『反逆の裏にある顔』（第三文明社）『暁闇』（平安出版）『日蓮大聖人と最蓮房』（平安出版）。

最蓮房《さいれんぼう》と阿仏房《あぶつぼう》　虚飾を剝ぎ真実に迫る

2017年11月22日　初版第1刷発行
2018年3月16日　初版第2刷発行

著　者　北林芳典《きたばやしよしのり》
発　行　株式会社報恩社
発　売　平安出版株式会社
〒173-0036 東京都板橋区向原 3-10-25
TEL 03(3554)1155　FAX 03(3554)5770
URL　http://www.heianbooks.jp
振替　00160-5-575229(口座名=平安出版株式会社)
印刷・製本　萩原印刷株式会社

定価はカバーに表示してあります。

ISBN978-4-902059-08-3 C0015